RICHARD OLECHOWSKI (HRSG.) / GEBURTENRÜCKGANG

RELIGION, WISSENSCHAFT, KULTUR

Schriftenreihe der Wiener Katholischen Akademie
Herausgeber: Univ.-Prof. Dr. Richard Olechowski

Redaktionskomitee: Univ.-Doz. DDr. Ferdinand Dexinger, Ordinariatsrat Msgr. Dr. Johannes Nedbal, Univ.-Doz. Dr. Günther Pöltner, Dr. Klaus Porstner, Ob.-Ass. DDr. Nikolaus Severinski

Richard Olechowski (Hrsg.)

GEBURTENRÜCKGANG

besorgniserregend oder begrüßenswert?

Herder
Wien · Freiburg · Basel

Bericht über das Interdisziplinäre Symposion:
GEBURTENRÜCKGANG – BESORGNISERREGEND ODER
BEGRÜSSENSWERT?

veranstaltet von der
Österreichischen Gesellschaft für Familie und Kind

mit Unterstützung folgender Institutionen:
Bundesministerium für Wissenschaft und Forschung, Wien
Ludwig-Boltzmann-Institut zur Erforschung kindlicher Hirnschäden, Wien
Wiener Katholische Akademie

Das Symposion stand unter dem Ehrenschutz der Frau Bundesminister für Wissenschaft und Forschung Dr. Hertha Firnberg.
Es fand am 6. Oktober 1979 statt.

Leiter des Symposions: Univ.-Prof. Dr. Richard Olechowski

Gedruckt mit Unterstützung des Bundesministeriums für Wissenschaft und Forschung, Wien.

© Herder & Co., Wien 1980
Alle Rechte vorbehalten / Printed in Austria
Filmsatz und Offsetdruck: Ferdinand Berger & Söhne OHG, 3580 Horn, NÖ
Umschlaggestaltung: Reinhard Klein
Bestellnummer: ISBN 3-210-24.602-5

Inhalt

Seite

Vorwort des Herausgebers 7

I. KURZFASSUNGEN DER REFERATE UND DISKUSSION ZU DEN REFERATEN 11

II. REFERATE DES SYMPOSIONS 37

1. Allgemeine Aspekte der Geburtenentwicklung

Dr. Harald Hansluwka, Chief Statistician, Dissemination of Statistical Information, World Health Organization:
Demographische Probleme in internationaler Sicht 39

Univ.-Prof. Dr. Karl-H. Wolff, Institut für Versicherungsmathematik der Technischen Universität Wien:
Determinanten und Konsequenzen des Geburtenrückganges 55

2. Zur Problematik der Rechtfertigung und der Notwendigkeit der Steuerung des generativen Verhaltens

Albrecht Müller, Leiter der Planungsabteilung im Bundeskanzleramt Bonn:
Reaktion auf sinkende Geburtenraten in den Industrieländern – Lenkung oder Laissez-faire? 65

3. Probleme der konkreten Lebensbedingungen (Ökologische und sozio-ökonomische Aspekte)

Dr. Josef Schmid, Institut für Soziologie der Universität München:
Kinderwunsch und moderne Industriegesellschaft 83

Hochschul-Prof. Dr. Gunter Steinmann, Gesamthochschule Paderborn:
Das Bevölkerungsproblem in den volkswirtschaftlichen Lehrmeinungen 99

Univ.-Prof. DDr. Manfred Haider, Institut für Umwelthygiene der Universität Wien:
Bevölkerungspolitik unter dem Aspekt der Umwelthygiene 113

	Seite
Univ.-Prof. Dr.-Ing. Clemens Geißler, Institut für Regionale Bildungsplanung – Arbeitsgruppe Standortforschung, Hannover: *Wie kinderfreundlich sind die Wohn- und Wohnumfeldbedingungen? Wohnverhältnisse als Bedingungsfaktor familiärer Lebenssituation* ...	125
Diplom-Volkswirt Charlotte Höhn, Statistisches Bundesamt Wiesbaden: *Die Rolle der Frau in bezug auf das generative Verhalten: die Doppelbelastung der Frauen durch Kindererziehung und Beruf*	149

4. Zur Motivation des generativen Verhaltens

Univ.-Prof. Dr. Lutz von Rosenstiel, Institut für Psychologie der Universität München: *Psychologische Untersuchungen zum Geburtenrückgang in der Bundesrepublik Deutschland*	167
Dr. Rainer Münz, Institut für Demographie der Österreichischen Akademie der Wissenschaften: *Wird generatives Verhalten durch Motive und Zielvorstellungen bestimmt? Anmerkungen zu Ergebnissen der bevölkerungssoziologischen Forschung in Österreich*	187
Teilnehmer an dem Symposion	209

Vorwort

Im April 1978 wurde, als Zweigorganisation der „International Association for Maternal and Neonatal Health", die „Österreichische Gesellschaft für Familie und Kind" gegründet. (Präsident: Univ.-Prof. Dr. Hugo Husslein; 1. Vizepräsident: Univ.-Prof. Dr. Andreas Rett; 2. Vizepräsident: Elisabeth Christoph.)

Auf internationaler Ebene ist es Ziel der genannten Gesellschaft, insbesondere in den Entwicklungsländern, eine Verminderung der Sterblichkeit von Mutter und Kind während Schwangerschaft und Geburt sowie eine Verringerung perinataler Schädigungen zu erreichen.

Auf nationaler Ebene strebt die Gesellschaft eine Verbesserung der Lebensbedingungen der Familie an. Auf der nationalen Ebene fällt besonders der starke Geburtenrückgang auf, so daß es für die „Österreichische Gesellschaft für Familie und Kind" naheliegt, sich mit dem Problem des Geburtenrückganges zu beschäftigen. Abgesehen von der Frage, ob es möglich ist, die Menschen zu einer Änderung in ihrem Fertilitätsverhalten zu motivieren, will die genannte Gesellschaft das Ziel der Erhöhung der Geburtenrate nicht vorschnell als eine ihrer Aufgaben auf nationaler Ebene erachten. Das im Oktober 1979 von der „Österreichischen Gesellschaft für Familie und Kind" veranstaltete Symposion sollte die Frage des in den Industriestaaten festzustellenden Geburtenrückganges von den verschiedensten Aspekten aus betrachten und feststellen, ob es überhaupt wünschenswert sei, die Menschen in ihrem Fertilitätsverhalten zu beeinflussen, und welche Möglichkeiten es hiezu gäbe.

Die Zahl der Lebendgeborenen ist in allen Industrieländern seit etlichen Jahren rückläufig. In Österreich, zum Beispiel, war mit 134.809 Geburten im Jahre 1963 ein Maximum erreicht; im Jahre 1978 gab es nur noch 85.402 Geburten. Das ist gegenüber der Zahl der Geburten im Jahre 1963 eine Verringerung von 36,6%. Die Rückläufigkeit der Zahl der Geburten ist ein Problem aller Industrieländer. In den Entwicklungsländern hingegen besteht das Problem eines zu starken Bevölkerungswachstums.

Da, weltweit gesehen, die Gefahr der Bevölkerungsexplosion droht, ist es nicht verwunderlich, daß „pronatalistische Bewegungen" bzw. Bemühungen um ein bevölkerungspolitisches Programm oft als „irrational", „absurd" und auch als „nationalistisch-faschistoid" gebrandmarkt werden. Tatsächlich steht die negative Bewertung des Geburtenrückganges im Gegensatz zu anderen Problemen unserer Zeit: zur Notwendigkeit, mit den vorhandenen Ressourcen (Energie, Wasser, Luft) sparsam umzugehen, zur Klage über überfüllte Schulklassen und verstopfte Straßen, zur Kritik an der Zersiedelung der Landschaft, zur Sorge um fehlende Ausbildungs- und Arbeitsplätze für Jugendliche und schließlich zur Sorge, daß auf Grund der Verknappung der Energievorräte und der

Rohstoffe, gekoppelt mit der rapid ansteigenden Weltbevölkerung, für die achtziger und neunziger Jahre ernsthaft Krisen und Kriege zu befürchten sind.

Andererseits müssen die sozial- und wirtschaftspolitischen Konsequenzen bedacht werden, die sich für ein Industrieland ergeben, wenn die Fruchtbarkeit unter das Bestanderhaltungssoll sinkt. Es muß geprüft werden, ob bei der Beibehaltung des gegenwärtigen Trends des Geburtenrückganges z. B. eine ausreichende Altersversorgung weiterhin gewährleistet ist, ob nicht manche kommunalen Einrichtungen (Kindergärten, Schulen etc.) – auf längere Sicht gesehen – zu groß dimensioniert sind, ob es nicht in bestimmten Sparten Probleme der Arbeitsplatzbeschaffung geben wird (z. B. Lehrerüberschuß). Auch die möglichen zwischenmenschlichen Probleme müssen bedacht werden: die spezifische Erziehungsproblematik in der Ein-Kind-Ehe und die Tatsache, daß kinderlose Ehen im allgemeinen einen geringeren Grad an Stabilität haben.

Aber auch weltweit gesehen gibt es Probleme, die es gerechtfertigt erscheinen lassen, den Geburtenrückgang in den Industrieländern nicht einfach unbeachtet zu lassen: Mitte 1979 gab es insgesamt 4,321 Milliarden Menschen, davon lebten 1,173 Milliarden (27,15%) in entwickelten Ländern, 3,148 Milliarden (72,85%) in den Entwicklungsländern. Wenn der derzeitige Trend der Geburtenhäufigkeit in den Industrieländern einerseits und in den Entwicklungsländern andererseits anhält, werden im Jahre 2000 in den Industrieländern 1,349 Milliarden Menschen (21,88%), in den Entwicklungsländern 4,819 Milliarden Menschen (78,12%) leben. Das würde – nach Ansicht der 1979 in Colombo stattgefundenen ersten Parlamentarierkonferenz zum Thema „Population and Development" – bedeuten, daß zumindest 800 Millionen zusätzliche Arbeitsplätze geschaffen werden müßten; dies ist eine größere Zahl als die der derzeit beschäftigten Personen in den entwickelten Ländern. Es fragt sich, wieweit bei einer so großen Diskrepanz in der Bevölkerungszahl zwischen den entwickelten Ländern und den Entwicklungsländern die Industrieländer noch in der Lage sind, den Entwicklungsländern bei der Lösung ihrer Probleme zu helfen.

Strebt man aber eine Erhöhung der Geburtenrate in den Industrieländern an, so muß man auch kritisch fragen, wie kinderfreundlich die Umwelt eigentlich ist, ob es – wenigstens vom Aspekt der unmittelbaren Umwelt aus – zu verantworten ist, Kinder in diese Welt zu setzen. Eine weitere wichtige Frage, die bei dem Symposion behandelt wurde, ist das Problem der Doppelbelastung der Frau durch Kindererziehung und Beruf.

Auch nach der Durchführung des Symposions läßt sich die Frage, ob der Geburtenrückgang besorgniserregend oder begrüßenswert sei, nicht mit einem klaren „Ja" oder „Nein" beantworten. Vor allem der nationale und der internationale Aspekt interferieren diesbezüglich zu stark miteinander. Die Standpunkte der Referenten zur erwähnten Frage sind zu heterogen, und auch innerhalb der einzelnen Referate gibt es hinsichtlich der Frage „besorgniserregend oder begrüßenswert" oft recht unterschiedliche Gesichtspunkte. Es ist aber viel erreicht – und dies scheint mir ein wichtiges Ergebnis des Symposions zu sein –, wenn es aufgrund der hier wiedergegebenen Referate und der Diskussion möglich ist, zur Frage „besorgniserregend oder begrüßenswert" einen differenzierteren Standpunkt einzunehmen.

Zusammenfassend kann die Zielsetzung des Symposions nochmals folgendermaßen umschrieben werden:

1. Es war Ziel des Symposions, die Frage zu klären, ob es geeignete Maßnahmen gibt, das generative Verhalten der Menschen zu beeinflussen, und festzustellen, welche Maßnahmen dies seien.
2. Ein nicht weniger wichtiges Ziel der Veranstaltung war es, die Konsequenzen einer Geburtenpolitik (pronatalistisch oder laissez-faire) klar zu zeigen. Es ist nicht Aufgabe der Wissenschaft, und es war daher auch nicht Aufgabe dieses Symposions, den Menschen zu sagen, was sie tun sollen, sondern ihnen die Konsequenzen ihres Handelns zu zeigen. Die Wissenschaft kann niemandem eine Entscheidung abnehmen. Entscheidungen müssen im politischen Raum, in den politischen Parteien, im Parlament getroffen werden. Entscheidungen muß aber schließlich auch jeder einzelne Mensch, ganz persönlich, verantwortlich, selbst treffen.

*

Das Symposion war so organisiert, daß es trotz der Fülle der in den Referaten behandelten Probleme sinnvoll möglich war, die Veranstaltung auf nur einen Tag zu begrenzen: Die Referenten waren gebeten worden, die schriftlich ausgearbeiteten Referate zwei Monate vor dem Zeitpunkt, für welchen das Symposion vorgesehen war, abzugeben. Nur der großen Disziplin, mit welcher alle Referenten diesen Termin eingehalten haben, ist es zu danken, daß das Symposion in der geplanten Form stattfinden konnte. Für diese präzise Einhaltung des Abgabetermins der schriftlichen Beiträge möchte ich an diese Stelle allen Referenten nochmals meinen herzlichsten Dank aussprechen! Die Referate wurden vervielfältigt, und es erhielten alle Referenten, aber auch die sonstigen Teilnehmer an dem Symposion, alle Referate zugesandt. Auf diese Weise war es dann, beim Symposion, möglich, das Statement, das jeder Referent gab, auf jeweils ca. fünf Minuten zu begrenzen. So stand faktisch der ganze Tag für die Diskussion, für das gemeinsame Gespräch, zur Verfügung.

Für die Beratung bei der Planung des Symposions schulde ich Herrn Univ.-Prof. Dr. Gustav Feichtinger großen Dank. Seine jahrelange Beschäftigung mit demographischen Problemen und seine große Sachkenntnis auf diesem Gebiet waren mir bei meinen Überlegungen bezüglich der Einladungen der Referenten und der thematischen Gestaltung des Symposions eine große Hilfe. Herzlich danken möchte ich auch meinen beiden Mitarbeitern, Dr. Karl Garnitschnig und DDr. Nikolaus Severinski, für die Anfertigung des Protokolls über das

Symposion. Dadurch ist es möglich, die wesentlichen Punkte des Verlaufs der Diskussion in dem vorliegenden Bericht wiederzugeben. Frau Brigitte Schmid danke ich für die Durchführung der technischen Arbeiten zur Herstellung des Manuskripts, vor allem für die rasche Anfertigung der Reinschrift desselben. Nicht zuletzt ist es mir ein Bedürfnis, dem Verlag, insbesonders Herrn Dr. Gottfried Hierzenberger, für das Interesse, das er der Publikation dieses Berichtes entgegenbrachte, sowie für die mannigfache Unterstützung zu danken; vor allem danke ich dem Verlag dafür, daß es möglich war, den vorliegenden Bericht in so kurzer Zeit zu publizieren.

Wien, im März 1980

Richard Olechowski

I. Kurzfassungen der Referate und Diskussion zu den Referaten*)

Kurzfassung des Referates von Harald Hansluwka:
Demographische Probleme in internationaler Sicht

Vor wenigen Jahren sprach man nur global vom Problem der Bevölkerungsexplosion. Heute ist die Problembetrachtung differenzierter: Den Wachstumsproblemen in den Entwicklungsländern (auch die Entwicklungsländer können nicht als homogener Block gesehen werden) stehen Stagnations- und Schrumpfungsprobleme in den Industrieländern gegenüber.

Definition zweier statistischer Meßzahlen:
1. „‚rohe' Geburtenziffer": „die auf 1000 der Bevölkerung bezogene Zahl der Lebendgeborenen."**)
2. „Bruttoreproduktionsziffer": „Die Zahl der Mädchengeburten, die von einer Frau zu erwarten sind, welche das ganze Alter der Gebärfähigkeit durchlebt."

Zunächst, historisch gesehen, gab es einen Prozeß, der als „demographic transition" bezeichnet wird. Es wurde die Sterblichkeit verringert; darauf reagierten die Menschen mit einer geringeren Geburtenhäufigkeit („Sparsamer Menschenumsatz").

In allen Industriestaaten, „unbeschadet kultureller, sozialinstitutioneller und ideologischer Unterschiede", ist ein stark rational gesteuertes Fortpflanzungsverhalten festzustellen. Es gibt, insbesondere während des Zeitraumes 1960 bis 1977, die folgenden allgemeinen demographischen Tendenzen:
1. In allen Industriestaaten gibt es eine starke Tendenz zur Familie mit ein oder zwei Kindern.
2. Die Geburten konzentrieren sich auf die ersten 5 bis 6 Ehejahre. Nach dem 10. Ehejahr sind kaum noch Geburten zu erwarten, ebenso kaum nach dem 30. Lebensjahr der Frau. Die Abstände zwischen den Geburten sind heutzutage, gegenüber früher, größer.
3. Für den erwähnten Zeitraum war für die Geburtenzahl die eheliche Fruchtbarkeit entscheidend. Heiratsalter, Heiratsfähigkeit und Altersstruktur der

---

*) Für die Formulierung der Kurzfassungen der Referate und für die Wiedergabe der wesentlichen Punkte der Diskussion zeichnet der Herausgeber des vorliegenden Bandes verantwortlich.

**) Alle wörtlichen Zitate in den Kurzfassungen der Referate beziehen sich, wenn nicht anders angegeben, auf die im vorliegenden Bericht publizierten Referate.

Bevölkerung waren für den erwähnten Zeitraum für das generative Verhalten der Bevölkerung von untergeordneter Bedeutung.
4. In den Industriestaaten ist das durchschnittliche Fruchtbarkeitsalter in den letzten 15 bis 20 Jahren gesunken.
5. Schematisierter Lebenszyklus der Europäerin:
Heirat: im Alter von 22 Jahren.
Geburt des ersten Kindes: im Alter von 23 Jahren.
Geburt des letzten Kindes: im Alter von 29 Jahren.
Geburt des ersten Enkelkindes: wenn 46. Lebensjahr erreicht ist.
Tod: im Alter von 75 Jahren.

Ergebnisse der Diskussion:

1. Der demographische Faktor kann die Probleme einer Industriegesellschaft (Stand der Industrie, zu geringe Zahl der Produktionskräfte) verschärfen oder mildern, aber er verursacht sie nicht.
2. Die Auswirkungen einer pronatalistischen Politik (Frankreich; in manchen der heutigen Ostblockländer – Ungarn, DDR; seinerzeit, während der nationalsozialistischen Ära) lassen keinen Schluß zu, ob es sich um eine Vorverlegung der Geburten oder um eine tatsächliche Erhöhung der Geburtenzahl handelt. In Frankreich ist das Geburtenniveau immer um ca. 25% höher als in Deutschland. Die Tendenzen – z. B. derzeit ebenfalls Geburtenrückgang – sind aber die gleichen wie in Deutschland. Die Entwicklung verläuft immer parallel.
3. Aus internationaler Sicht kann die Frage „besorgniserregend oder begrüßenswert" nicht beantwortet werden; die nationalen Unterschiede in der Geburtenentwicklung sind zu groß. Die Festlegung der Bevölkerungspolitik ist eine nationale Angelegenheit und muß aus der jeweiligen nationalen Sicht entschieden werden. Die WHO hat beschlossen, sich nicht in die Bevölkerungspolitik der einzelnen Staaten einzumischen. Demgemäß ist es auch schwierig, genau zu definieren, was mit der Redewendung gemeint sei, „die Substanz werde aufs Spiel gesetzt". In Osteuropa wird dieser Begriff in der Diskussion verwendet. (Soweit dieser Begriff im vorliegenden Referat aufscheint, wird er nicht in einem wertenden Sinn verstanden, sondern wird er nur aus der in der Öffentlichkeit geführten Diskussion übernommen.)

Kurzfassung des Referates von Karl-H. Wolff:
Determinanten und Konsequenzen des Geburtenrückganges

Das Geburtenniveau ist seit einigen Jahren in allen Industrieländern rückläufig.
Zwei Aspekte der Messung:
1. Zahl der Lebendgeborenen
   In Österreich, im Jahre 1963: 134.809
   In Österreich, im Jahre 1978: 85.402
   Rückgang um 36,6%.
2. „Fruchtbarkeitsziffer": „Zahl der Lebendgeborenen, bezogen auf 1.000 im Berichtsjahr lebende Frauen im Alter von 15 bis unter 45 Jahren".
   In Österreich, im Jahre 1963: 91,9 ⎫ Lebendgeborene auf
   In Österreich, im Jahre 1970: 79,2 ⎬ 1.000 Frauen im
   In Österreich, im Jahre 1978: 56,2 ⎭ gebärfähigen Alter

Der Rückgang der Geburten ist auch insofern auffällig, als er in eine Periode des wirtschaftlichen Aufschwungs fällt; während dieses Zeitraumes wurde die Familienbeihilfe erhöht und die Geburtenprämie eingeführt.

Eine genauere Analyse des Geburtenrückganges zeigt, daß vor allem die Zahl der Familien mit fünf oder mehr Kindern zwischen 1963 und 1977 um 68,7%, die Zahl der Familien mit vier Kindern um 60% abnahm.

Eine Prognose über die demographische Entwicklung in Österreich bis zum Jahre 2000 zeigt, daß
– die Zahl der noch nicht Erwerbsfähigen fällt (bis 1995 steigt sie noch),
– die Zahl der nicht mehr Erwerbsfähigen fällt,
– die Zahl der Erwerbsfähigen steigt.

Ist dies ein günstiger Trend für die Pensionsversicherung? Nur dann, wenn es vorher gelingt, die bis dahin nötigen zusätzlichen 250.000 bis 300.000 Arbeitsplätze zu beschaffen. Außerdem muß bei der Einschätzung der Lage bedacht werden, daß die zu erwartenden Verbesserungen der Qualität der sozialen Pensionsversicherung zu Steigerungen der absoluten Ausgaben der Sozialversicherung führen wird.

Die Zahl der Großfamilien wird – stärker als die der Kleinfamilien – weiterhin rückläufig sein. Der Bedarf an Pflichtschulplätzen wird somit geringer werden. Hingegen läßt sich der Bedarf an Kindergartenplätzen sowie der Bedarf an Plätzen bei den höheren Schulen und den Universitäten nicht nur aufgrund der Tatsache des Geburtenrückganges prognostizieren.

Eine Prognose der Entwicklung bis zum Jahre 2100 zeigt, daß ab dem Jahr 2000 vor allem die Zahl der Erwerbsfähigen abnimmt. Im Jahre 2000 ist der stärkste Geburtenjahrgang (1963) 27 Jahre alt, dann kommen die geburtenschwächeren Jahrgänge. Mit dem Rückgang der Erwerbsfähigen erfolgt gleichzeitig ein Ansteigen der Zahl der Pensionisten. Erst mit dem Jahr 2030 ist ein

Rückgang der Zahl der Personen im Pensionsalter zu erwarten. Somit werden die Hauptprobleme der Pensionsversicherung im ersten Drittel des nächsten Jahrhunderts liegen. Ferner ist zu bedenken, daß durch eine bessere medizinische Betreuung mehr Personen ein höheres Alter erreichen werden. Dies bringt, nicht zuletzt auch, weil mit höherem Alter eine größere Krankheitsanfälligkeit gegeben ist, erhöhte Kosten.

Andere Probleme werden aber im nächsten Jahrhundert noch größer sein: Energieversorgung, Umweltverschmutzung, Probleme der Infrastruktur und der Lebensqualität. Somit kann der Geburtenrückgang auch unter dem Aspekt der Aufteilung der geringer werdenden Ressourcen unter weniger Personen gesehen werden. Da sich die Geschwindigkeit des Geburtenrückganges verlangsamt, ist für Österreich wahrscheinlich nur ein leichter Rückgang der Bevölkerung zu erwarten, und es ist kein Anlaß zur Besorgnis gegeben, sondern es ist – gerade auch durch den Geburtenrückgang – eine Verbesserung der Qualität des Lebens in Österreich möglich.

Ergebnisse der Diskussion:

1. Ein etwaiger Arbeitskräftemangel, der sich durch den Geburtenrückgang in Österreich eventuell ergäbe, könnte durch ausländische Arbeitskräfte ausgeglichen werden. Aber bis zum Jahr 2000 ist eher das gegenteilige Problem zu bewältigen: die Schaffung zusätzlicher Arbeitsplätze. Somit ist derzeit auch die Frage nicht aktuell, welchen Prozentsatz an ausländischen Arbeitskräften man importieren kann, ohne daß dadurch ein „kultureller Substanzverlust" eintritt.
2. Die Prognose der Tendenz zur Kleinfamilie – z. B. über einen dieser Prognose sich anschließenden Bau von Kleinwohnungen – könnte zu einer sich selbst erfüllenden Prognose werden. Man muß jedoch auf dem Wohnungssektor ansetzen und der Prognose einer weiteren Rückläufigkeit der Geburten entgegenwirken. Ein-Kind-Familien könnten in vielen Fällen zu Zwei-Kind-Familien werden, wenn die Wohnverhältnisse günstiger wären.
3. Mit der Publikation von Prognosen für längere Zeiträume sollte man auch wegen ihres großen Unsicherheitsgrades vorsichtig sein. Nur kurzfristige Prognosen sind aussagekräftig; schon Prognosen für einen Zeitraum von 10 Jahren sind für viele Bereiche problematisch. Prognosen für einen Zeitraum von 10 Jahren können für die folgenden Problembereiche ausreichend gesichert sein: ökonomische Belastungsquote, Lebensarbeitszeit, demographische Entwicklungen. Prognosen werden für politische Entscheidungen benötigt. Der Wunsch nach Prognosen kommt aus dem Wunsch nach Sicherheit; einer Sicherheit, die meist weit überschätzt wird.

Kurzfassung des Referates von Albrecht Müller:
Reaktion auf sinkende Geburtenraten in den Industrieländern – Lenkung oder Laissez-faire?

Aufgrund der Verknappung der Energievorräte und der Rohstoffe sind für die achtziger und neunziger Jahre Krisen und Kriege zu befürchten. Eine pronatalistische Bewegung in der heutigen Zeit ist daher absurd und irrational. „60 Millionen Deutsche ... werden im Jahre 2030 jedenfalls erheblich mehr Energie und Rohstoffe verbrauchen als die landläufig prognostizierten 39,4 Millionen."

In allen europäischen Ländern – unabhängig von Unterschieden in ihrer konjunkturellen Situation, in ihrer politischen Ausrichtung, in der Art und im Umfang an familienpolitischen Leistungen – erfolgte in der Mitte der sechziger Jahre ein demographischer Umbruch. Ein positiver Zusammenhang zwischen einer familienfördernd intendierten Politik eines Landes und der Geburtenrate läßt sich nicht mit Sicherheit feststellen.

Ein Wunsch nach „nationaler Größe" ist anachronistisch. Die Betrachtung der demographischen Entwicklung ist zumindest unter gesamteuropäischem Gesichtspunkt nötig; aber auch die Entwicklungsländer müßten in die Betrachtung miteinbezogen werden.

Bei den folgenden Problemen ergeben sich durch den Geburtenrückgang in den Industrieländern Vorteile: überfüllte Naherholungsgebiete, verstopfte Straßen, große Schulklassen. Durch die geringere Kinderzahl pro Familie kann für die Erziehung und Ausbildung der Kinder heutzutage größere Sorgfalt aufgewendet werden.

Die in der Öffentlichkeit geführte Diskussion ist in manchen Punkten widersprüchlich:

1. Wenn die Geburtenrate so niedrig bleibt wie heute, dann ist folgender Bevölkerungsstand zu erwarten:
   im Jahre 2000: 53,3 Millionen (d. i. über dem Stand von 1961), in der BRD
   im Jahre 2030: 44 Millionen (d. i. über dem Stand von 1939, in den Grenzen des Bundesgebietes; damals sprach man von einem „Volk ohne Raum").
   Die Integration der Gastarbeiter ist mangelhaft, ein „völkisches Denken" steht im Vordergrund.
2. Die negative Bewertung des Geburtenrückganges paßt nicht zu den anderen Problemen: Explosion der Weltbevölkerung, Überlastung unserer Umwelt, Verknappung der Ressourcen (Energie, Wasser, Luft), Klage über überfüllte Schulklassen, verstopfte Straßen, Kritik an der Zersiedelung der Landschaft, Sorge um fehlende Ausbildungs- und Arbeitsplätze für Jugendliche.
3. Auch die Konsequenzen des Geburtenrückganges sind kein Grund für eine pronatalistische Politik. Die Rentenfrage ist – wenn überhaupt, dann jeden-

falls lange Zeit noch – kein akutes Problem. Nicht die Arbeits*kräfte* fehlen, sondern die Arbeits*plätze*.

4. Kinder werden unter einseitig wirtschaftlichen Aspekten als „Investitionsgut" betrachtet. „Die (egoistische) Vorstellung, Kinder würden für die Altersversicherung der Eltern gezeugt und geboren, ist eine bürgerlich-agrarische Vorstellung."
5. Die Möglichkeit einer pronatalistischen Politik durch wirtschaftliche Hilfen wird weit überschätzt. Durch „Prämien" und dgl. werden eher Frauen der Unterschicht und der unteren Mittelschicht motiviert, mehr Kinder zu gebären; mehr Kinder, als sie sich auf Dauer leisten können. (Die mangelnde Voraussicht vieler Menschen wird ausgenützt.) Kindergeldähnliche Maßnahmen für die *ganze* Zeit der Erziehung sind aber für den Staat viel zu kostspielig.
6. Pronatalistische Tendenzen sind durch kollektivistisches, instrumentelles Denken gekennzeichnet: Mehr Kinder sollen von oben her „verordnet" werden. Man zerbricht sich den Kopf, wie man motivieren könnte. So werden oft – so widersprüchlich dies auch an sich ist – konservative Menschen zu Verfechtern der Staatsintervention.
7. Die Forderung nach wirtschaftlichen Hilfen durch den Staat für kinderreiche Familien ruft einen „Pseudoklassenkonflikt" hervor: Nicht zwischen arm und reich soll umverteilt werden, sondern zwischen kinderarm und kinderreich.
8. Von den Pronatalisten werden für jene Frauen, die Kinder haben wollen, zugleich aber berufstätig sein möchten, keine praktikablen Hilfen angeboten.
9. Die Konzentration der öffentlichen Diskussion auf die noch nicht Geborenen, auf die erst zu Gebärenden, ist ein deutliches Zeichen dafür, daß es nicht um die lebenden Kinder geht, nicht um Familienpolitik, sondern um ein demographisches, ein bevölkerungspolitisches Problem.

Ergebnisse der Diskussion:

1. In der Diskussion wird festgestellt, daß zwischen der Abnahme der Bevölkerungsgröße und der Abnahme des Verbrauches von Ressourcen kein linearer Zusammenhang bestehe; gleichzeitig mit der Abnahme der Bevölkerungsgröße steige vermutlich auch das Luxusbedürfnis. Die Umweltbelastung hängt von der Technologie ab. Bei einem Geburtenrückgang wird wesentlich kapitalintensiver produziert, was die Umwelt mehr belastet. Allerdings ist es freilich selbstverständlich, daß Mehrverbrauch und Bevölkerungswachstum eine positive Korrelation aufweisen; z. B. wird der Wasserverbrauch von 60 Millionen Menschen selbstverständlich höher sein als der von 39 Millionen.

2. Es ist die Frage, ob der Geburtenrückgang nicht Ausdruck einer Lebensform ist, die als negativ zu bewerten ist. Man kann allerdings den Rückgang einer größeren Kinderzahl auf eine geringe Zahl von Kindern pro Familie auch als Ausdruck eines größeren Verantwortungsbewußtseins für das einzelne Kind interpretieren.
3. Es ist problematisch, prinzipiell und generell vom Staat finanzielle Unterstützung für die Erziehung von Kindern zu fordern. Man kann zwar einerseits argumentieren, daß es richtig sei, Kinder als rein private Last aufzufassen; dann wäre es aber auch konsequent, in dieser Linie der Argumentation fortzusetzen und auch das Alt- und Kranksein als private Last zu deklarieren. Andererseits muß festgestellt werden, daß bei der Kranken- und Sozialversicherung im Grunde ein Versicherungsprinzip wirksam ist: Alte und Kranke versichern sich im Prinzip selbst, auch wenn staatliche Zuschüsse nötig sind. Kinder zu haben, ist hingegen eine individuelle *Entscheidung*. Dies ist der wesentliche Unterschied zur Kranken- und Sozialversicherung. Es ist auch recht fraglich, ob es gerechtfertigt ist, vom Aspekt der finanziellen Belastung aus zu generalisieren und Kinder als Lasten zu betrachten. Es liegt doch auf der Hand, daß Kinder auch psychischen Nutzen bringen. Allerdings darf dies nicht in dem Sinne mißverstanden werden, Kinder zu haben, wäre Privatsache. Man kann nicht die Altenversorgung als kollektive und die Erhaltung der Kinder als individuelle Sache deklarieren. Wer Kinder hat, muß in der Hochsaison auf Urlaub fahren, hat größere Wohnungskosten usw. Es ist daher selbstverständlich, daß die Kosten für Kinder nicht rein privat zu tragen, sondern vom Staat Subventionen zu zahlen sind. Aber der Staat – dies ist ebenfalls klar festzuhalten – kann nicht die Kosten für die Kinder voll übernehmen.

Kurzfassung des Referates von Josef Schmid:
Kinderwunsch und moderne Industriegesellschaft

1. Besteht ein Zusammenhang von Gesellschaft und Familie einerseits und generativem Verhalten andererseits?

Der Bevölkerungsschwund begann in den beiden deutschen Staaten, mittlerweile ist er auch in Österreich und Luxemburg und eine Tendenz hiezu in England und Belgien festzustellen. „Eine Nettoreproduktionsziffer über 1 weisen unter den Mitgliedern des Europarates noch Zypern, Griechenland, Island, Irland, Malta, Portugal, Spanien und die Türkei auf. Es sind dies Staaten an den Randzonen Europas mit einem deutlichen sozialen und ökonomischen Rückstand im Vergleich zu den übrigen. Aber selbst bei diesen haben Geborenenüberschüsse und Nettoreproduktion eine sinkende Tendenz." Es ist von vornherein eine falsch gestellte Frage, wenn man für kürzere Perioden nach einzelnen Ursachen des Geburtenrückganges fragt. Nach Charles Westoff ist die Tatsache einer niedrigen Fruchtbarkeit „das Ergebnis eines langen geschichtlichen Prozesses"; es ist ein Übergang von der vorindustriellen Bevölkerungsweise mit einer hohen Geburtenziffer und einer hohen Sterblichkeitsquote („Theorie des demographischen Übergangs"). Trotzdem muß aber festgehalten werden, daß das generative Verhalten grundsätzlich von der Einschätzung der Möglichkeiten des einzelnen Paares abhängt und die Einschätzung der demographischen Situation eines Landes in den bewußten Überlegungen der einzelnen, jeweils betroffenen Menschen faktisch keine Rolle spielt.

2. Inwieweit läßt sich der demographische Status der Bundesrepublik Deutschland und des übrigen industrialisierten Europa als dauerhaft charakterisieren?

In der konkreten Entscheidungssituation hinsichtlich Nachkommenschaft werden psychologischer und ökonomischer Nutzen von Kindern den Kosten gegenübergestellt. „Dieser Kostensaldo geht immer weniger häufig zu Gunsten des Kindes, vor allem des zweiten und dritten Kindes, aus und reflektiert die schrumpfende Streuung der Geburtenordnung." Ein Bündel von Determinanten bewirkt die abnehmende Zahl der Geburten: ein Schwinden des Nutzens von Kindern mit dem Übergang von der Agrarwirtschaft zur Industriegesellschaft, „ein Verfall traditioneller und religiöser Autorität, die Ausbreitung des Gedankens der Rationalität und Individualität, höhere Bildung für beide Geschlechter, wachsende Gleichberechtigung der Frau, Rückgang der Kindersterblichkeit und das Auftauchen einer Konsumkultur, die das persönliche Glücksstreben stimuliert: sie alle gipfeln in einer sich ausbreitenden und verbessernden Technik der Schwangerschafts- und Geburtenkontrolle...". Dieser Prozeß scheint irreversibel zu sein. Hinzu kommt noch die Tendenz zu einer weniger häufigen

Eheschließung, eine ansteigende Tendenz zu Ehescheidungen, zu außerehelichen Verhältnissen, eine sinkende Wiederverheiratungsquote etc.
3. Diskussion der für den Geburtenrückgang als relevant vermuteten Determinanten

Als mutmaßliche Determinanten werden in der öffentlichen Diskussion die folgenden genannt: der Rollenwandel der Frau, die Verhaltensautonomie als allgemeines Leitbild, die steigenden Lebensansprüche, die Vorrangigkeit der Lebensplanung, die mangelnde Vorbereitung auf Eltern- und Partnerschaft, die Wohnungsfrage, die „Kinderfeindlichkeit", die Erziehungsunsicherheit, der sekuläre Trend („die ‚Entkirchlichung' des öffentlichen und privaten Lebens") und schließlich der Kulturpessimismus und die Zukunftsangst.

Die Öffentlichkeit hat bereits akzeptiert, daß ein Drittel aller Frauen kinderlos bleibt. Die anderen zwei Drittel müßten drei bis vier Kinder haben, um den Bevölkerungsstand zu halten. Dies ist nicht zu erwarten. Es ist überhaupt eine radikale Trendumkehr nicht zu erwarten, denn eine solche hätte auch eine Veränderung der Produktions- und Lebensformen in den Industrieländern zur Folge. Die Möglichkeit einer gewissen Beeinflussung des generativen Verhaltens – allerdings unterhalb des Reproduktionsniveaus – ist nicht ganz auszuschließen.

Ergebnisse der Diskussion:

1. Die Theorie des demographischen Übergangs ist die Beschreibung eines historischen Prozesses. Dieser Prozeß ist ebenso irreversibel wie z. B. unsere, aufgrund der Entwicklung der Naturwissenschaften gegebene Lebensführung. Die Technik der Arbeitsteilung, die Steuerung der Produktion, der Stand der Zivilisation sind so wie die damit in Zusammenhang stehende Steuerung der Geburtenrate von der Menschheit nicht „verlernbar". Die Theorie des demographischen Übergangs beschreibt den charakterisierten historischen Prozeß umfassender als die genannten 10 Faktoren bzw. Determinanten des Geburtenrückganges; diese 10 Faktoren sind gewissermaßen Kristallisationspunkte in der öffentlichen Diskussion.
2. Die Behauptung, daß die Entwicklung zur Kernfamilie irreversibel ist, bedeutet, daß die Form der Familie mit bestimmten Formen anderer gesellschaftlicher Bereiche fest gekoppelt ist. Die Form der Großfamilie hing mit bestimmten Produktionsformen zusammen, die Form der Kernfamilie hängt mit der arbeitsteiligen Gesellschaft zusammen. „Irreversibel" heißt, daß ohne eine Transformation der Wirtschaft sich die jetzige Familienform nicht verändern wird.
3. Hängt der Kinderwunsch mit ökonomischen Faktoren zusammen? „Kinderwunsch" ist ein tendenziell neues Wort für eine neue Sache. In einer agrarischen Gesellschaft gibt es den Kinderwunsch nicht in demselben Sinn wie in unserer Gesellschaft. Ein Bauer vor hundert Jahren hätte die Frage nach

dem „Kinderwunsch" bzw. nach der „Zahl der gewünschten Kinder" gar nicht recht verstanden. Der Kinderwunsch ist etwas, was heutzutage klarbewußt abgewogen wird; er konkurriert mit anderen Wünschen. Es liegt ihm auch heutzutage etwas Ökonomisches zugrunde, aber in einem neuen Sinn: Der Wunsch nach Kindern wird in seinem Verhältnis zur leichteren bzw. schwierigeren Verwirklichung anderer Wünsche kalkuliert. Eine zu große Kinderzahl gefährdet heutzutage zum Beispiel meistens den eigenen sozialen Status und meistens auch den der Kinder selbst.

Kurzfassung des Referates von Gunter Steinmann:
Das Bevölkerungsproblem in den volkswirtschaftlichen Lehrmeinungen

Im 19. Jahrhundert (und bis ins 20. Jahrhundert hinein noch nachwirkend) war das von Thomas Robert Malthus entwickelte demo-ökonomische Modell maßgebend. Es besagt, daß sich die Bevölkerung, wenn sie sich keine Beschränkungen auferlegt, alle 25 Jahre verdoppeln könne; die Nahrungsmittel können hingegen nicht so leicht gesteigert werden (die Anbauflächen sind begrenzt, zusätzliches Kapital und zusätzliche Arbeit sind bei gegebener Anbaufläche immer weniger produktiv einsetzbar). Wegen des Auseinanderklaffens zwischen der biologisch möglichen Wachstumsrate der Bevölkerung und der maximal möglichen Wachstumsrate der Nahrungsmittelproduktion sei – nach der Theorie von Malthus – eine Reduktion des Bevölkerungswachstums erforderlich.

Zu Beginn des 20. Jahrhunderts und besonders in den dreißiger Jahren trat hinsichtlich des ökonomischen Aspekts des Bevölkerungsproblems ein deutlicher Meinungsumschwung ein. Die von Malthus gemachte Prophezeiung von der Verelendung der Massen war nicht in Erfüllung gegangen und verlor damit ihre Glaubwürdigkeit. Es wurde die entgegengesetzte These formuliert: Eine ökonomische Stagnation tritt durch zu niedrige Geburtenzahlen ein (John Maynard Keynes, Alwin Hansen und Roy Harrod). Die Schrumpfung der Bevölkerung ist der wichtigste Entstehungsgrund für die Abschwächung der Nachfrage nach Gütern und Diensten. Dadurch entsteht eine wirtschaftliche Stagnation und in ihrem Gefolge Arbeitslosigkeit.

Die in den dreißiger Jahren erstellten Bevölkerungsprognosen erwiesen sich in den fünfziger und sechziger Jahren als unrichtig. In den Industrieländern zeigte sich ein unerwarteter, starker Geburtenanstieg und ein ebenso unerwarteter wirtschaftlicher Aufschwung. Das Interesse für bevölkerungspolitische Probleme schwand daher im allgemeinen. Dennoch ist das geringe Interesse für demo-ökonomische Probleme eigentlich unverständlich, denn durch die beiden Weltkriege und den starken Geburtenrückgang in den dreißiger Jahren ergaben sich starke Veränderungen in der Altersstruktur und in der Wachstumsrate der Bevölkerung. Diese Veränderungen hatten selbstverständlich Rückwirkungen auf die wirtschaftliche Situation.

Bis hinein in die siebziger Jahre blieben daher die demographischen Störeinflüsse durch wirtschaftliches Wachstum, Kapitalakkumulation und durch den technischen Fortschritt verdeckt. „Die ökonomische Entwicklung der Industrieländer" galt „somit als weitgehend unabhängig von ihrer Bevölkerungsentwicklung".

Mittlerweile sind jedoch die Ökonomen auf Zusammenhänge zwischen demographischen Strukturen und ökonomischen Aspekten aufmerksam geworden, zum Beispiel auf die Tatsache, daß eine Reduzierung der Fertilität – bei gegebenem Eintrittsalter in das Erwerbsleben und bei gegebenem Austritt aus dem Erwerbsleben – die relative Zahl der Pensionisten erhöht und die relative Zahl der Kinder senkt und daß dadurch mit mathematischer Notwendigkeit die Versorgungslast (Versorgungsaufwendungen je Erwerbstätigem) – je nachdem, ob die durchschnittliche Versorgungsaufwendung für ein Kind oder für einen Pensionisten höher ist – steigt, fällt oder konstant bleibt. Ebenso sieht man mittlerweile, daß Veränderungen demographischer Strukturen Rückwirkungen auf die räumliche, die berufliche und die geistige Mobilität der Erwerbstätigen „und damit auf das Niveau und die Wachstumsrate der Arbeitsproduktivität, auf die Karriereaussichten, Beschäftigungschancen und Einkommen der verschiedenen Altersgruppen, auf die Erwerbsbeteiligung und Erwerbsquote" haben.

Die meisten bevölkerungsökonomischen Modelle sind Partialmodelle. Eines der weniger integrierten demographisch-ökonomischen Gesamtmodelle wurde von Julian L. Simon erstellt. Die Prämisse für dieses Modell ist die, daß zwischen der „Rate des technischen Fortschrittes" und der Rate des Bevölkerungswachstums ein positiver Zusammenhang bestehe. Für die Begründung zur Annahme eines solchen Zusammenhanges gibt es mehrere Möglichkeiten; z. B.: die Überlegung, daß eine größere Zahl von Menschen zugleich ein größeres geistiges Potential ist, oder die Überlegung, daß ein dringender Bedarf an neuem Wissen (eine schnell wachsende Bevölkerung stellt die Gesellschaft vor große Aufgaben) eine Herausforderung für den Erfindungsgeist der Menschen ist. Simon leitet aus seinem Modell, das diese Prämisse zur Voraussetzung hat, die Erkenntnis ab, „daß zumindest langfristig (nach 80 Jahren) sowohl für die Industrieländer als auch für die Entwicklungsländer ein positives Bevölkerungswachstum die wirtschaftliche Entwicklung begünstigt".

Ergebnisse der Diskussion:

1. Sowohl in einer Agrar- als auch in einer Industriegesellschaft wird die unterschiedliche Entwicklung des Nutzens und der Kosten eines Kindes bei rationalem Verhalten der Erwachsenengeneration dazu führen, daß diese ihre Kinderzahl mit steigendem Pro-Kopf-Einkommen einschränkt.
2. Eine steigende Bevölkerungzahl kann große Märkte bedingen, und diese wiederum begünstigen den technischen Fortschritt. Allerdings ist nicht allein die Kopfzahl der Märkte entscheidend, sondern die Höhe des Lebensstandards. Wichtiger für den technischen Fortschritt ist die absolute Höhe des Bruttosozialprodukts als die Bevölkerungszahl. Solche Thesen sind – ebenso wie die Annahme: je größer der Bevölkerungszuwachs, desto größer die Wahrscheinlichkeit eines Genies, desto größer der technische Fortschritt – recht spekulativ und vage, so daß es kaum möglich sein dürfte, sie zu verifizieren.

3. Bevölkerungspolitische Maßnahmen haben nur kurzfristige Wirkungen. Versucht man, durch staatlich-finanzielle Hilfen die Geburtenrate zu heben, so sind relativ bald nach Einführung einer solchen Maßnahme wieder neue finanzielle (bzw. sozialpolitische) Anreize zu setzen, wenn das durch eine solche Maßnahme gehobene Geburtenniveau gehalten werden soll.
4. Soweit der Geburtenrückgang Konsequenzen auf die Veränderung der Altersstruktur bringt und dadurch sich auch Konsequenzen für die Frage der Beschäftigung ergeben, sollte gegenüber der Entwicklung solcher Probleme eine Gegensteuerung über die Bildungspolitik erfolgen.
5. Sofern der Geburtenrückgang in den Industrieländern längere Zeit anhält, ist es selbstverständlich, daß sich als eine der Langzeitkonsequenzen eine Erhöhung der Alterslastenquote ergibt und daraus auch Probleme für die kollektive Altersversorgung erwachsen.

Kurzfassung des Referates von Manfred Haider:
Bevölkerungspolitik unter dem Aspekt der Umwelthygiene

„Viele der Trendberechnungen zeigen auf, daß unhaltbare Zustände eintreten werden, wenn die technische und zivilisatorische Entwicklung mit all ihren Nebenwirkungen in demselben Ausmaß und Tempo voranschreitet, wie dies derzeit der Fall ist. Zugleich kann aber gesagt werden, daß es reale Möglichkeiten gibt, eine weitere Umweltverschlechterung einzudämmen, ja sogar eine Verbesserung der Lebensbedingungen zu erreichen."

In den letzten Jahren wurden Befürchtungen wegen der Gefahr einer „Bevölkerungsexplosion" geäußert sowie auch dafür, daß die Urbanisierung einer exponentiellen Funktion folge.

Die Zunahme der Weltbevölkerung:

um Christi Geburt:	210 Millionen
im Jahre 1625:	500 Millionen
im Jahre 1825:	1 Milliarde
im Jahre 1930:	2 Milliarden
im Jahre 1960:	3 Milliarden
im Jahre 2000:	6–7 Milliarden

Der Club of Rome bezeichnete einen solchen Anstieg sogar als „superexponentiell" und forderte vehement eine Geburtenbegrenzung. Dem Club of Rome wurde allerdings der Vorwurf gemacht, er gehe einseitig von einem „Weltmodell" aus und lasse regionale Unterschiede unberücksichtigt.

Der Urbanisierungsprozeß stieg in den letzten Jahrzehnten rasch an: „Die gesamte Stadtbevölkerung dieser Erde wird Ende des Jahrhunderts zweimal so groß sein wie die gesamte Weltbevölkerung zu Anfang des Jahrhunderts." Das Leben in der Stadt bringt eine Reihe von Vorteilen: bessere Bildungs- und Arbeitsmöglichkeiten, eine größere Mobilität und eine bessere Gesundheitsversorgung. Diesen Vorteilen steht eine Reihe von Nachteilen gegenüber: eine größere Bevölkerungs- und Wohndichte, eine erhöhte Luftverunreinigung und Lärmbelästigung, eine Verringerung des Erholungsraumes und eine Veränderung der klimatischen Bedingungen.

Es ist schwierig, Grenzwerte für die Umweltbelastung anzugeben. Besonders hingewiesen sei aber auf den Umstand, daß bei vielen Schadstoffen und anderen Umwelteinflüssen mit einer starken Anreicherung, z. B. über Nahrungsketten, zu rechnen ist. Man muß bei ökologischen Prozessen auch mit starken Verzögerungszeiten rechnen. Beschränkungen und Anwendungsverbote gegenüber der technologischen Entwicklung, die sich an den Markterfordernissen orientiert, werden unumgänglich sein.

Die Zivilisationsentwicklung wird sich weltweit um umwelttoxikologische Fragestellungen kümmern müssen, um Abfallprobleme und um die Gefahren für den genetischen Bestand. „Es wird zweifellos eine Schicksalsfrage unserer Generation sein, ob wir imstande sind, die Gesundheitsgefährdung durch Umweltfaktoren abzuwehren und die Chancen zu neuen Umweltgestaltungen zu nützen."

„Es ist angesichts dieser Problematik heute vielen Menschen klar geworden, daß es unbedingt nötig ist, weitere nachteilige Veränderungen ökologischer Gleichgewichte zu vermeiden und noch intakte Ökosysteme soweit als möglich zu schützen. In diesem Sinne wird vielfach angestrebt, Bevölkerungswachstum, Fortschritt und technisch-zivilisatorische Entwicklung nur in dem Rahmen, in kontrollierter Weise zuzulassen, in welchem er sich mit den Zielvorstellungen über menschliche Gesundheit und menschliches Wohlbefinden vereinbaren läßt."

Ergebnisse der Diskussion:

1. Wenn die Aussage des Club of Rome von der superexponentiellen Entwicklung des Bevölkerungswachstums und der Umweltbelastung stimmt, steuern wir dann nicht notwendigerweise einer Katastrophe entgegen? Ist im Vergleich dazu die zunehmende Diskrepanz des Bevölkerungswachstums in den Industrieländern einerseits und in den Entwicklungsländern andererseits gegenüber der Bevölkerungsexplosion, die, weltweit gesehen, droht, sekundär?
2. Umweltprobleme kann man nicht durch Bevölkerungspolitik lösen; für diese Probleme ist nur eine entsprechende Umweltpolitik das richtige Steuerungsinstrument. Man kann nicht erwarten, daß eine dichte Bevölkerung gleichsam automatisch verhaltensregulierende Tendenzen aufbringe. (Auch dünn besiedelte Länder können sehr umweltbewußt sein, z. B. Finnland.)
3. Ein bewußtes Gestalten der Umwelt geschieht allerdings nur dann, wenn noch die Hoffnung besteht, daß durch ein rational gesteuertes Verhalten die Umwelt tatsächlich beeinflußt werden kann. Es muß die Überzeugung gegeben sein, daß rationales Verhalten sinnvoll ist.
4. Von einem Teilnehmer des Symposions wurde die These vertreten, die rapide Zunahme der Bevölkerung in den Entwicklungsländern einerseits und der Geburtenrückgang in den Industrieländern andererseits müßten nicht als eine beängstigende Entwicklung aufgefaßt werden, sondern man könne diesen Vorgang auch als eine Möglichkeit der Wiederherstellung eines ökologischen Gleichgewichtes einschätzen.

Kurzfassung des Referates von Clemens Geißler:
Wie kinderfreunlich sind die Wohn- und Wohnumfeldbedingungen?
Wohnverhältnisse als Bedingungsfaktor familiärer Lebenssituation

Es ist eine vorrangig quantitative Orientierung der Wohnungspolitik festzustellen und eine „unzureichende Berücksichtigung der familiären Wohnbedürfnisse und der Rahmenbedingungen des Familienwohnens". Die Wohnung hat jedoch für die Lebenssituation einer Familie große Bedeutung: Ein beträchtlicher Teil des Lebens spielt sich in der Wohnung oder in ihrer unmittelbaren Umgebung ab. Wenn eine entsprechende Rückzugsmöglichkeit für Eltern und Kinder innerhalb der Wohnung fehlt, und nur ein einziger Raum für gemeinschaftliche Aktivitäten zur Verfügung steht, wird die verfügbare Freizeit vermehrt außerhalb der Wohnung bzw. der Familie verbracht. Die Folgen einer räumlichen Beengung sind eine erhöhte Aggressivität und eine Beeinträchtigung der Spiel- und Lernfähigkeit sowie der Entwicklung der Intelligenz.

1. Ungünstige Bedingungen auf dem Wohnungsmarkt:

In der freien Marktwirtschaft werden, auch auf dem Gebiete des Wohnungswesens, Angebot und Nachfrage über den Preis gesteuert. Dieser Umstand führt für folgende Gruppen zu unerwünschten Ergebnissen: für Familien mit geringem Einkommen, für besonders kinderreiche Familien, für ausländische Familien, für Familien mit kleinen Kindern und solche mit einem alleinstehenden Elternteil. Die unbefriedigende Wohnungssituation für Familien ist allerdings nicht immer nur auf geringes Einkommen zurückzuführen: Familien werden auf dem Wohnungsmarkt oft auch durch ihre Familienstruktur oder durch ihre Herkunft diskriminiert. Eine weitere Schwierigkeit besteht darin, daß die Eltern der Wohnung oft nicht die Bedeutung beimessen, die ihr eigentlich zukommt; daher sind sie auch nicht bereit, einen entsprechenden Anteil ihres Einkommens für die Wohnung auszugeben, sondern sie geben anderen Bereichen des Konsums den Vorzug. Das Ein- oder Zweifamilienhaus hat – im Gegensatz zur Geschoßwohnung – meistens günstigere Vorbedingungen zur Erfüllung der Funktion der Familie. Die Realisierung dieses Zieles hängt allerdings meistens von der Verfügbarkeit eines entsprechenden Grundstückes ab.

2. Anforderungen an ein kinderfreundliches und familiengerechtes Wohnen:

Jedes Kind sollte ein eigenes Zimmer haben. Es sollte mindestens ein Raum für ein gemeinschaftliches Tun zur Verfügung stehen. (Das Wohnzimmer darf nicht ausschließlich repräsentativen Zwecken dienen und nicht zu Lasten der Familienfunktion Selbstzweck sein.) Auch der Anregungsgehalt der gesamten Siedlung ist für die geistige und soziale Entwicklung wichtig. Die Wohnungsplanung ist nicht für jede Gruppierung innerhalb der Familie möglich, daher ist das Prinzip einer größtmöglichen Flexibilität der Raumeinteilung anzustreben, die „Variabilität des Grundrisses und der Nutzung". Wichtig ist die Schallisolation zwischen den Räumen einer Wohnung und zwischen den Wohnungen, aber auch zwischen den Häusern einer Siedlung, wobei die Notwendigkeit des Sicht- und Hörkontaktes mit den Kindern nicht außeracht gelassen werden darf.

Wohnungsstandards werden meistens als Mindestforderungen formuliert. Bisher wurden diese Mindestforderungen meistens auf Geschoßwohnungen formuliert. Familiengerechte Wohnverhältnisse sind jedoch „nicht allein durch ausreichende Wohnflächen, sondern nur in Verbindung mit geeigneten Hausformen und Grundstückformen zu schaffen. Gemeinhin wird behauptet, daß Einfamilienhäuser einen so großen Baulandbedarf haben, daß der Geschoßwohnungsbau bevorzugt werden müsse. Diese Konsequenz ist nicht vertretbar, wenn der Baulandbedarf für flächensparende Einfamilienhauskonzepte einem Vergleich mit dem Baulandbedarf für Geschoßbauten zugrundegelegt wird". Der Gefahr der „Zersiedelung der Landschaft" kann dadurch entgegengewirkt werden, daß für jede Gemeinde und für jede Region ein geeignetes Siedlungskonzept erstellt wird.

3. Die Wohnverhältnisse der Familien mit Kindern:

Der Vergleich zwischen Mindestbedarf, der vom Beirat für Familienfragen im Gutachten Familie und Wohnen angegeben ist, mit der im Jahre 1972 tatsächlich zur Verfügung stehenden Wohnfläche ergibt, daß dieser Mindestbedarf nur von 53% der Familien mit Geschoßwohnungen, hingegen von 80% der Familien erreicht wird, die ein eigenes Haus haben.

Bei der Erhebung der tatsächlichen Wohnverhältnisse der Familien stellt sich heraus, daß Familien mit geringem Einkommen benachteiligt sind, solche mit einer hohen Kinderzahl und die eine Mietwohnung haben. Ausländer sind, z. B. in Deutschland, besonders benachteiligt; sie wohnen in Wohnungen, die mit denen von Deutschen nicht vergleichbar sind. (Die Wohnungen sind kleiner und auch mangelhaft ausgestattet.) Für die Familien ergibt sich durch die Miete eine besondere Belastung. Sie müssen aufgrund der relativ hohen Miete auf andere Lebensgüter verzichten.

Mietwohnungen werden von Familien nach Möglichkeit gemieden. Ein- und Zweifamilienhäuser werden bevorzugt gesucht. „Obwohl die durchschnittliche Kinderzahl bei Familien in Ein- und Zweifamilienhäusern wesentlich größer ist als bei Familien in Geschoßwohnungen, ist es beim gegenwärtigen Erkenntnisstand nicht möglich zu entscheiden, ob die höhere Kinderzahl die Ursache oder die Folge des Wohnens im Ein- und Zweifamilienhaus ist." Es ist ein Trend zur Abwanderung der Familien aus den Städten festzustellen. Offenbar hat das Land, nach der Einschätzung der Familien, für diese die besseren Lebensqualitäten.

Ergebnisse der Diskussion:

1. Es ist schwierig, auf die Frage, ob kinderfreundliche Wohnungen eine Hebung der Geburtenrate bringen, eine klare Antwort zu geben. Das Problem wird deutlich, wenn man bedenkt, daß zwar praktisch in allen Industriestaaten die Wohnverhältnisse seit der Jahrhundertwende entscheidend verbessert wurden, daß aber in allen Industrieländern ein starker Geburtenrückgang zu verzeichnen ist. Sind die Ansprüche bezüglich des Wohnens so überproportional angestiegen, daß die heutigen Wohnverhältnisse zu einer Determinante für den Geburtenrückgang geworden sind? Jedenfalls gibt es keine fixen Standards für Wohnungen; es verschieben sich diese Standards immer mehr nach oben, und es werden diese, sofern der Trend der letzten Jahrzehnte anhält, sozusagen zu unerfüllbaren Wünschen. Diesem Bedürfnis nach Vergrößerung der Wohn- oder der Gartenfläche sind nur von der Frage des Bewältigens der Instandhaltung (z. B. Gartenpflege), nicht von technisch Machbarem, Grenzen gesetzt.
2. Es gibt andererseits Ergebnisse von Befragungen, die klar zeigen, daß zwischen der Wohnungsgröße bzw. der Wohnform (Haus oder Wohnung) eine Korrelation besteht. In einer Münchner Untersuchung wurden Frauen mit zwei Kindern befragt, ob sie noch ein drittes wollten. Die Korrelation zwischen dem Wunsch, ein drittes Kind zu bekommen, und der Wohnform war am größten beim frei stehenden Einfamilienhaus, dann kam die Korrelation mit dem Reihenhaus, am geringsten war sie bei Geschoßwohnungen. Die Korrelation zwischen weiterem Kinderwunsch und Mietwohnung war (wegen der geringen finanziellen Belastung) höher als die zwischen Kinderwunsch und Eigentum. Bei der Kombination „Einfamilienhaus" und „Miete" ergab sich die stärkste Tendenz zu einem Wunsch nach einem weiteren Kind.
3. Kinder- und familiengerechte Wohnungen sind, nach Geißler, nicht teurer als der traditionelle Wohnbau. Beim familiengerechten Wohnbau ist auch die Mobilisierung von Kapital einfacher, weil der einzelne viel eher bereit ist, in diese Wohnform zu investieren.

Kurzfassung des Referates von Charlotte Höhn:
Die Rolle der Frau in bezug auf das generative Verhalten:
Doppelbelastung durch Kindererziehung und Beruf

Ist die Erwerbstätigkeit der Frauen eine Determinante für den Geburtenrückgang in den Industrieländern? Ist die Frau unter den Bedingungen der Erwerbstätigkeit nur in beschränktem Ausmaß in der Lage, Kinder großzuziehen? Die Gleichung „weniger Frauenerwerbstätigkeit = mehr Kinder" würde zu Fehleinschätzungen führen. Der Wandel der Rolle *und* der Geburtenrückgang müssen im Zusammenhang des sozialen Wandels der gesamten Gesellschaft gesehen werden.

Ausgehend von der gedanklichen Aufteilung der Tätigkeit der Frau in eine produktionsorientierte und in eine familiäre, läßt sich die These aufstellen: Die Frau in der vorindustriellen Gesellschaft war in gleichem Umfang produktiv wie heute. Zusätzlich zu ihren familiären Tätigkeiten (z. B. Betreuung und Erziehung von Kindern, Essensversorgung, Wäschepflege, Aufräumen und Putzen) war sie auch produktionsorientiert tätig (z. B.: Schlachten, Einkochen, Backen, Nähen); ihre Tätigkeit war aber nicht außerhäuslich und nicht lohnabhängig. (Die Erwerbstätigkeit der Frau scheint in Statistiken nur auf, wenn es sich um eine bezahlte Mithilfe von Familienangehörigen handelt.)

Auch die Kinder hatten in der vorindustriellen Gesellschaft eine andere Funktion als heute: Sie waren für die Alterssicherung wichtig, vor allem aber waren sie ein „Produktionsfaktor"; heute sind sie ein „Kostenfaktor". Durch die allgemeine Schulpflicht wurde viel von den Erziehungsaufgaben der Eltern an die Schule delegiert. Zugleich standen die Kinder dann der Familie nicht mehr als Arbeitskräfte zur Verfügung. „Die Familie wandelte sich von einer Produktionseinheit allmählich zur Konsumeinheit."

Drei Kernfragen ergeben sich:
1. Warum wird die Doppelbelastung der Frau neuerdings erwähnt?
2. Warum führt ein neues Rollenverständnis der Frau zu einem Rollenkonflikt?
3. Wollen die Frauen wirklich erwerbstätig sein?

In früheren Zeiten bestimmte die Schichtzugehörigkeit das Zeitbudget der Frauen. Heute hängt das Zeitbudget der Frauen von der Kinderzahl und von der Berufstätigkeit ab. Durch eine geringere Kinderzahl ergeben sich weniger häusliche Pflichten, und es steht mehr Freizeit zur Verfügung.

Die Erwerbstätigkeit der Frau bringt ihr Anerkennung, Kontakte, Beweglichkeit und eine Unabhängigkeit für die Wechselfälle des Lebens (Scheidung, Witwenschaft). Das sind – neben dem finanziellen Motiv im engeren Sinn (Erhöhung des der Familie zur Verfügung stehenden Budgets) – die Gründe, weshalb viele Frauen die Doppelbelastung auf sich nehmen. „Hausfrauenarbeit (ist) unbezahlt und damit in einer materiell orientierten Welt nahezu wertlos."

Das Drei-Phasen-Modell von Myrdal/Klein (Ausbildung und Berufstätigkeit – Familie ohne Berufstätigkeit – Wiederaufnahme der Berufstätigkeit) ist sehr bekannt und wird von vielen Frauen zu verwirklichen gesucht. Die Realisierung ist jedoch schwierig und zumeist mit einem sozialen Abstieg verbunden. Die Berufstätigkeit der Frau ist weiter im Ansteigen. Trotzdem stellt sich die Frage, ob tatsächlich so viele Frauen gern berufstätig sind. Was wäre, wenn die Gesellschaft die häusliche Tätigkeit und die Kindererziehung durch Geld oder jedenfalls durch soziales Ansehen honorierte? Es gibt gewisse Anzeichen dafür, daß viele Frauen dazu bereit wären, zwar nicht gänzlich auf ihre Berufstätigkeit zu verzichten, aber ihre Belastung immerhin abzubauen, wenn zum Beispiel genügend Möglichkeiten für eine Halbtagsbeschäftigung zur Verfügung stünden.

Ergebnisse der Diskussion:

1. Der Grund, weshalb sich viele Frauen heutzutage allein durch die Tatsache des Mutterseins nicht ausgefüllt fühlen, dürfte der sein, daß sie durch die Übernahme der Mutter- und Hausfrauenrolle von sozialen Prozessen weitgehend abgeschnitten sind.
2. Es gibt verschiedene Motive für Frauen, berufstätig zu sein, z. B. das Motiv, durch die Berufstätigkeit eher zur „Selbstverwirklichung" zu gelangen. Sofern jedoch für die Berufstätigkeit andere Motive im Vordergrund stehen, müßte es möglich sein, durch finanzielle, besonders aber durch gesellschaftliche Anerkennung der Hausfrauen- und Mutterrolle eine Umorientierung herbeizuführen. (Ein in Niedersachsen durchgeführter Modellversuch hat ergeben, daß die Zahlung von monatlich DM 350,– an Mütter einer bestimmten Einkommensklasse – unter der Bedingung, das Arbeitsverhältnis zu kündigen – 65% bis 70% der Frauen dazu veranlaßt hat, dieses Angebot zu akzeptieren.) Es müßten auch reale gesellschaftliche Möglichkeiten für eine berufliche Teilzeitbeschäftigung der Frau geschaffen werden. (Es handelt sich dabei nicht nur um das Problem der Schaffung von Arbeitsplätzen für halbtags Berufstätige, sondern auch um die Erstellung von Berufslaufbahnmodellen.) Jedenfalls darf nicht übersehen werden, daß zwischen dem Merkmal „Berufstätigkeit der Frau" und „Anzahl der Kinder" eine Korrelation besteht, wobei das Merkmal „Berufstätigkeit der Frau" wahrscheinlich als kausal für diese Korrelation zu interpretieren ist.
3. Mit dem Ansteigen der Bildung steigt die Unzufriedenheit mit der Hausfrauenrolle, und es steigt die Zufriedenheit bei Beschäftigung mit qualifizierter Arbeit. Wer etwas kann, möchte es auch anwenden. Daher findet man bei höherer Bildung der Frau im allgemeinen eine Unzufriedenheit der nicht berufstätigen Frau mit ihrer Rolle als Frau und Mutter.

4. Es wird sehr viel vom Rollenbild der Frau gesprochen. Man übersieht dabei häufig, daß dieses in vieler Hinsicht eindeutig nicht biologisch determiniert ist (viele häusliche Tätigkeiten könnten von Männern ebenso gut verrichtet werden wie von Frauen). Das „Rollenbild der Frau" ist vielfach nicht biologisch vorgegeben, sondern komplementär zu dem des Mannes.

Kurzfassung des Referates von Lutz v. Rosenstiel:
Psychologische Untersuchungen zum Geburtenrückgang in der Bundesrepublik Deutschland

Motivationspsychologische Forschung – auch über das generative Verhalten – kann nicht so beschrieben werden, daß man nur das Individuum sieht, sondern der Mensch muß in seinen Beziehungen zur Gesellschaft gesehen werden. Die Motivation ist eine wesentliche Determinante des menschlichen Verhaltens. Es besteht stets eine Interaktion zwischen Person und Situation.

„Während in früheren Zeiten – auf der Basis der naturgesetzlich wirkenden biologischen Antriebe der Sexualität – außerpsychologische Einflußgrößen wie kriegsbedingte Abwesenheit der Männer, (kurze) Dauer der Ehen infolge des frühen Todes eines der Ehepartner (meist der Frau im Kindbett), soziale Normen oder gesetzliche Regelungen, die den Zeitpunkt der Eheschließung bestimmen, die Kinderzahl determinierten, gewinnt die Motivation der Partner – die in ihrer Entstehung selbstverständlich von sozialen Einflußgrößen und situativen Anreizbedingungen abhängig ist –, eine zunehmende Bedeutung. Sichere Verhütungsmittel und die Fähigkeit und Fertigkeit im Umgang mit ihnen gewährleisten, daß die biologischen Grundtriebe der Sexualität vom Zeugungsakt weitgehend abgekoppelt werden können."

Bei einer von L. v. Rosenstiel u. a. durchgeführten Befragung von 35 bayerisch-schwäbischen Vollerwerbsbäuerinnen (alle römisch-katholisch, alle Mütter eines ersten Kindes, alle in der reproduktiven Phase ihres Lebens stehend) zeigt sich, „daß selbst für katholische, bayerisch-schwäbische Vollerwerbsbäuerinnen fünf Kinder ... keine positive Instrumentalität mehr haben ... Die vielfach ermittelte Idealkinderzahl bzw. gewünschte Kinderzahl von 2 bzw. höchstens 3 Kindern gilt inzwischen offensichtlich auch für eine Bevölkerungsgruppe, bei der man bislang meist noch annahm, daß sie einem traditionellen generativen Verhaltensstil anhängt, d. h. eine größere Kinderzahl für selbstverständlich hält".

In einer zweiten Studie, die von L. v. Rosenstiel u. a. durchgeführt wurde, wurden 50 Frauen aus der Großstadt einem umfangreichen Interview unterzogen (sie hatten jeweils 2 Kinder und waren nach dem Alter und der Ehedauer eine homogene Gruppe). Unter anderem wurden diese Frauen gefragt, ob sie ein weiteres Kind bekommen wollten. „Es zeigt sich ..., daß insbesondere solche Motive, die nicht an soziale Selbstverständlichkeiten oder Instrumentalitätswahrnehmungen gebunden sind, sondern sich auf das Kind selbst beziehen, mit der Bereitschaft verbunden sind, ein drittes Kind zu bekommen, wie ‚Freude an den Kindern' und ‚Kinder sind der Sinn des Lebens'. Es überrascht demgegenüber wenig, daß Frauen, die angeben, daß Kinder ‚einfach zur Ehe gehören' oder daß es ihnen ‚ohne Kinder langweilig' sei, nicht bereit sind, ein drittes

Kind zu bekommen ..." Frauen, die bereit waren, ein drittes Kind zu bekommen, hatten eine deutlich andere Wohnsituation – die meisten von ihnen wohnten in einem frei stehenden Haus – als jene Frauen, die kein weiteres Kind mehr wollten; diese hatten meistens eine Eigentumswohnung in einem Wohnblock.

In neueren Untersuchungen, die v. Rosenstiel u. a. zur Frage des generativen Verhaltens durchführten, wurde auch der Ehepartner miteinbezogen. Es zeigte sich dabei, daß der gegenseitige Informationsstand recht gering ist: Der Partner weiß meistens nicht, wieviel Kinder der andere wünscht; er glaubt es aber zu wissen. Es wird, wenn nicht äußere Gründe (subjektiv) eindeutig gegen ein Kind bzw. gegen weitere Kinder sprechen – trotz der gegebenen Möglichkeiten der Kontrazeption –, meistens keine präzise Entscheidung getroffen, ob man Kinder wünscht oder nicht. Männer und Frauen reagieren auf die Geburt eines Kindes je unterschiedlich: Bei Frauen ist oft ein „Erst-Kind-Schock" festzustellen, Männer hingegen freuen sich meistens über das Kind. Demgemäß ist die von den Männern angegebene Zahl der gewünschten Kinder meistens größer als die von den Frauen genannte Zahl.

Ergebnisse der Diskussion:

1. Die Ergebnisse von Befragungen über Motive sind wissenschaftsmethodisch schwer abzusichern, besonders die Validität der Antworten auf nur vorgestellte Situationen („Phantasiesituationen") ist nicht festzustellen.
2. Frauen der befragten Gruppe, die ihren Beruf wegen eines Kindes aufgegeben hatten, sagten ausnahmslos, daß sie sich über das Kind freuen, sie sagten aber auch, daß ihnen der Kontakt, den sie früher im Beruf hatten, fehlte.
3. Es ist bemerkenswert, daß im Gegensatz zu der von Münz referierten Untersuchung, bei der von L. v. Rosenstiel berichteten Befragung das Motiv „Mutter zu sein" für die befragten Frauen eine Rolle spielte: „Mit dem ersten Kind erfüllt die Frau ihre soziale und biologische Rolle, sie ist Mutter." (Münz berichtet, daß „traditionelle Motive" heute keine Bedeutung mehr hätten.)

Kurzfassung des Referates von Rainer Münz:
Wird generatives Verhalten durch Motive und Zielvorstellungen bestimmt?
Anmerkungen zu Ergebnissen der bevölkerungssoziologischen Forschung in Österreich

Die überwiegende Mehrheit der österreichischen Frauen wünscht sich ein Kind. Der Wunsch, kein Kind zu haben, ist eher die Ausnahme. Nur 3 bis 5% der Frauen wünschen sich kein Kind.

Bei einer im Jahre 1978 durchgeführten Repräsentativerhebung (Heiratskohorten 1974 und 1977) wurden von den 2.700 befragten Frauen folgende Aussagen gemacht:

94% der Frauen meinten, der Umgang mit Kindern bringe eine Bereicherung des Lebens,

83% der Frauen meinten, ein Leben ohne Kinder sei leer,

75% der Frauen meinten, die Kinder brächten einem später einmal Liebe und Zuneigung entgegen.

„Daneben sind auch soziale Normen ausschlaggebend: rund 78% glauben, Kinder ‚gehören nun einmal' zur Ehe und stärkten auf die Dauer die ehelichen Bande. Nur die Hälfte der Befragten glaubte, die Befürchtung, im Alter dereinst einsam sein zu müssen, motiviere dazu, Kinder zu haben; gar nur 41% erblicken in Kindern eine praktische Hilfe, sobald diese groß genug sind. Andere traditionelle Gründe für den Wunsch nach Kindern spielen heute kaum noch eine Rolle: ... Nur 26% halten das Argument für relevant, eine Frau werde erst für voll genommen, wenn sie ein Kind (zur Welt gebracht) habe; nur noch ca. 30% meinen, Kinder garantierten eine Absicherung und Betreuung im Alter."

Das soziale Leitbild der Zwei-Kind-Familie wirkt prägend. Allenfalls werden drei Kinder noch als tolerable Obergrenze erachtet.

„Der ‚Baby-Schock', d. h. die plötzliche Reduktion des Kinderwunsches nach dem ersten Kind, konnte für Österreich nicht nachgewiesen werden."

Es ist, nach der zitierten Befragung, nicht zu erwarten, daß sich die Geburtenrate durch eine Einkommenssteigerung erhöhte: Nur 10% der Befragten sagten, daß sie mehr Kinder hätten, wenn sich das Einkommen verdoppelte. Nach den Ergebnissen der Befragung wäre allerdings eine Verminderung der Kinderzahl bei einer Einkommensverringerung zu erwarten.

90% der Befragten meinten, daß es heute nicht mehr nötig sei, daß eine Frau ungewollt schwanger werde. Die Praxis der Kontrazeption steht zu dieser prinzipiellen Einstellung allerdings im krassen Gegensatz: „Drei von vier Schwangerschaften sind ungeplant ... Rund 40% der Erstgeborenen wurden (sc. bei der Befragung) als ungeplante Kinder bezeichnet."

40% der Frauen nehmen Ovulationshemmer („die Pille"), 17% der Frauen wenden den „Coitus interruptus" an, 11% der Frauen beobachten den Zyklus nach Knaus-Ogino. Die Einstellung zur Kontrazeption und auch ihre praktische Durchführung stehen in Abhängigkeit von den Faktoren „Erwerbsstatus", „Qualifikationsniveau", „regionale Herkunft (Stadt–Land)" und „religiöse Gebundenheit".

Ergebnisse der Diskussion:

1. Pille und Abortus können nicht als eine der Ursachen für den Geburtenrückgang erachtet werden. Sie haben nur instrumentelle Bedeutung, d. h. die Menschen bedienen sich dieser Instrumente zur Familienplanung bzw. teils auch, um ihre negative Einstellung zum Kind zu realisieren. Schon in den dreißiger Jahren unseres Jahrhunderts gab es eine starke Reduktion der Geburtenrate. Diese niedrige Fruchtbarkeit wurde ohne die modernen Mittel der Kontrazeption erreicht.
2. Die Frage des „Baby-Schocks" wurde für Österreich durch eine retrospektive Methode untersucht.
Frau Höhn meint, daß dies möglicherweise der Grund dafür sei, daß man dieses Phänomen für Österreich nicht feststellen konnte. Die Analyse des „Baby-Schocks" in der Bundesrepublik Deutschland stammt aus einer Längsschnittuntersuchung: Eine größere Zahl von Personen, die früher angegeben hatten, zwei Kinder zu wollen, wollten nach dem ersten Kind kein zweites mehr.
3. Abschließend nehmen einige der Teilnehmer des Symposions allgemein zu den Methoden der Motivforschung und damit auch zur Aussagekraft von Untersuchungsergebnissen, die auf dem Erfragen von Motiven beruhen, kritisch Stellung.

II. Referate des Symposions

Der Geburtenrückgang in internationaler Sicht

Harald Hansluwka, Genf

Noch vor wenigen Jahren wurde die Öffentlichkeit durch das Gespenst der „Bevölkerungsexplosion" aufgeschreckt, waren Massenmedien – aber auch ein gewichtiger Teil der demographischen Fachliteratur – nicht müde, uns die Gefahren des gewaltigen Wachstums der Weltbevölkerung für die Bemühungen um weltweiten Fortschritt auf materieller und zivilisatorischer Ebene vor Augen zu führen. Heute können wir mit Befriedigung feststellen, daß man von dieser groben Simplifizierung immer mehr abrückt und die Verhältnisse realistischer, in ihrer Differenziertheit und Komplexität zu verstehen sucht. Vor diesem Szenario – wenn man den demographischen Bedingungen ein Eigengewicht zugestehen will (was aber keineswegs unbestritten ist!) – kann man nur von „Bevölkerungsproblemen" sprechen, die je nach Stand der Entwicklung der wirtschaftlichen Produktivkräfte, sozialen Organisationsformen und der darin eingebetteten demographischen Verhaltensweisen verschiedene Formen annehmen können. So gesehen, stehen gegenwärtig Wachstumsprobleme in Entwicklungsländern (die aber keineswegs als homogene Gruppe zu betrachten sind!) Seite an Seite mit Stagnations- oder Schrumpfungssorgen in den Industrieländern. Die sozial- und wirtschaftspolitische Diskussion in den Industrieländern wird jetzt mehr und mehr von den – näherliegenden – Sorgen um die volkswirtschaftlichen und politischen Konsequenzen eines Bevölkerungsrückganges beherrscht, demgegenüber die fernerliegenden Probleme mancher Entwicklungsländer in den Hindergrund treten. Ob Japan, ob Osteuropa, ob Frankreich, oder die Vereinigten Staaten, es ist das Gespenst des „Volkstodes", das zu emotionsgeladenen Diskussionen unter Laien und „Sachverständigen" Anstoß gibt. Manche der Älteren werden sich fragen, ob sich nicht der Kreis zu schließen beginnt und wir heute wieder an die Debatten der späten 20er- und frühen 30er-Jahre anknüpfen, einer Zeit, in welcher die Sorge um den Fortbestand der Nation(en) alle anderen (demographischen) Sorgen zu überlagern schien. Kein Zweifel – und dies muß eindeutig festgehalten werden! –, daß im deutschen Sprachraum der Mißbrauch der Demographie für die nationalsozialistische Ideologie mit ihrer Lebensraumideologie etc. der sachlichen Diskussion schwer überwindbare Hindernisse entgegensetzte. Auch heute noch begegnet man gelegentlich der Auffassung, daß Sorge um die demographische Zukunft eines Volkes als faschistisches Gedankengut zu „verurteilen", bestenfalls als Ausdruck reaktionärer Gesinnung zu werten ist.

Es ist hier in diesem Rahmen nicht notwendig, die Kurzsichtigkeit und Ignoranz solcher Auffassungen im Detail zu widerlegen. Es möge an Stelle wissenschaftlicher Akribie eine kleine – und belegte! – Geschichte genügen: Wir schreiben das Jahr 2500! Durch die Weltpresse geht eine kleine, unscheinbare Notiz: Gestern ist der letzte Franzose gestorben – Todesursache: Einsamkeit! Durch solche „Histörchen" versucht man in westlichen Demokratien ebenso wie in sozialistischen Ländern, in Minoritäten verschiedener Rasse, Religion und Volkszugehörigkeit Regierungen, Bevölkerung und Volksgruppen aufzurütteln und zu konkreten bevölkerungspolitischen Maßnahmen anzuspornen. Um nicht mißverstanden zu werden: die oben gemachte Kritik bezieht sich auf ideologisch fundierte Unkenntnis und Scheuklappen! Man muß gleichzeitig zugeben, daß eine wissenschaftlich durchaus fundierte Schule argumentiert, daß in den Industriestaaten das Zeitalter des Bevölkerungswachstumes unwiderruflich zu Ende gegangen ist. Wirtschafts- und Sozialpolitiker müssen neue Wege suchen, welche den demographischen Verhältnissen, nämlich Stagnation oder Schrumpfung der Bevölkerung, voll Rechnung tragen. Ich bin sicher, daß wir auf diese Problematik, auf diese Art der Fragestellung im Verlaufe unserer Tagung noch zurückkommen werden.

Zunächst einige unerläßliche methodische Vorbemerkungen: Im Rahmen dieses Referates werde ich mich darauf konzentrieren, mit einigen kurzen Strichen die großen Konturen der Entwicklung der Geburtenhäufigkeit im Zeitraum 1960–1978 nachzuzeichnen. Es ist dabei unvermeidlich, eine gewisse schematisierende Vereinfachung des Geschehens vorzunehmen, die immer mit einem „Caveat" bezüglich länderweiser Unterschiede verbunden sein muß; anders formuliert: würde ich mich bemühen, die ganze Mannigfaltigkeit und Differenziertheit der Entwicklung darzustellen und auf abweichende Tendenzen in einzelnen Ländern im Detail eingehen, so könnten wir leicht den „roten Faden" verlieren, würden wir Gefahr laufen, von der Fülle des Materials überwältigt, das Wesentliche nicht vom Unwesentlichen trennen zu können.

Ich werde meinen Ausführungen im allgemeinen Europa (einschließlich der Sowjetunion) zu Grunde legen, was u. a. den Vorteil bietet, daß es sich um ein geschlossenes geographisches Gebilde handelt, für das demographische Unterlagen in einer Fülle und Qualität zur Verfügung stehen, die in keinem anderen Erdteil erreicht werden. Europa ist auch bei all seiner Verschiedenheit im kulturell-geistigen Erbe, im Lebensstandard, in der wirtschaftlichen Kraft und den sozialen Organisationsformen sowie der politisch-ideologischen Ausrichtung von starken Banden gemeinsamer geschichtlicher Entwicklung durchzogen und bietet somit ein gewisses Maß an Homogenität. Es war Europa, von wo aus die Rationalisierung des Fortpflanzungsverhaltens ihren Ausgang genommen hat, die heute mehr und mehr auf die anderen Erdteile und Kulturbereiche übergreift. Um die Universalität des Geschehens zu unterstreichen, werden die Vereinigten Staaten, Japan und Israel gelegentlich zum Vergleich herangezogen.

Zwei statistische Meßzahlen sollen das Geschehen be- und durchleuchten; die auf 1000 der Bevölkerung bezogene Zahl der Lebendgeborenen, die sogenannte „rohe" Geburtenziffer (roh deshalb, weil sie nichts über das Fortpflanzungsverhalten einer Bevölkerung aussagt, sind doch auch die am Zeugungsvorgang nicht beteiligten Altersschichten im Nenner des Quotienten mitenthalten), hat trotz allem einen gewissen Erkenntniswert und vor allem den Vorteil einer weitgehenden zeitlichen und geographischen Verfügbarkeit. Eine methodisch bessere Meßzahl ist die „Bruttoreproduktionsziffer" d. h. die Zahl der Mädchengeburten, die von einer Frau zu erwarten sind, welche das ganze Alter der Gebärfähigkeit durchlebt. Dieses Maß ist von Unterschieden oder Veränderungen in der Zusammensetzung der Bevölkerung nach dem Alter unabhängig. Hierzu noch eine kurze Bemerkung: für die Messung der Fruchtbarkeit werden in der Demographie verschiedene Meßzahlen angewendet, die alle bestimmte Aspekte des Phänomens „Fruchtbarkeit" messen, aber es ist noch nicht gelungen – vielleicht auch gar nicht möglich –, ein allgemein befriedigendes, anerkanntes, synthetisches Maß des Fortpflanzungsverhaltens zu entwickeln.

Für die Interpretation der Entwicklung im Zeitraum 1960–1978 ist es unerläßlich, den Geburtenrückgang in eine historische Perspektive zu setzen, denn das Verständnis der Vergangenheit ist der Schlüssel zum Verständnis der Gegenwart.

In der vor-industriellen Gesellschaft waren die demographischen Verhaltensweisen durch hohe Sterblichkeit und Fruchtbarkeit geprägt. Der Rückgang der Sterblichkeit, welcher im allgemeinen dem Rückgang der Geburtenhäufigkeit vorausgegangen ist, hat zunächst zu einer Periode starken Bevölkerungswachstums geführt. Bei diesem Wachstumsprozeß hat es sich – historisch gesehen – um eine vorübergehende Erscheinung gehandelt, denn nach einer gewissen Zeitspanne hat sich die andere Komponente der demographischen Entwicklung, die Geburtenhäufigkeit, auf die neue Situation eingestellt, hat der „Geburtenrückgang" eingesetzt. Dieser ist also vorerst durchaus als Anpassung der Geburtenhäufigkeit an die relativ niedrige Sterblichkeit zu verstehen, und hat schließlich zu einem neuen demographischen Gleichgewicht mit „sparsamem Menschenumsatz" (wie man es in der Fachliteratur bezeichnet) geführt. Ein einfaches Beispiel soll uns diese Wandlung vor Augen führen: Für die Erreichung der gleichen Anzahl 15jähriger Mädchen in Österreich genügt heute eine um 40% niedrigere Geburtenzahl als nach den Sterblichkeitsverhältnissen um die Jahrhundertwende.

Nicht alle Länder Europas sind zur gleichen Zeit und mit der gleichen Intensität von dieser Entwicklung der „Demographic Transition" erfaßt worden. Im großen und ganzen kann man sagen, daß in Europa die Herausbildung der modernen demographischen Verhaltensweisen vom Norden und Westen des Kontinents ausgehend auf den Süden und Osten übergegriffen hat. Die einzelnen Länder befinden sich heute in verschiedenen Phasen dieser Entwicklung, und gewisse Unterschiede in der Geburtenentwicklung der letzten 10, 20 Jahre sind daher a priori zu erwarten; anders ausgedrückt, ohne Berücksichtigung der unterschiedlichen Ausgangslagen können ernste Fehlinterpretationen entstehen.

Ryder[1]) hat den Übergang von hoher zu niedriger Fruchtbarkeit anhand einer Untersuchung des Geschehens in 28 Industrienationen zu schematisieren versucht, wobei er als Kriterium für den Vollzug des Überganges zum „modernen" Fortpflanzungsverhalten (d. h. niedriger Fruchtbarkeit) die dauernde Unterschreitung einer Geburtenziffer von 30 pro 1000 der Bevölkerung angenommen hat. Auf diese Weise ist er zu folgenden Ergebnissen gekommen:

Jahrzehnt des Überganges von hoher zu niedriger Fruchtbarkeit	Land (Länder)
1830–39	Frankreich
1840–49	Irland
1880–89	Schweiz, Belgien
1890–99	Schweden, Dänemark, England, Wales, Schottland
1900–09	Niederlande, Norwegen, Deutschland, Vereinigte Staaten
1910–19	Finnland, Österreich, Ungarn, Tschechoslowakei
1920–29	Italien, Spanien, Portugal
1930–39	Polen, Bulgarien, Rumänien
1940–49	Sowjetunion
1950–59	Jugoslawien, Japan

Wenn man sich auch nicht mit allen Einzelheiten dieser Übersicht identifiziert und auch andere Gesichtspunkte für die Analyse des Überganges von hoher zu niedriger Fruchtbarkeit als die etwas willkürliche Grenzlinie einer Geburtenziffer von 30 pro 1000 Einwohner denkbar sind (und in der Praxis auch angewandt wurden wie z. B. von *Winkler*[2]), der für Österreich den Umschwung – im Vergleich zu *Ryder* – um ein Jahrzehnt vordatiert), so zeigt diese Übersicht doch in sehr instruktiver Weise die Ausbreitung des Phänomens „niedrige Fruchtbarkeit".

Die wohl wesentlichste Erkenntnis, die wir aus dem Studium dieser Entwicklung ziehen können, ist folgende:

1. Die moderne Industriegesellschaft ist u. a. durch niedrige Fruchtbarkeit – oder anders ausgedrückt: rationales Fortpflanzungsverhalten – gekennzeichnet. Dies ist eine universale Erscheinung, unbeschadet kultureller, sozial-institutioneller und ideologischer Unterschiede in der Ausgangsposition.

---

[1]) The Character of Modern Fertility, in: Anuals of the American Academy of Political and Social Sciense, Bd. 396, p. 26 ff., Philadelphia 1967.
[2]) Der Geburtenrückgang, seine Ursachen und seine wirtschaftlichen und sozialen Wirkungen; Bulletin de l'Institut Internationale de Statistique, Bd. 30, p. 1 ff., Den Haag, 1938.

2. Diese Regulierung der Fruchtbarkeit ist durch verschiedene Strategien erreicht worden, d. h. obgleich alle Länder dem gleichen Ziel zugestrebt haben, sind z. B. die eingeschlagenen Wege verschieden gewesen; alle waren aber geprägt von dem Wunsch der Eheleute, die Kinderzahl zu begrenzen, die Kleinfamilie durchzusetzen ohne Rücksicht auf – und oft auch im schroffen Gegensatz zu ihnen! – weltliche und kirchliche Autoritäten.

3. Heiratshäufigkeit, Empfängnisverhütung und Schwangerschaftsunterbrechung sind die Variablen, deren relative Bedeutung für die Durchsetzung des modernen Fruchtbarkeitsverhaltens von Land zu Land, aber auch innerhalb eines Landes von Zeit zu Zeit unterschiedliche Bedeutung gehabt haben.

Heute ist als Folge der Entwicklung von Wissenschaft und Technik der Mensch Herr über sein Schicksal wie nie zuvor in der Geschichte der Menschheit. Es ist gelungen, „vorzeitige" Todesfälle auf ein Minimum herabzusetzen und damit möglichst vielen von uns die Chance zu bieten, ihr Leben auszuleben. Zugleich aber kann der Mensch von heute wie nie zuvor – ich möchte dies nochmals ausdrücklich festhalten – seine Idealvorstellung einer gewünschten Kinderzahl konkretisieren, d. h. er kann bestimmen, ob, wann und wie groß seine Nachkommenschaft sein soll!

Woran sich heute die Diskussion entzündet, ist die Frage, ob sich nicht der „Geburtenrückgang" in Richtung auf eine zur Bestandserhaltung ungenügende Geburtenleistung hin bewegt, wobei in dieser Fragestellung implizit die negative Wertung eines Bevölkerungsrückganges inbegriffen ist. Freilich ist eine solche negative Wertung heute nicht mehr allgemein akzeptiert. Wie erwähnt, gibt es Stimmen, die in einer Stabilisierung der Bevölkerungszahl oder in einem Bevölkerungsrückgang einen keineswegs negativ einzuschätzenden Vorgang sehen.

Lassen wir zunächst die Zahlen sprechen. In der *Tabelle 1* wird eine Übersicht über die Entwicklung in Europa seit der Jahrhundertwende in knapper Form geboten. Besonders bemerkenswert ist, daß 1970/74 in keiner Region Europas mehr die Geburtenziffer über 20 pro 1000 Einwohner gelegen ist. Bitte, beachten Sie die unterschiedliche Entwicklung in den letzten Jahrzehnten!

Tabelle 1: **Lebendgeborene, Sterbefälle und natürliches Wachstum der Bevölkerung Europas 1900–1974 (pro 1000 der Bevölkerung)** [1])

Periode	Europa [2])	Osteuropa [3])	Nordeuropa	Westeuropa	Südeuropa	UdSSR
			Geburtenziffern			
1900–1909	31,4	38,5	27,3	27,4	34,3	47,2
1910–1919	25,4	32,5	22,9	19,1	30,1	38,0
1920–1929	25,1	32,0	19,6	20,4	30,2	40,5
1930–1939	20,9	25,7	15,7	17,1	25,9	36,0

Periode	Europa[2])	Osteuropa[3])	Nordeuropa	Westeuropa	Südeuropa	UdSSR
1940–1949	20,4	25,0	17,9	17,8	22,4	—
1950–1959	19,4	23,9	16,4	17,8	20,8	25,8
1960–1969	18,2	17,3	17,4	17,8	19,9	20,0
1970–1974	16,1	16,6	15,8	14,6	17,7	17,8
Sterbeziffern						
1900–1909[4])	19,9	23,3	15,1	18,5	22,7	29,5
1910–1919	20,0	23,2	14,8	19,2	22,4	30,8
1920–1929	16,0	19,1	12,4	14,6	18,6	25,2
1930–1939	14,0	15,3	12,0	13,2	15,6	19,2
1940–1949	13,4	13,8	11,8	13,4	14,0	—
1950–1959	10,7	10,3	11,0	11,2	10,0	8,6
1960–1969	10,3	8,7	11,2	11,0	9,4	7,4
1970–1974	10,4	10,2	11,2	11,1	9,2	7,9
Geburtenüberschuß(-defizit)						
1900–1909	11,5	15,2	12,2	8,9	11,6	17,7
1910–1919	5,4	9,3	8,1	− 0,1	7,7	7,2
1920–1929	9,1	12,9	7,2	5,8	11,6	15,3
1930–1939	6,9	10,4	3,7	3,9	10,3	16,8
1940–1949	7,0	11,2	6,1	4,4	8,4	—
1950–1959	8,7	13,6	5,4	6,6	10,8	17,2
1960–1969	7,9	8,6	6,2	6,8	10,5	12,6
1970–1974	5,7	6,4	4,6	3,5	8,5	9,9

[1]) Quelle: Post-War Demographic Trends in Europe and the Outlook until the year 2000, UN/ESA/P/AC. 5/2, Geneva, June 1975.
[2]) Ausgenommen die UdSSR.
[3]) Ausgenommen die Deutsche Demokratische Republik.
[4]) Für 1906–1910.

Tabelle 2 ergänzt diese Darstellung durch Zahlen über die Lebenserwartung bei der Geburt und die Bruttoreproduktionsziffer. Auch hier bedürfen die Zahlen keines weiteren Kommentars, doch sollen einige besonders bemerkenswerte Punkte hervorgehoben werden: Um 1920 standen sich in Europa zwei Ländergruppen deutlich gegenüber: Ost- und Südeuropa einerseits und Nord- und Westeuropa andererseits. In den 70er Jahren unseres Jahrhunderts sind die Unterschiede zum großen Teil abgebaut, eine weitgehende Angleichung der Werte hat sich vollzogen. Ähnliches ist bezüglich der Unterschiede in der Sterblichkeit zu vermelden. War um 1930 noch eine Differenz von 11 Jahren zwischen Ost- und Nordeuropa zu beobachten, so ist sie heute auf 3 Jahre reduziert. Auch hier wird deutlich, wie Nord- und Westeuropa in der Entwicklung vorangegangen sind und wie die „Nachzügler" seither aufgeschlossen haben.

Tabelle 2: Bruttoreproduktionsziffern und mittlere Lebenserwartung bei der Geburt 1920–1975 [1])

Periode	Europa [2])	Osteuropa	Nordeuropa	Westeuropa	Südeuropa
Bruttoreproduktionsziffer (pro Frau)					
1920–1924	1,6	2,0	1,3	1,2	2,0
1935–1939	1,2	1,4	1,0	1,0	1,4
1950–1954	1,3	1,5	1,1	1,2	1,3
1965–1970	1,3	1,2	1,3	1,3	1,3
1970–1975	1,1	1,1	1,1	1,0	1,2
Mittlere Lebenserwartung bei der Geburt (in Jahren)					
1930	56	50	61	58	52
1950	65	61	69	67	62
1960	69	68	71	70	68
1970	71	70	72	72	71
1975	72	70	73	73	72

[1]) Quelle: Post-War Demographic Trends in Europe and the Outlook until the year 2000, UN/ESA/P/AC. 5/2, Geneve, June 1975.
[2]) Ausschließlich der UdSSR.

Zunächst noch ein Blick in die „weite Welt". Die *Tabelle 3* enthält die jüngsten Schätzungen der Vereinten Nationen über die Bevölkerungsentwicklung 1950–2000.

Tabelle 3: Entwicklung der Weltbevölkerung 1950–2000 nach Regionen [1])

Region	Bevölkerung (in Millionen)			Durchschnittliches jährliches Wachstum in %		
	1950	1975	2000	1950–55	1970–75	1995–2000
Afrika	219	406	828	2,2	2,7	2,6
Lateinamerika	164	323	608	2,7	2,6	2,3
Nordamerika	166	236	290	1,8	0,8	0,6
Ostasien	673	1063	1406	1,9	1,3	1,0
Südasien	706	1255	2205	1,9	2,5	1,9
Europa	392	474	520	0,8	0,6	0,4
Ozeanien	13	21	30	2,3	1,8	1,2
UdSSR	180	254	312	1,7	0,8	0,6
Welt	2513	4033	6199	1,8	1,8	1,6

[1]) World Population Trends and Prospects by Country, 1950–2000: Summary report of the 1978 assessment; ST/ESA/SER.R/33, UN, New York 1979, p. 7.

Um diese Zahlen besser würdigen zu können, muß man sich vergegenwärtigen, daß eine jährliche Wachstumsrate von 2% bedeutet, daß die Bevölkerung innerhalb von 25 Jahren um 64% wächst, eine Rate von 3% aber bereits, daß sie sich innerhalb eines Vierteljahrhunderts verdoppelt!

In der *Tabelle 4* sind Angaben über die Entwicklung der Geburtenziffern seit 1960/64 in einzelnen europäischen Ländern wiedergegeben.

Tabelle 4: Entwicklung der Geburtenziffern 1960/64–1977 (Lebendgeborene auf 1000 Einwohner) in Europa [1])

Land	1960/64	1965/69	1970	1971	1972	1973	1974	1975	1976	1977	1978
Albanien	40,1	35,1	32,5	33,3	–	–	–	–	–	–	–
Österreich	18,5	17,3	15,2	14,6	13,9	13,0	12,8	12,3	11,6	11,4	11,3
Belgien	17,1	15,4	14,7	14,6	14,0	13,3	12,6	12,2	12,3	12,2	12,4
Bulgarien	16,9	15,8	16,3	15,9	15,3	16,2	17,2	16,6	16,5	16,1	–
Tschechoslowakei	16,3	15,5	15,9	16,5	17,4	18,9	19,8	19,5	19,2	18,7	–
Dänemark	17,0	16,6	14,4	15,2	15,1	14,3	14,2	14,2	12,9	12,2	.
Finnland	18,1	16,0	14,0	13,2	12,7	12,2	13,3	13,9	14,1	13,9	13,5
Frankreich	18,0	17,1	16,7	17,2	17,0	16,4	15,2	14,1	13,6	14,0	13,8
Deutsche Demokratische Republik	17,4	15,1	13,9	13,8	11,8	10,6	10,4	10,8	11,6	13,3	13,9
Bundesrepublik Deutschland	18,3	16,8	13,4	12,7	11,4	10,2	10,1	9,7	9,8	9,5	9,4
Griechenland	18,1	18,0	16,5	16,0	15,9	15,3	16,1	15,6	16,0	15,4	–
Ungarn	13,6	14,3	14,7	14,5	14,7	15,0	17,8	18,4	17,5	16,7	–
Irland	21,9	21,5	21,8	22,7	22,7	22,5	22,3	21,6	21,6	21,4	–
Italien	18,9	18,3	16,8	16,8	16,3	16,0	15,7	14,8	13,9	13,1	12,6
Niederlande	20,9	19,2	18,3	17,2	16,1	14,5	13,8	13,0	12,9	12,5	–
Norwegen	17,3	17,7	16,6	16,8	16,3	15,5	14,9	14,0	13,3	12,6	–
Polen	20,1	16,6	16,8	17,1	17,4	17,9	18,4	18,9	19,5	19,1	19,0
Portugal	24,1	21,4	20,0	21,9	20,3	20,1	19,3	19,0	19,2	18,9	–
Rumänien	16,7	21,2	21,1	19,6	18,8	18,2	20,3	19,7	19,5	19,6	–
Spanien	21,6	20,6	19,6	19,6	19,4	19,1	19,3	18,8	18,7	17,7	17,1
Schweden	14,5	15,0	13,7	14,1	13,8	13,5	13,4	12,6	12,0	11,6	–
Schweiz	18,5	17,7	16,0	15,2	14,3	13,6	12,9	12,4	11,7	11,5	11,3
England u. Wales	17,9	17,3	16,1	16,0	14,8	13,8	13,0	12,2	11,9	11,6	12,1
Nordirland	22,9	22,3	21,0	20,7	19,4	18,9	17,8	17,0	17,1	16,5	–
Schottland	19,8	18,4	16,8	16,6	15,1	14,3	13,4	13,1	12,5	12,0	12,4
Jugoslawien	22,0	19,7	17,8	18,3	18,3	18,0	17,9	18,1	18,2	17,7	–
UdSSR	22,3	17,6	17,4	17,8	17,8	17,6	18,2	18,2	18,4	18,2	–
Weißrußland	21,9	17,0	16,2	16,4	16,2	15,7	15,8	15,7	15,7	15,9	–
Ukraine	18,6	15,1	15,2	15,5	15,5	14,9	15,2	15,1	15,2	–	–
Zum Vergleich:											
Israel	25,4	25,3	26,9	27,7	25,8	27,0	27,8	27,7	28,0	26,4	25,2
Vereinigte Staaten	22,5	18,2	18,3	17,2	,7	14,9	14,9	14,8	14,8	15,4	–
Japan	17,2	17,8	18,7	19,2	19,1	19,4	18,4	17,0	16,3	15,5	–

[1]) Quelle: Demographisches Jahrbuch der Vereinten Nationen, New York (verschiedene Jahrgänge).

Werfen wir einen Blick auf die Zahlen. Abgesehen von Albanien – ein demographischer „Nachzügler"! – hatte bereits 1960/64 kein europäisches Land eine Geburtenziffer von 25 pro 1000 Einwohner oder mehr. Von wenigen Ausnahmen abgesehen, bewegten sich die Geburtenziffern zwischen 17 und 22 pro 1000 der Bevölkerung. 1977 dagegen – das letzte Jahr, für welches umfangreiches Zahlenmaterial zur Verfügung steht – sind nur sieben (von sechsundzwanzig) in dieser Gruppe anzutreffen. In gleichfalls sieben Ländern liegt die Geburtenziffer unter 12,5 pro 1000 Einwohner (in der Bundesrepublik Deutschland ist sogar ein Rekordtief von weniger als 10 pro 1000 Einwohner zu registrieren!). Ein Vergleich Österreichs mit seinen Nachbarn zeigt, daß Österreich, die Schweiz, die Bundesrepublik Deutschland und Italien eine Gruppe bilden, die sich von den östlichen Nachbarn deutlich durch einen einheitlich sinkenden Trend abhebt. In Ungarn ist die Ausgangsposition 1960/64 durch sehr niedrige Geburtenhäufigkeit gekennzeichnet, gefolgt von einer Stabilisierung auf etwas höher liegendem Niveau, die sich gegen Mitte der 70er Jahre in einen steigenden Trend wandelt. In der Tschechoslowakei liegt der Tiefpunkt 1965/69; auch hier folgt gegen Mitte der 70er Jahre ein markanter Aufschwung, während Jugoslawien bei gelegentlichen Schwankungen um eine Niveaulage von 17–19 Lebendgeborene pro 1000 Einwohner das Bild einer gewissen Stabilität (nach einer Periode des Geburtenrückganges in den 60er Jahren) vermittelt. Allerdings deuten die letzten Zahlen für Ungarn und die Tschechoslowakei an, daß die Erhöhung der Geburtenziffern – dank verschiedener pronatalistischer, bevölkerungspolitischer Maßnahmen – nur vorübergehender Natur gewesen sein mag.

Werfen wir einen Blick auf die *Tabelle 5* mit den Bruttoreproduktionsziffern 1960/64 bis 1977. Auch hier treten uns z. T. recht prägnante Unterschiede entgegen, wobei für Österreich, die Bundesrepublik, die Schweiz und Jugoslawien – um auf die gleiche Ländergruppe wie oben Bezug zu nehmen – ein Rückgang zu registrieren ist, während eine Aufwärtsbewegung (in diesem Zeitraum) für Ungarn und die Tschechoslowakei zu vermelden ist, wobei die Werte in diesen beiden Ländern über dem „Bestandserhaltungssoll" liegen (in Ungarn erst seit 1975!).

Untersuchungen in unserem Nachbarland, der Bundesrepublik Deutschland, das ja für sich eine, man möchte fast sagen *die* führende Position hinsichtlich Geburtenrückgang beanspruchen kann, haben gezeigt, daß die Bevölkerung sehr stark die Zwei-Kinder-Familie favorisiert – praktisch niemand mehr will vier oder mehr Kinder haben. Da erfahrungsgemäß etwa 10% der Ehen kinderlos bleiben und weitere 10% nur ein Kind haben, so hat *Schwarz*[3]) die unter den heutigen Verhältnissen zu erwartenden Kinderzahlen auf etwa 150 pro 100 Ehen geschätzt. Analysen des Verhaltens einzelner Ehejahrgänge haben zu dem Schluß geführt, daß man z. B. für den Ehejahrgang 1971 folgende Verteilung ansetzen kann:

20% kinderlos
31% ein Kind
35% zwei Kinder
knapp 15% drei oder mehr Kinder.

---

[3]) Demographische Ursachen des Geburtenrückganges; Wirtschaft und Statistik, Nr. 3/79, Wiesbaden 1979.

Mit anderen Worten, man kann eine weitere Verstärkung des Trends zur Ein- und Zwei-Kinderfamilie erwarten. Vorausberechnungen des Statistischen Bundesamtes haben ergeben, daß bei einem Fortdauern des gegenwärtigen generativen Verhaltens die Bevölkerung der Bundesrepublik Deutschland von gegenwärtig etwa 57 Millionen bis auf 52 Millionen um die Jahrtausendwende und bis auf 39 (sic!) Millionen im Jahre 2030 absinken würde. So sehr diese Zahlen auch beeindrucken, so würde die Entwicklung doch im Endeffekt darauf hinauslaufen, daß die Bevölkerung der Bundesrepublik im Jahre 2030 auf den Stand vor etwa 100 Jahren zurückkehrt. Man wird sich damit allerdings der

Tabelle 5: Bruttoreproduktionsziffern 1960/64 bis 1976 in europäischen Ländern, Israel, den Vereinigten Staaten von Amerika und Japan[1])

Land	1960/64	1965/69	1970/74	1975	1976	1977
Österreich	1,35	1,27	1,02	0,90	0,83	0,83
Belgien	1,28	1,18	1,01	0,84	–	–
Bulgarien	1,09	1,04	1,05	–	1,16	–
Tschechoslowakei	1,18	1,04	1,07	1,21	1,18	1,18
Dänemark	1,25	1,14	0,97	0,94	0,84	0,81
Finnland	1,29	1,06	0,81	0,82	–	–
Frankreich	1,38	1,30	1,18	0,94	0,89	–
Deutsche Demokratische Republik (einschl. Ost-Berlin)	1,18	1,14	0,90	0,75	0,80	–
Bundesrepublik Deutschland	1,20	1,18	0,85	0,70	0,71	0,68
Griechenland	1,06	1,13	1,13	–	1,14	–
Ungarn	0,91	0,94	0,97	1,16	1,10	1,06
Irland	1,87	1,92	1,89	1,73	1.71	–
Island	1,93	1,61	1,42	1,29	–	1,13
Italien	1,21	1,23	1,14	–	–	–
Luxemburg	1,13	1,11	0,83	–	–	–
Malta	–	1,08	0,99	–	–	–
Niederlande	1,55	1,38	1,05	0,81	0,79	–
Norwegen	1,40	1,36	1,15	0,97	0,91	0,85
Polen	1,33	1,13	1,08	1,10	1,11	–
Portugal	1,48	1,41	1,35	1,28	–	–
Rumänien	0,95	1,37	1,29	–	–	–
Spanien	1,35	2,03	1,58	–	–	–
Schweden	1,11	1,08	0,93	0,87	0,82	–
Schweiz	1,24	1,15	0,93	0,78	0,75	0,74
England u. Wales	1,36	1,28	1,09	0,87	0,84	–
Schottland	1,45	1,37	1,11	0,92	0,87	0,83
Jugoslawien	1,31	1,24	1,14	1,10	–	–
UdSSR	1,27	1,17	1,19	–	–	–
Israel	1,93	1,86	1,85	1,79	1,79	–
Vereinigte Staaten von Amerika	1,68	1,28	1,02	0,88	–	–
Japan	0,96	0,98	1,02	0,92	0,90	0,87

[1]) Quelle: Demographisches Jahrbuch der Vereinten Nationen, New York (verschiedene Jahrgänge).

Diskussion um die volkswirtschaftlichen, sozialpolitischen aber auch weltpolitischen Konsequenzen (vor allem der längerfristigen), dieser Entwicklung nicht entziehen können.

Nun will ich kurz zusammenfassend einige wichtige Ergebnisse demographischer Analysen zugleich mit einigen Hinweisen auf ungelöste Probleme vorlegen, ohne Anspruch auf Vollständigkeit zu erheben:

1. In den Industriestaaten läßt sich die Durchsetzung des modernen rationalen Fortpflanzungsverhaltens mit Tendenz zur Zwei-Kinder-Familie feststellen oder wie es in einer Studie der UN[4]) charakterisiert wurde: Die meisten Ehepaare wollen nicht weniger als ein Kind, aber auch nicht mehr als zwei Kinder, dies ist eine für die entwickelten Länder typische und allgemeine Erscheinung.

2. Es wird in jungen Jahren geheiratet, und die eheliche Fruchtbarkeit wird weitgehend auf die ersten 5–6 Ehejahre konzentriert; sie kann nach 10 Ehejahren als praktisch abgeschlossen gelten. Schwangerschaften von Frauen über 30 Jahren sind nur mehr relativ selten anzutreffen, die Geburtenabstände sind größer geworden.

3. Entscheidend für die Entwicklung der Geburtenhäufigkeit ist die eheliche Fruchtbarkeit. Heiratshäufigkeit, Heiratsalter und Altersstruktur der Bevölkerung sind im Zeitraum 1960–77 nur von verhältnismäßig untergeordneter Bedeutung gewesen. Diese eheliche Fruchtbarkeit ist sowohl in ihrer Intensität als auch ihrem zeitlichen Ablauf von Umwelteinflüssen beeinflußt, so daß kurzfristige Schwankungen, die aber nicht notwendigerweise die endgültige Kinderzahl in den Familien beeinflussen müssen, häufig zu vermerken sind.

4. Das durchschnittliche Fruchtbarkeitsalter ist – generell gesprochen – in den Industriestaaten in den letzten 15–20 Jahren gesunken, wie die folgenden Beispiele untermauern *(Tabelle 6):*

Es ist zu beachten, daß in einer Periode sinkenden durchschnittlichen Gebär-(Fruchtbarkeits-)alters auch die Bruttoreproduktionsziffer ein zu günstiges Bild von dem tatsächlichen Fortpflanzungsverhalten der Bevölkerung vermittelt.

5. Etwas schematisiert läßt sich der Lebenszyklus der Europäerin etwa so darstellen:
  – Heirat im Alter von 22 Jahren
  – Geburt des ersten Kindes im Alter von 23
  – Geburt des letzten Kindes im Alter von 29
  – Geburt des ersten Enkelkindes, wenn das 46. Lebensjahr erreicht ist
  – Tod im Alter von 75 Jahren.

---

[4]) Levels and Trends of Fertility throughout the World 1950–1970, UN, ST/ESA/SER.A/59, p. 229 f. New York 1977.

Tabelle 6: Durchschnittliches Fruchtbarkeitsalter

Land	Durchschnittliches Fruchtbarkeitsalter [1]) (in Jahren)	
	1960/64	1970/74
Österreich	27,4	26,4
Frankreich	28,1	27,3
Deutsche Demokratische Republik	25,7	24,8
Bundesrepublik Deutschland	28,1	27,3
Ungarn	25,8	25,3
Polen	27,5	27,0
Rumänien	26,2	(!) 26,4 (!)
Schweden	27,4	26,8
England und Wales	27,4	26,6
Sowjetunion	28,2	27,5
Jugoslawien	27,4	26,5

[1]) Quelle: Levels & Trends of Fertility throughout the World 1950–70, UN NT/ESA/SER.A 59, New York 1977 und Demographisches Jahrbuch der Vereinten Nationen (verschiedene Jahrgänge).

All dies ist eine mehr oder weniger idealisierte Durchschnittsaussage und ich muß jetzt diese Vereinfachungen etwas korrigieren, wobei insbesondere folgende Punkte herauszustellen sind:

1. Es war ein Glaubenssatz demographischer Theorie, daß sich die Fruchtbarkeitsunterschiede in Europa abbauen werden und eine weitgehende Konvergenz der Werte erfolgen wird und dies, obgleich die Ausgangslage verschieden war (so z. B. waren die Kinderzahlen in Osteuropa wesentlich höher als in Westeuropa). Das sogenannte Akzelerationsgesetz, d. h. je später der Eintritt in die demographische Modernisierungsepoche erfolgt, desto rascher ihr Ablauf, wird diesen Vorgang vermutlich auf eine relativ kurze Zeitspanne begrenzen. Leider entspricht die Entwicklung in den letzten Jahren nicht ganz dieser Vorstellung, denn vor allem in Osteuropa – aber nicht nur dort! – sind die Geburtenziffern in den letzten Jahren wieder angestiegen, und wir haben jetzt eine Situation, wo ein Teil Europas seinen Weg in die Tiefe (zur Einkindfamilie??) fortzusetzen scheint, während der andere Teil dieser Entwicklung vorbeugen und durch gezielte Maßnahmen zumindest eine Stabilisierung auf einem die Bestandserhaltung gewährleistenden Niveau durchdrücken will. Selbstverständlich gehen die Meinungen hier auseinander, ob dieser – nennen wir sie „pronatalistischen" – Politik ein nur temporärer oder anhaltender Erfolg beschieden sein wird. So z. B. sind *Berent* [5]) und *Pressat* [6]) auf Grund eingehender Analysen der Geburtenentwicklung in Osteuropa zu der Schlußfolgerung gelangt, daß die dort eingeleiteten pronatalistischen Maßnahmen nur zu einer Vorverlegung von Geburten, aber nicht zu einer Erhöhung der Kinderzahl pro Familie führen dürften.

[5]) Causes of Fertility Decline in Eastern Europe, vol. 24, 1 und 2.
[6]) Mesures natalistes et relèvement de la fecondite en Europe de l'Est, Population, 34. Jg., no 3, Paris 1979.

Mit anderen Worten ausgedrückt: der Politik zur Förderung höherer Geburtenzahlen dürfte nur ein vorübergehender Erfolg beschieden sein! Die in Osteuropa angewandten Methoden zur Durchdrückung dieses Zieles sind in erster Linie eine Abkehr von der früher gehandhabten liberalen Haltung in der Frage der Schwangerschaftsunterbrechung sowie selektive Maßnahmen zur Förderung von Geburten höherer Ordnungszahlen. In diesem Zusammenhang seien einige Zahlen für *Ungarn* zitiert *(Tabelle 7):*

Tabelle 7: Verlauf der Schwangerschaftsunterbrechungen in Ungarn

Jahr	Geburtenziffer (Lebendgeborene pro 1000 der Bevölkerung)	Legale Schwangerschaftsunterbrechungen pro 100 Lebendgeborene
1966	13,6	135
1971	14,5	124
1976	17,5	51
1977	16,7	51

Im übrigen deuten vorläufige Ergebnisse z. B. für England und Wales, Österreich und die Vereinigten Staaten eine höhere Geburtenziffer für 1978 an (im Vergleich zu den beiden Vorjahren), und man stößt bereits – wohl vorzeitig! – auf den Anspruch einer Trendumkehr! Allerdings muß hier ein wichtiger Vorbehalt angebracht werden: es wäre sehr kurzsichtig, würde man sich mit der bloßen Feststellung einer Stabilisierung oder Trendumkehr begnügen, ohne eine tiefer schürfende Analyse vorzunehmen. In Österreich z. B. ist die Stabilisierung nicht eine Folge der Entwicklung der ehelichen Fruchtbarkeit (die weiter rückläufig ist!), sondern auf eine höhere uneheliche Fruchtbarkeit, vor allem bei den unter 20jährigen, zurückzuführen! Man wird einer solchen Entwicklung – falls sie nicht nur vorübergehender Natur ist – kaum sozialpolitisch positive Aspekte abgewinnen können!

2. Mit dem Durchsickern eines rationalen, konsumbewußten generativen Verhaltens in die unteren Sozialschichten ist hier – gleichfalls der Theorie nach – eine Konvergenz zu erwarten, die sich auch tatsächlich in einigen Ländern abzeichnet; in anderen aber ist eine Umkehr der Differenzierung festzustellen, d. h. die oberen Schichten haben mehr Kinder (ein Hinweis, daß „Kinder haben" vielleicht in Zukunft als Ausdruck des Konsumprestiges gelten könnte).

3. Entgegen allen Erwartungen zeigt die Fruchtbarkeit junger Frauen (unter 20) in vielen Ländern einen Anstieg, und zwar auch in Staaten mit gesamtheitlich sinkender Geburtenhäufigkeit. Dies ist vor allem auf den Anstieg der unehelichen Fruchtbarkeit zurückzuführen, gleichfalls ein nicht vorausgesehenes Ereignis. Das Phänomen der „Teen-age Pregnancy" mit all seinen Determinanten und Konsequenzen beginnt in zunehmendem Maß Politiker und Wissenschaftler

zu beschäftigen. Die starke Zunahme legalisierter Schwangerschaftsunterbrechungen bei Minderjährigen ist ein zusätzlicher Faktor, welcher ganz wesentlich die Diskussion verschärft.

4. Im Zusammenhang damit steht die immer akuter werdende Krise der Familie, und zwar der Kleinfamilie in den avantgardistischen Ländern Nord- und Westeuropas. Die Ehe wird als überholt angesehen, es wird nicht mehr geheiratet oder wenn geheiratet wird, korrigiert der „Scheidungsboom", wie man so schön sagt, den Fehler. Berechnungen haben z. B. für die USA ergeben, daß dort etwa jede zweite Ehe geschieden wird! In Europa ist man freilich noch nicht so weit; im allgemeinen kann man schätzen, daß jede vierte bis fünfte Ehe vorzeitig, d. h. durch Scheidung gelöst wird. Auch hier das Problem: handelt es sich um eine vorübergehende Modeerscheinung oder tatsächlich um die Herausbildung einer neuen Verhaltensweise, welche an die Stelle der Familie im herkömmlichen Sinn treten wird? Ist die schon wiederholt totgesagte Familie noch in der Lage, sich an die Erfordernisse der Industriegesellschaft (oder sollte man besser sagen: post-industriellen Gesellschaft) anzupassen und die Krise noch einmal zu meistern?

Welche Folgerungen können wir für die Zukunft ziehen? Trotz aller Versuche, mit geheimnisvollen Formeln und Modellen die Zukunft zu beschwören, sind die Ergebnisse von Vorausschätzungen der Fruchtbarkeit kein besonderes Ruhmesblatt der Demographie. Ich möchte mich hier nicht im Detail mit der „Philosophie" von Bevölkerungsprognosen beschäftigen, sondern mich auf zwei mehr oder weniger lapidare Feststellungen beschränken: (a) Jährliche Schwankungen in den Geburtenziffern können – verhältnismäßig gesehen – beträchtlich sein und ernste Konsequenzen für Sozial- und Wirtschaftsplanung zur Folge haben; (b) ungewollte Schwangerschaften dürften vermutlich immer seltener werden, – sofern es nicht zu einem „backlash" bezüglich empfängnisverhütender Mittel (z. B. infolge echter oder auch nur vermuteter gesundheitlicher Risiken der Pille), aber auch bezüglich der legalisierten Schwangerschaftsunterbrechung kommt. Damit wird die Bedeutung der „freien", bewußten Entscheidung, des vielzitierten „Willens zum Kind", und des diese Entscheidung beeinflussenden sozialen Klimas (wozu selbstverständlich auch die geistigen Strömungen zu zählen sind!) deutlich unterstrichen. Die grundsätzliche Frage, mit der sich heute alle Industrienationen in mehr oder weniger starkem Ausmaß auseinandersetzen müssen, ist folgende: Wird die Fruchtbarkeit unter das Bestandserhaltungssoll *ständig* absinken; kann diese Entwicklung gesteuert werden und wenn nicht, welche sozial- und wirtschaftspolitischen Konsequenzen ergeben sich aus einem anhaltenden Bevölkerungsrückgang? Es muß – im Lichte der historischen Erfahrungen – als fraglich gelten, ob isolierte familien- oder bevölkerungspolitische Maßnahmen ausreichen, um einer auf Makroebene nicht gewünschten Entwicklung der Geburtenhäufigkeit zu steuern, wahrscheinlich ist ein grundsätzlicher Wandel in den sozialen, materiellen sowie ideellen Gegebenheiten erforderlich.

Familienpolitisch gesehen, läßt sich die Problemstellung wohl am prägnantesten so formulieren: Wird die Kleinfamilie der Industriegesellschaft durch die Kleinstfamilie der nachindustriellen Gesellschaft abgelöst werden? Wenn ja, was werden die sozialen, wirtschaftlichen Folgen, aber auch die Konsequenzen für zwischenmenschliche Beziehungen sein?

Determinanten und Konsequenzen des Geburtenrückganges

KARL-H. WOLFF, WIEN

Bekanntlich ist die Zahl der Lebendgeborenen in Österreich nach einem Maximum im Jahre 1963 mit 134.809 Geburten ständig rückläufig. Im vergangenen Jahr wurden nur mehr 85.402 Lebendgeborene in Österreich gezählt. Über die Entwicklung im einzelnen informiert die folgende *Tabelle 1*:

Tabelle 1: Geburtenzahlen in Österreich

Jahr	Lebend-geborene	davon ehelich	davon unehelich
		Lebendgeborene	
1963	134.809	119.140	15.669
1964	133.841	118.688	15.153
1965	129.924	115.350	14.574
1966	128.577	113.937	14.640
1967	127.404	112.799	14.605
1968	126.115	110.978	15.137
1969	121.377	106.514	14.863
1970	112.301	97.958	14.343
1971	108.510	94.411	14.099
1972	104.033	89.818	14.215
1973	98.041	84.636	13.405
1974	97.430	84.018	13.412
1975	93.757	81.092	12.665
1976	87.446	75.391	12.055
1977	85.595	73.462	12.133
1978 [1]	85.402	72.765	12.637
Rückgang seit 1963 in %	−36,6	−38,9	−19,4

[1] Die Fruchtbarkeitsziffer hat sich von 1977 auf 1978 nicht verändert.

Die für ein geändertes Verhalten der Bevölkerung entscheidende Meßziffer ist nicht so sehr die Zahl der Lebendgeborenen selbst, sondern die sogenannte Fruchtbarkeitsziffer, die Zahl der Lebendgeborenen bezogen auf 1.000 im Berichtsjahr lebende Frauen im Alter von 15 bis unter 45 Jahren. Auch diese Fruchtbarkeitsziffer ist im Beobachtungszeitraum stark rückläufig gewesen. Während im Jahre 1963 noch 91,9 Lebendgeborene auf 1.000 im gebärfähigen Alter lebende Frauen entfielen, waren es im Jahre 1970 nur mehr 79,2 und im

Jahre 1977 nur mehr 56,2. Dieser starke Rückgang ist umso bemerkenswerter, als er in eine Periode starken wirtschaftlichen Aufschwunges fällt und darüber hinaus in diesem Zeitraum zahlreiche Maßnahmen gesetzt wurden, die die finanzielle Situation der Eltern erleichtern sollten. So wurden etwa in diesem Zeitraum die Familienbeihilfen nicht unbeträchtlich erhöht und eine Geburtenprämie eingeführt. Trotz all dieser Maßnahmen aber ist ein starker Rückgang eingetreten.

Untersuchungen auf Grundlage von Umfragen über die Ursachen dieses Rückganges, der ja nicht nur in Österreich allein in dieser Form zu bemerken ist, sind sowohl in Österreich als auch in anderen Ländern im Gange. Hier soll aber untersucht werden, welche Auswirkungen sich aus diesem Rückgang ergeben. Im weiteren sollten diese Auswirkungen dann im Sinne des Titels dieser Arbeit bewertet werden.

Zunächst soll aber der Geburtenrückgang noch etwas genauer analysiert werden, und zwar in der Weise, daß nicht nur der Rückgang der Zahl der Geborenen insgesamt betrachtet wird, sondern daß unterschieden wird, ob es sich bei der geringer werdenden Zahl von Kindern um die erste, zweite, dritte usw. Geburt handelt. Darüber informiert die folgende *Tabelle 2,* in der allerdings nur die ehelich Geborenen nach der Geburtenfolge angegeben werden:

Tabelle 2: Geburtenzahlen nach der Geburtenfolge

Jahr	ehelich Geborene[1]) nach der Geburtenfolge				
	Zahl der Kinder				
	1.	2.	3.	4.	5. u. m.
1963	41.525	35.297	20.425	10.680	12.782
1964	40.503	34.964	20.547	10.953	13.148
1965	39.621	34.346	19.658	10.462	12.603
1966	39.508	34.061	19.308	10.184	12.113
1967	39.644	33.889	19.397	9.832	11.219
1968	39.842	33.610	18.608	9.534	10.525
1969	38.966	32.288	17.692	8.863	9.768
1970	36.324	30.549	15.691	7.724	8.610
1971	35.040	29.448	15.181	7.524	8.089
1972	34.108	28.384	13.983	6.750	7.426
1973	33.323	26.815	12.734	5.869	6.608
1974	33.721	27.137	12.234	5.539	6.062
1975	32.602	27.131	11.574	5.186	5.248
1976	30.690	26.064	10.292	4.430	4.454
1977	30.135	25.653	10.135	4.102	3.996
1978	.	.	.	.	.
Rückgang seit 1963 in %	−27,4	−27,3	−50,4	−61,6	−68,7

[1]) Lebend- und Todgeborene

Die Zahlen dieser Tabelle zeigen einen sehr interessanten Verlauf. Es zeigt sich nämlich, daß der enorme Rückgang der Gesamtzahl der Lebendgeborenen um mehr als ein Drittel seit dem Jahre 1963 vorwiegend Familien mit mehreren Kindern betrifft. So ist etwa die Zahl der fünften, sechsten usw. Kinder seit dem Jahre 1963 bis zum Jahr 1977 um 68,7%, also um mehr als zwei Drittel zurückgegangen, die Zahl der vierten Kinder um rund 60%, die Zahl der dritten Kinder um rund die Hälfte. Die Zahl der ersten und zweiten Kinder war zwar rückläufig, beide Male um etwas mehr als 27%, doch liegt dieser Rückgang signifikant unter dem Gesamtdurchschnitt.

Es scheint also, daß bei der Motivation für diese Entwicklung die Belastung durch eine Vielzahl von Kindern in der Familie jedenfalls mit eine Rolle spielt.

Änderungen in der Geburtenzahl wirken sich auf die Altersstruktur der Bevölkerung naturgemäß erst in längeren Zeiträumen in größerem Maße aus. Es werden daher immer wieder in gewissen zeitlichen Abständen Bevölkerungsprojektionen über mehr oder weniger lange Zeiträume in die Zukunft vorgenommen. So hat etwa im Jahre 1975 das Institut für Versicherungsmathematik der Technischen Universität Wien eine derartige Prognose bis zum Jahre 2100 durchgerechnet. Dieser Prognose kommt natürlich nur Modellcharakter zu. Es soll damit nicht gesagt werden, daß tatsächlich erwartet wird, daß sich die Bevölkerungsstruktur in dieser Weise verändert. Um aber allfällige Auswirkungen einer geänderten Geburtenhäufigkeit, aber auch einer geänderten Sterblichkeit, beurteilen zu können, ist es notwendig, solche Modellrechnungen vorzunehmen.

Gegenwärtig ist bereits eine Überarbeitung dieser Prognose vorgesehen, doch sind die Abweichungen zu der seinerzeitigen Berechnung so gering, daß sie für die grundsätzlichen Überlegungen keine Rolle spielen. Wir wollen uns also bei der weiteren Behandlung des Themas auf die im Jahre 1975 errechnete Bevölkerungsprojektion bis zum Jahre 2100 stützen. Es sei nur erwähnt, daß der Unterschied zwischen den für das Jahr 1978 prognostizierten und den tatsächlich beobachteten Geburten in der Größenordnung von 2% liegt.

Für die weitere Entwicklung der Zahl der Geburten ist die Zahl der Frauen im gebärfähigen Alter von besonderer Bedeutung. Diese Zahl ist gegenwärtig steigend, so daß trotz der Annahme eines weiteren, wenn auch abgeschwächten Rückganges der Fruchtbarkeitsziffer mit einer Zunahme der absoluten Zahl der Geburten gerechnet werden kann. Allerdings sind die Veränderungen so gering, daß in keiner Weise damit gerechnet werden darf, etwa eine Geburtenzahl wie sie in der Mitte der sechziger Jahre noch zu beobachten war, in den nächsten Jahrzehnten zu erreichen.

Bei Vorausberechnungen oder besser bei Projektionen über derart lange Zeiträume, wie sie bis zum Jahre 2100 vorliegen, erweist es sich als zweckmäßig, verschiedene Varianten über die zukünftige Entwicklung anzunehmen, um Abweichungen von einer als wahrscheinlich angenommenen Entwicklung wenigstens in ihren Größenordnungen abschätzen zu können. Ein Eingehen auf diese verschiedenen Varianten würde allerdings den Umfang der vorliegenden Arbeit übersteigen, so daß wir uns hier auf die Hauptvariante der erwähnten Studie stützen wollen.

Es erscheint auch notwenig, auf ein weiteres Unsicherheitsmoment hinzuweisen, das in der Zahl der Gastarbeiter liegt. Die Wohnbevölkerung wird einschließlich der in Österreich wohnhaften Ausländer gezählt. Auch in der Zahl der Geburten in Österreich sind Geburten durch Ausländer enthalten. Es ist aber offensichtlich, daß etwa die Zahl der Gastarbeiter durch Änderung der wirtschaftlichen Verhältnisse verhältnismäßig kurzfristig und entscheidend geändert werden kann. Bei langfristigen Prognosen ist es aber nicht möglich, auf solche Änderungen konjunkturbedingter Art einzugehen. Die hier angegebenen Zahlen gehen jedenfalls davon aus, daß sich in der Zahl der Ausländer, die in Österreich wohnhaft sind, in den nächsten Jahrzehnten keine wesentlichen Änderungen ergeben werden.

Zunächst soll der Zeitraum bis zum Ende unseres Jahrhunderts, also bis zum Jahr 2000 untersucht werden. Die folgende *Tabelle 3* gibt einen Überblick über die Entwicklung der österreichischen Bevölkerung von 1975 bis zum Jahre 2000, und zwar getrennt nach Altersgruppen der 0- bis 19jährigen, der 20- bis 59jährigen sowie der 60jährigen und Älteren.

Tabelle 3: Prognose der Entwicklung der österreichischen Bevölkerung bis 2000

Jahr	Gesamtbevölkerung	davon		
		0–19	20–59	60 u. darüber
1975	7.295 [1])	2.268	3.501	1.526
1980	7.247	2.130	3.714	1.403
1985	7.202	1.937	3.843	1.422
1990	7.174	1.799	3.967	1.408
1995	7.135	1.762	4.010	1.363
2000	7.066	1.739	3.968	1.359

[1]) Das Statistische Handbuch für die Republik Österreich, 1977, gibt 7.520 an!

Die Altersgliederung wurde deshalb in der vorliegenden Weise vorgenommen, da angenommen werden kann, daß bei den 0- bis 19jährigen der Schwerpunkt im vorschulischen und schulischen Alter liegen wird, bei den 20- bis 59jährigen der Schwerpunkt im Alter der Berufsausübung und bei den 60jährigen und älteren der Schwerpunkt im Pensionsalter. Dies ist insbesondere durch die vorzeitige Alterspension bei langer Versicherungsdauer in der Sozialversicherung nahegelegt, die für Männer bei Vorliegen von 35 Versicherungsjahren bereits ein Pensionsalter von 60 Jahren vorsieht. Diese vorzeitige Alterspension wird gerade von Männern in beträchtlichem Maße in Anspruch genommen. Man kann daher davon ausgehen, daß, grob gesehen, die erste Altersgruppe die Kinder und in Berufsausbildung befindlichen Personen betrifft, die zweite Altersgruppe die erwerbsfähigen Personen, die dritte Altersgruppe die Pensionisten.

Bei der Betrachtung der Tabelle fällt sofort auf, daß die Zahl der Personen in der Gruppe der noch nicht Erwerbsfähigen im wesentlichen fallend ist, die Zahl der Personen in der Gruppe der Erwerbsfähigen steigend und die Zahl der Personen in der Gruppe der nicht mehr Erwerbsfähigen wiederum fallend.

Diese Entwicklung kann zunächst auf den ersten Blick als für die Pensionsversicherung günstig bezeichnet werden, nimmt doch in den nächsten Jahrzehnten die sogenannte Belastungsquote – das ist das Verhältnis der Zahl der nicht mehr Erwerbsfähigen zur Zahl der Erwerbsfähigen – ständig ab. Auch die Belastung durch die zu erhaltenden Kinder ist rückläufig. Diese Entwicklung wird allerdings nur dann günstig sein, wenn es gelingt, für die erwerbsfähige Bevölkerung auch die notwendigen Arbeitsplätze zu schaffen. Aus dem Anstieg der Zahl der arbeitsfähigen Personen ist jedenfalls zu ersehen, daß es notwendig sein wird, in den nächsten Jahrzehnten weiterhin zusätzliche Arbeitsplätze zu schaffen. Der Bedarf in der Größenordnung von 250.000 bis 300.000 zusätzlichen Arbeitsplätzen in der nächsten Zeit stellt jedenfalls die Wirtschaft vor eine wichtige Aufgabe.

In diesem Zusammenhang muß vor einem Mißverständnis gewarnt werden. Die Tatsache, daß die Altersstruktur der österreichischen Bevölkerung günstiger wird und die Belastungsquote geringer, bedeutet nicht, daß die absoluten Ausgaben für die Pensionsversicherung geringer werden. Die Verbesserung der Qualität des Systems der sozialen Pensionsversicherung etwa, führt dazu, daß diese Ausgaben in der nächsten Zeit zweifellos noch ansteigen werden. Dies gilt natürlich auch für den Beitrag des Bundes zur sozialen Pensionsversicherung. In diesem Zusammenhang etwa von einer Krise der Pensionsversicherung zu sprechen, wäre verfehlt und zeigt eine mangelnde Einsicht in die Struktur der sozialen Pensionsversicherung. Man kann im Gegenteil sagen, daß durch die zunächst günstiger werdende Altersstruktur die österreichische Pensionsversicherung in einer weitaus besseren Lage ist als zahlreiche ausländische Pensionsversicherungssysteme vergleichbaren Umfanges. Aber es darf nicht übersehen werden, daß die Altersstruktur ja nur ein Faktor ist, der die Ausgaben für die Pensionsversicherung und etwa die für die Pensionsversicherung notwendigen budgetären Mittel des Bundes beeinflussen. Andere Faktoren sind die durch den Gesetzgeber festgelegten Leistungsaufwendungen sowie die konjunkturell bedingte Entwicklung der Zahl der Gastarbeiter, deren Beiträge ja das Beitragsvolumen zur Pensionsversicherung erhöhen und damit die in Form einer Ausfallshaftung konstruierte Belastung des Bundes vermindern. Man muß sich also hüten, aus der kurzfristigen Entwicklung, die durch konjunkturelle Umstände beeinflußt ist, Schlüsse auf die mittel- und langfristige Entwicklung der Pensionsversicherung zu ziehen.

Betrachtet man freilich einen längeren Zeitraum, bis zum Jahre 2100 etwa, dann wird sich herausstellen, daß die zunächst so günstig erscheinende demographische Entwicklung zu Problemen führen wird. Darauf soll jedoch erst in jenem Teil eingegangen werden, der sich mit der Prognose vom Jahre 2000 bis zum Jahre 2100 befaßt. Hier soll zunächst einmal noch auf die in den unmittelbar folgenden Jahrzehnten zu erwartenden Veränderungen eingegangen werden.

Wie man sieht, führt der Geburtenrückgang zu einer Änderung in der Weise, daß die Zahl der Großfamilien mit drei und mehr Kindern stärker rückläufig sein wird als die Zahl der Kleinfamilien. Es hat gegenwärtig den Anschein, als wäre die angestrebte „Normalfamiliengröße" ein Ehepaar mit zwei Kindern. Es deutet aber auch manches darauf hin, daß in vermehrtem Maße als früher alleinstehende Frauen mit einem Kind zu erwarten sein werden. Schlußfolgerungen daraus müßten vor allem im Bereich der Wohnbaupolitik getroffen werden. Nach Ansicht des Autors sollte bei der Schaffung neuen Wohnraumes in vermehrtem Ausmaß auf die zu erwartenden Familiengrößen der nächsten Jahrzehnte Rücksicht genommen werden, da ein großer Teil der vorhandenen Wohnungen – vor allem in Wien – den heutigen Anforderungen eines 4-Personenhaushaltes nicht entsprechen.

Auf den ersten Blick müßte der Rückgang der Zahl der Geburten in den nächsten Jahren und Jahrzehnten zu einer Verminderung des Bedarfs an Ausbildungsplätzen in Schule, Lehre und Universität führen. Auch die Zahl der benötigten Kindergartenplätze müßte theoretisch rückläufig sein. In der Praxis dürfte die Entwicklung allerdings nicht ganz so einfach liegen. Es hat den Anschein, daß etwa der Bedarf an Kindergartenplätzen noch lange nicht gedeckt ist, so daß der Geburtenrückgang überlagert wird von einem erhöhten Bedarf, und es ist fast anzunehmen, daß die Resultierende aus diesen beiden Bewegungen in einem noch immer zunehmenden Bedarf an Kindergartenplätzen liegt.

Da die Pflichtschule grundsätzlich für alle Österreicher vorgesehen ist, kann man annehmen, daß der Geburtenrückgang nach der entsprechenden zeitlichen Verzögerung zu einem Rückgang der Zahl der benötigten Ausbildungsplätze in den Pflichtschulen im gleichen Ausmaß führen wird. Dies gilt aber schon nicht mehr für den Bereich etwa der höheren Schulen und der Universitäten. Hier ist mit einem nach wie vor steigenden Bedarf zu rechnen. Ein steigender Bedarf, der durch den Rückgang der insgesamt in Frage kommenden Personen kaum kompensiert werden dürfte.

Die Weiterführung der Projektion über das Jahr 2000 hinaus bis zum Jahr 2100 erfordert natürlich Annahmen über Geburtenrate und Sterblichkeit, die keinen wie immer gearteten Anspruch auf Genauigkeit erheben können. In der Untersuchung des Institutes für Versicherungsmathematik wurden daher auch ab dem Jahr 2000 gleichbleibende Verhältnisse dieser Meßgrößen angenommen. Unter diesen Annahmen ist zunächst ein allgemeiner weiterer Rückgang der

Gesamtbevölkerung Österreichs, der in der ersten Hälfte des nächsten Jahrhunderts etwas schneller, in der zweiten Häfte etwas langsamer verlaufen wird, zu erwarten. Allerdings wird dieser Rückgang vorwiegend die Zahl der Erwerbsfähigen, also die Altersgruppe der 20- bis 59jährigen betreffen. Dies ist auch verständlich, wenn man bedenkt, daß der stärkste Geburtenjahrgang im Jahr 1963 gelegen ist und dieser Geburtenjahrgang im Jahre 2000, also am Beginn des nächsten Jahrhunderts, mit 27 Jahren gerade voll im Erwerbsleben stehen wird. Die nach ihm folgenden Geburtenjahrgänge, die in das Erwerbsleben eintreten, werden schwächer und schwächer, während gleichzeitig im Pensionsalter, also im Alter von 60 und darüber, immer stärkere Geburtenjahrgänge zu erwarten sind. Die Folge davon ist, daß einem Rückgang der Zahl der Erwerbsfähigen ein Ansteigen der Zahl der im Pensionsalter stehenden Personen gegenübersteht, und zwar etwa bis zum Jahr 2030. Erst von diesem Jahr an, wird der Geburtenrückgang auch in etwas stärkerem Maße im Pensionistenalter merkbar und ab dem ersten Drittel des nächsten Jahrhunderts ist daher auch mit einem Rückgang der Zahl der Personen im Pensionsalter zu rechnen.

Die Zahl der 0- bis 19jährigen wird auch im nächsten Jahrhundert durchwegs fallend sein. Doch wird infolge des Rückganges der Zahl der Erwerbsfähigen ihr Anteil an der Bevölkerung zunehmen. Während zu Beginn des nächsten Jahrhunderts rund 440 Jugendliche auf 1.000 Erwerbsfähige entfallen, werden es in der Mitte des nächsten Jahrhunderts bereits etwas über 500 sein und diese Meßzahl wird sich dann in der zweiten Hälfte des nächsten Jahrhunderts nicht mehr wesentlich verändern.

Soweit es die demographische Entwicklung betrifft, werden also die Hauptprobleme im nächsten Jahrhundert, im ersten Drittel des Jahrhunderts, liegen und hier vor allem in der Bewältigung der wieder etwas stärker werdenden Belastung in der Pensionsversicherung. Allerdings ist bei der Beurteilung dieses Problems denn doch zu berücksichtigen, daß Prognosen in anderen Bereichen, etwa im Bereich der Energieversorgung, im Bereiche der Umweltverschmutzung, im Bereiche der Infrastrukturen, allgemein vielleicht im Bereiche der Lebensqualität, Probleme von weit größerer Bedeutung erkennen lassen, deren Lösung die Menschheit und natürlich auch unser Land vor weit größere Schwierigkeiten stellen wird, als es die Bewältigung des Pensionsproblems sein wird.

Wenn auf Grund der bisherigen Überlegungen die Frage „Geburtenrückgang: besorgniserregend oder begrüßenswert" behandelt werden soll, so ist zu sagen, daß der Geburtenrückgang zweifellos langfristig zu gewissen Problemen führt, daß aber auf der anderen Seite die Tatsache eines Rückganges der österreichischen Bevölkerung an sich noch nicht als besorgniserregend bezeichnet werden sollte. In einer Welt, in der das Übervölkerungsproblem eine immer größere Bedeutung erlangt, sollte gerade in einem Land, in dem Lebensqualität groß geschrieben wird, die Möglichkeit, vorhandene Ressourcen auf weniger Personen aufteilen zu können, eher positiv gesehen werden. Doch handelt es sich hier zweifellos um einen Fragenkomplex, der nicht so einfach abgehandelt werden und wo eine Vielfalt von Meinungen begründet werden kann.

Zum Abschluß soll auch noch auf eine indirekte Folge des Geburtenrückganges hingewiesen werden. Dabei wird von der Annahme ausgegangen, daß zwischen dem Geburtenrückgang und dem Rückgang der Säuglingssterblichkeit eine gewisse Abhängigkeit herrscht. Wie weit diese These tatsächlich stichhältig ist, mag dahingestellt sein, und eine Diskussion darüber würde den Rahmen dieser Arbeit sprengen. Sicher liegt die Hauptursache des Rückganges der Säuglingssterblichkeit in der mit der Einführung des Mutter-Kind-Passes zusammenhängenden Folge von ärztlichen Untersuchungen.

Es ist nun offensichtlich, daß jede Verringerung der Sterblichkeit in einer Altersgruppe zu einer Erhöhung der Sterblichkeit in einer höheren Altersgruppe führen muß, da ja die Obergrenze, das höchste Lebensalter, das erreichbar ist, nicht entscheidend erhöht werden kann. Zusammen mit der Verringerung der Säuglingssterblichkeit und mit der besseren gesundheitlichen Betreuung der Bevölkerung infolge eines ausgebauten medizinischen Systems, ist eine ständige Erhöhung der mittleren Lebenserwartung zu beobachten. Hierüber informiert die folgende *Tabelle 4:*

Tabelle 4: Überblick über die Erhöhung der mittleren Lebenserwartung in Österreich

Jahr	mittlere Lebenserwartung	
	männlich	weiblich
1865/75	30,38	33,10
1870/80	30,95	33,80
1901/05	39,14	41,06
1906/10	40,64	42,84
1930/33	54,50	58,50
1949/51	61,91	66,97
1959/61	65,60	72,03
1970/72	66,58	73,69
1977	68,54	75,60
1990*)	70,06	76,41
2000*)	71,46	77,53

*) Prognose Hauptverband.

In dieser Tabelle fällt nicht nur die ausgesprochen niedrige Lebenserwartung aus der Periode 1865 bis 1875 auf, die sehr stark von der damals ausgesprochen hohen Säuglingssterblichkeit beeinflußt war, sondern auch die Tatsache, daß trotz anders lautender Prognosen immer noch eine Erhöhung der Lebenserwartung eingetreten ist, und zwar bis zu den letzten statistischen Daten aus dem Jahre 1977.

Wenn nun eine Prognose auch für das Jahr 1990 und das Jahr 2000 versucht wurde, so liegt dieser Prognose die Annahme zugrunde, daß bis zum Jahre 2000 die Sterblichkeit in Österreich etwa jenen Stand erreicht, der in Schweden bereits heute erreicht wurde. Also eine keinesfalls unrealistische Annahme, die aber, wie man sieht, mit einem neuerlichen, wenn auch langsamer werdenden Anstieg der mittleren Lebenserwartung verbunden ist.

Dieser Anstieg der mittleren Lebenserwartung führt nun dazu, daß mehr Personen in höhere Altersklassen gelangen. Das bedeutet aber nicht, daß in gleicher Weise der Gesundheitszustand der Bevölkerung verbessert wird. Im Gegenteil, die Tatsache, daß sich mehr Personen in einem höheren Alter befinden, führt auf Grund der höheren Krankheitshäufigkeit höherer Altersgruppen zu einem entsprechenden Ansteigen der Krankheitsfälle. Zusammen mit diesem Ansteigen der Krankheitsfälle ist auch eine weitere Verbesserung der medizinischen Betreuung zu erwarten, und zwar einmal durch den allgemeinen Fortschritt der medizinischen Wissenschaft, der keinesfalls als abgeschlossen betrachtet werden kann, zum anderen aber auch deshalb, weil die Qualität der medizinischen Betreuung heute noch nicht in allen Fällen jenen Standard erreicht hat, der dem heutigen Stand des Wissens entspricht. Dies wird mit Sicherheit zu einer Erhöhung der Kosten für die medizinische Betreuung führen. Eine Entwicklung, die angesichts der steigenden Lebenserwartung zunächst paradox erscheinen mag, die aber ihre Begründung in der Veränderung der Altersstruktur infolge des Rückganges der Sterblichkeit hat.

Abschließend und zusammenfassend soll festgestellt werden, daß der zu beobachtende Geburtenrückgang, dessen Geschwindigkeit sich merklich verlangsamt, nach Ansicht des Autors keine bedrohliche Entwicklung darstellt, wohl aber zu Konsequenzen in der Altersstruktur führt, die Auswirkungen in anderen Bereichen haben. Hier ist einerseits der Bereich des vorberuflichen Alters zu nennen, mit den erwähnten Fragen der Kindergartenplätze sowie der Schulausbildungsplätze und andererseits der Bereich des nachberuflichen Alters, also des Pensionsalters. Die Altersstruktur ist hier für die unmittelbar folgenden Jahrzehnte noch günstig, doch wirft die notwendige Schaffung von 250.000 bis 300.000 zusätzlichen Arbeitsplätzen nicht unbeträchtliche Probleme auf. Die langfristigen Probleme, die etwa bis zum Jahr 2030 hier auftreten, werden sicher überlagert von wesentlich schwerer wiegenden Problemen aus anderen Bereichen. Der insgesamt zu erwartende leichte Rückgang des Umfanges der österreichischen Bevölkerung kann, für sich allein betrachtet, keinesfalls zu Besorgnissen Anlaß geben. Er könnte vielmehr dazu genutzt werden, die Qualität des Lebens in Österreich zu steigern.

Reaktion auf sinkende Geburtenraten in den Industrieländern – Lenkung oder Laissez-faire?

Albrecht Müller, Bonn

1. Vorbemerkung

1.1 Ernstzunehmende Wissenschaftler und Politiker – in Deutschland z. B. der Wissenschaftler Carl Friedrich von Weizsäcker und Bundeskanzler Helmut Schmidt – befürchten für die achtziger und neunziger Jahre Krisen und sogar kriegerische Auseinandersetzungen um die knapper werdenden Energievorräte und Rohstoffe, falls es nicht gelingt, die Verteilung dieser Ressourcen zu regeln bzw. zu sparen.

1.2 In eben diese Zeit düsterer Scenarios für die kommenden Jahrzehnte fällt die Renaissance einer neuen Bewegung für mehr Geburten, also für zusätzliche Menschen auf diesem Erdball; für Menschen, die in den Industriestaaten (und vermehrt auch in den Entwicklungsländern) Energie und Rohstoffe zum Leben brauchen, zusätzlich brauchen.

Was da an Bewegung für eine pronatalistische Politik in Gang gesetzt wird, läuft gegen die Forderung nach einer weniger schnellen Ausbeutung der Ressourcen unseres Erdballs. Es ist das Gegenteil des Notwendigen; denn 60 Mio. Deutsche z. B. werden im Jahre 2030 jedenfalls erheblich mehr Energie und Rohstoffe verbrauchen als die landläufig prognostizierten 39,4 Mio.

1.3 Nun ist die Energie- und Rohstoffversorgung sicher nur ein *Teil* unserer Probleme im Jahre 2030. Aber die Gegenüberstellung zweier landläufiger Diskussionsstränge – hier knapper werdende Ressourcen und Krisenscenarios, dort die Besorgnis um eine geringer werdende Bevölkerungszahl – soll die Irrationalität der pronatalistischen Bewegung schlaglichtartig kennzeichnen. In den Industrieländern, zumal in dichtbesiedelten, wäre eine solche Politik absurd.

2. Politische Reaktionen in den Industrieländern

2.1 Trotz gravierender Unterschiede hinsichtlich konjunktureller Situation, politischer Ausrichtung der Regierungsparteien und hinsichtlich Umfang und

Art des Systems familienpolitischer Leistungen hat sich praktisch in allen europäischen Ländern Mitte der sechziger Jahre ein bemerkenswerter *demographischer Umbruch* vollzogen. Zwar wächst die Bevölkerungszahl noch in der Mehrzahl dieser Länder; schaltet man jedoch mit der Wahl eines geeigneten Indikators, z. B. der Nettoreproduktionsrate, die Verschiedenheiten im Altersaufbau der Bevölkerungen aus, so zeigt sich – s. *Abbildung 1* – eine geradezu verblüffende Parallelität in der Tendenz zu rückläufigen Geburtsziffern. Die Mehrzahl der europäischen Länder weist inzwischen Werte der Nettoreproduktionsrate unter 1,0 auf, was nichts anderes bedeutet, als daß die Bevölkerungszahl langfristig abnehmen wird.

2.2 Diese Erkenntnis und die Einsicht, daß hieraus sozioökonomische Veränderungen resultieren werden, die über kurz oder lang auch politischen Entscheidungsbedarf aufwerfen, hat zu politischen Reaktionen sehr unterschiedlicher Art geführt.

Eine *Gemeinsamkeit* in diesen Reaktionen ist allerdings, daß das Thema zunächst vor allem in die Hand von Experten und Bürokraten gelegt wurde. Es wurden Kommissionen und Gremien ins Leben gerufen, Gutachten angefordert und veröffentlicht, die politischen Gruppierungen um Stellungnahmen gebeten.

In Großbritannien wurde ein siebenköpfiges interdisziplinäres Expertengremium gebildet (population panel), in den Niederlanden eine Kommission für Bevölkerungsfragen einberufen, der 34 Mitglieder aus Regierung, Wissenschaft und gesellschaftlichen Gruppierungen angehörten, in Frankreich ausführliche Berichte spezialisierter Institute eingeholt. In den USA wurde eine Presidential Commission von 24 Mitgliedern eingesetzt, die sich zwar zahlreicher Experten und eines qualifizierten Stabes bedienen konnte, jedoch hauptsächlich aus *Laien* bestand und gewissermaßen das gesellschaftliche Meinungsspektrum widerspiegeln sollte.

Die *Unterschiede*, die sich hinsichtlich der grundsätzlichen Bewertung und in der Ausgestaltung der praktischen Politik ergaben, will ich an einem Beispiel verdeutlichen:

So geht beispielsweise die 1972 eingesetzte Kommission für Bevölkerungsfragen *in den Niederlanden* im wesentlichen vom Problem der Bevölkerungs*zunahme* und ihrer Folgen für Volksgesundheit, räumliche Entwicklung und Umwelt aus und spricht sich in ihrem Ende 1976 veröffentlichten Bericht für eine demographische Entwicklung aus, bei der die Bevölkerungs*zunahme* soweit wie möglich *abgebremst* wird. Die Kommission empfiehlt auf kurze Sicht (etwa 10 Jahre) eine demographische Entwicklung, bei der die Fruchtbarkeit zwischen 15 und 30% (mit Präferenz für das letztere) unter dem sogenannten Bestandserhaltungsniveau liegt und erst auf mittlere und lange Sicht eine Wiederannäherung an das Bestandserhaltungsniveau erbringt.

Dagegen ist z. B. die Regierung in *Frankreich* nicht bereit, eine demographi-

Abbildung 1: Nettoreproduktionsraten in ausgewählten Staaten, 1960–1977

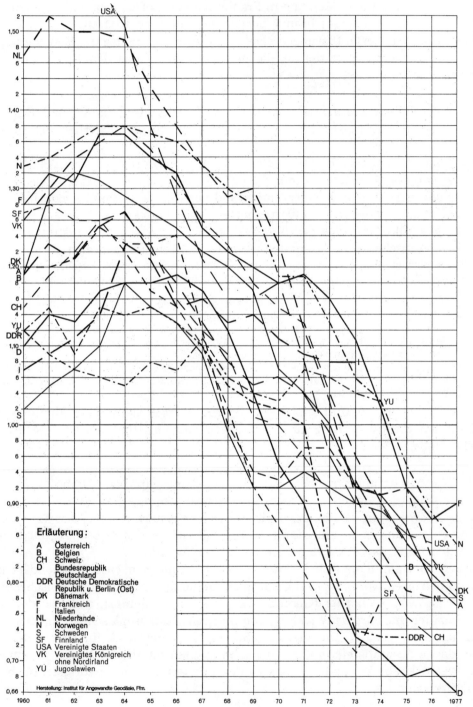

(Quelle: Institut für Angewandte Geodäsie, Ffm.)

sche Zukunft, wie sie sich für Europa insgesamt abzeichnet, zu akzeptieren. Obwohl die öffentliche Meinung in Frankreich einer offen pronatalistischen Politik keineswegs uneingeschränkt positiv gegenübersteht, strebt die Regierung nach offiziellen Verlautbarungen eher einen leichten Anstieg der Bevölkerungszahl und eine Geburtenziffer an, die zumindest leicht über dem Reporduktionsniveau liegt.

2.3 Was nun *die praktischen Maßnahmen,* insbesondere an Art und Umfang familienpolitischer Leistungen angeht, gibt es hier gleichfalls erhebliche *Unterschiede:*

In *Holland* wird z. B. Kindergeld gezahlt, es gibt ein reichhaltiges Angebot an Kinderbetreuungseinrichtungen mit relativ geringem Gebührensatz sowie Ganztagsschulen. Ansonsten hat der Tatbestand von Ehe und Familie jedoch weder steuer- noch rentenrechtliche (vorteilhafte) Auswirkungen.

Dagegen gilt *Frankreich* geradezu als ein familienpolitisches Musterland. Der familienpolitische Leistungskatalog ist in der Tat sehr umfangreich. Es gibt:
1. die Anrechnung von Kinderbetreuungszeiten in der Rentenversicherung (2 Baby-Jahre pro Kind)
2. die Möglichkeit eines unbezahlten Elternurlaubs für den Zeitraum von 2 Jahren bei Sicherung des Arbeitsplatzes
3. eine Berücksichtigung von Kindern bei der Einkommensteuerveranlagung (Familiensplitting), wobei Kinder wie ein halber Erwachsener gezählt werden
4. ein Kinderpflegegeld für alle Kinder bis zum 3. Lebensjahr in Höhe von 354 Franc bzw. für alle Familien mit drei und mehr Kindern unabhängig von der Frage, ob die Mutter berufstätig oder nicht berufstätig ist (allerdings mit Einkommensgrenzen)
5. eine staatliche Förderung der Teilzeitarbeit und gleitenden Arbeitszeit sowie den forcierten Ausbau von Kinderkrippen und Vorschulwesen und ein System der Kleinkindbetreuung (Tagesmütter, Teilzeithorte, Babysitter).

Für die nähere Zukunft sind weiterhin eine Dynamisierung der Familienbeihilfe sowie die Gewährung eines Mindesteinkommens für Familien mit 3 und mehr Kindern geplant.

2.4 Wie bereits angesprochen, hat sich der demographische Umbruch in Europa unabhängig davon vollzogen, in welchem Umfang und in welcher typischen Ausgestaltung Familienpolitik jeweils betrieben wurde. Der Tenor der Expertenmeinungen hierzu ist, *daß sich ein positiver Zusammenhang zwischen Familienpolitik und Geburtenrate nicht feststellen läßt.*

Auch die Familienpolitik in *Frankreich,* der man ja nachsagt, besonders intensiv betrieben worden zu sein, hat nach Meinung führender französischer Bevölkerungswissenschaftler (Gerard Calot) nicht dazu geführt, daß sich die Geburtenziffer und ihre Entwicklung von anderen westeuropäischen Ländern wesentlich unterscheidet. Das gleiche läßt sich sicherlich auch für *Österreich* sagen, das ja ebenfalls ein umfangreiches Programm familienpolitischer Maßnahmen verwirklicht hat und dennoch zu den Ländern mit der niedrigsten Geburtenziffer zählt.

Man kann also wohl sagen, daß der demographische Trend in den westlichen Industrieländern eindeutig ist und gravierende Veränderungen kaum in Sicht sind.

2.5 In der politischen Diskussion in den einzelnen Ländern spielt allerdings die Frage, welche Maßnahmen in anderen Ländern eingeführt wurden und insbesondere unter welche Vorzeichen sie gesetzt wurden, zweifellos eine ganz entscheidende Rolle. Das gilt im Falle der Bundesrepublik insbesondere für die politischen Reaktionen in der DDR. Die sozialpolitischen bzw. bevölkerungspolitischen Programme, die in den letzten Jahren dort verabschiedet worden sind, werden in der Bundesrepublik paradoxerweise gerade in konservativen Kreisen als vorbildlich empfunden.

Leider kann ich hier nicht im einzelnen auf diese Maßnahmen und die sogenannten bevölkerungspolitischen Erfolge in der DDR eingehen. Es steht allerdings fest, *daß hinsichtlich eines direkten Zusammenhangs zwischen den eingesetzten Maßnahmen* (Eheschließungskredite mit „Abkinderungsmöglichkeit", erhebliche Geburtenbeihilfen, Verlängerung des Wochenurlaubs, Freistellungen von der Arbeit bei Erkrankung der Kinder, Arbeitszeitverkürzungen und Urlaubsverlängerungen für vollbeschäftigte Mütter, Mutterurlaub von einem Jahr für Mütter von Zweitkindern) *und dem jüngsten Geburtenanstieg* in der DDR *erhebliche Skepsis* angebracht ist. Das gilt vor allem auch für die Frage, wie *dauerhaft* dieses Geburtenhoch wohl sein wird. Fest steht weiter, daß die in der DDR gemachten Erfahrungen *auf keinen Fall* auf das System der Bundesrepublik *einfach übertragbar* sind.

Wenn es nicht gerade aus durchsichtig ideologischen Gründen geschieht, wie es bei uns hinsichtlich der DDR wohl der Fall ist, scheint es mir gerade in bevölkerungspolitischen Fragen von außerordentlicher Bedeutung zu sein, *über den nationalen Tellerrand hinaus zu sehen.* Es stellt sich z. B. angesichts der zunehmenden Verflechtungen die Frage, ob Bevölkerungsfragen nicht generell in größere, zumindest europäische Zusammenhänge gestellt werden müssen. Vor dem Hintergrund der gegenseitigen Abhängigkeiten, insbesondere vor dem Hintergrund erheblicher Bevölkerungswanderungen zwischen den europäischen Staaten, trägt eine Politik der „nationalen Größe" durch Bevölkerungswachstum ausgesprochen anachronistische Züge.

Man kann m. E. noch einen Schritt weitergehen und diesen Gedanken auf den weiteren Zusammenhang zwischen entwickelten Industrieländern und sogenannten Entwicklungsländern ausdehnen. Man macht sich mit Programmen zur Familienplanung und Geburtenbeschränkung für Länder wie Indien oder West--Afrika einfach unglaubwürdig, wenn man zugleich Milliardenbeträge zur Geburtenförderung im eigenen Land ausgibt.

2.6 Die *Diskussion in der Bundesrepublik* hat sich leider sehr verhärtet. Das Thema gerät zunehmend in die aktuelle politische Auseinandersetzung zwischen den Parteien.

Dazu hat auch die *Wissenschaft* bewußt oder unbewußt beigetragen. Sie hat z. B. nicht immer mit der gebotenen Vorsicht Prognosen geliefert, die in den *Medien* zu Schreckensgemälden vom „aussterbenden" oder „überfremdeten" Volk oder der drohenden Rentenpleite hochstilisiert wurden.

Die *Opposition* hat das Thema sehr einseitig und polemisch aufgegriffen und bereitet in Verknüpfung mit dem Thema Familienpolitik hier eines der großen Themen für die Wahlauseinandersetzung im Jahre 1980 vor. Mit einer breit angelegten Diskussion um das „sterbende Volk der Deutschen" soll ganz offensichtlich die gesamte Epoche der sozialliberalen Regierungszeit diskreditiert werden.

2.7 Die deutsche *Bundesregierung* hat in bevölkerungspolitischen Fragen bislang sehr zurückhaltend operiert. Sie ist allerdings in mehreren Erklärungen und Stellungnahmen einer Dramatisierung der Entwicklung entgegengetreten. Gleichzeitig hat sie sich in sehr umfangreichen Untersuchungen darum bemüht, größtmögliche Klarheit über die Entwicklung selbst und deren Konsequenzen zu erzielen, um sich möglichst frühzeitig darauf einstellen zu können.

Im Mai des Jahres hat Bundeskanzler Helmut Schmidt das Thema in seiner Rede zur Lage der Nation aufgegriffen, aus der ich kurz zitieren möchte:

„Die Bundesrepublik ist gegenwärtig – gemeinsam mit der DDR und anderen mitteleuropäischen Staaten – eines der Länder mit der niedrigsten Geburtenrate auf der Welt. Ich vermag darin keine Tragödie zu sehen. Wir sind, geographisch gesehen, ein kleines Land. Wir sind eines der dichtest besiedelten Länder, fast dreimal so dicht besiedelt wie Frankreich. Und sind überfüllte Naherholungsgebiete, verstopfte Straßen, große Klassen wirklich erstrebenswert? Es liegt in alledem auch eine Chance, mehr Sorgfalt auf die Erziehung und Ausbildung unserer Kinder zu verwenden. . . .

Insgesamt liegen die Veränderungen innerhalb jener Bandbreite, die von einem modernen Staat bei anpassungsfähigem Sozialsystem und flexibler Wirtschaft beherrschbar ist. Allerdings müssen solche Probleme rechtzeitig erkannt und bei vielen Planungen, bei vielerlei Entscheidungen berücksichtigt werden."

Die politische Linie der Bundesregierung sieht folgendermaßen aus:

1. auf keinen Fall eine pronatale Politik,
2. die Folgen des Geburten- und Bevölkerungsrückgangs aufmerksam analysieren; rechtzeitige Entscheidungen und Korrekturen in der Planung in vielen politischen Bereichen,
3. Fortführung und Verstärkung einer familien- und kinderfreundlichen Politik, aber nicht der Geburtenentwicklung wegen.

Die Lage der Familien ist in den letzten 10 Jahren, also seit Bestehen der sozialliberalen Koalition, zweifellos erheblich verbessert worden.

Dies ist sicher kein Grund, nun zufrieden die Hände in den Schoß zu legen. Die Bundesregierung hat deshalb erst kürzlich eine Arbeitsgruppe beauftragt, Vorschläge für eine Fortführung dieser Politik für die Familie und eine kinderfreundlichere Umwelt vorzulegen.

Soweit die offizielle Reaktion in der Bundesrepublik Deutschland.

3. Beobachtungen und Anmerkungen zu einer ideologischen und widersprüchlichen Diskussion

Die Reaktion auf die sinkende Geburtenrate in der Bundesrepublik ist höchst irrational, ideologisch verfärbt, historisch belastet, parteipolitisch ausgelegt, vorurteilsbeladen, angstbesetzt, widersprüchlich und ungereimt.

Es lohnt sich, diese Diskussion genauer anzusehen; einige Elemente einer solchen Analyse trage ich vor. Diese Beobachtungen und Anmerkungen sind selbstverständlich auf die Bundesrepublik bezogen und innenpolitisch eingefärbt. Aber – und das bestätigt z. B. die Lektüre österreichischer Texte zum Gegenstand unseres Symposions – sie sind wahrscheinlich auf unsere Nachbarländer übertragbar.

3.1 *Erste Anmerkung:*
Die Diskussion ist von sehr verschiedenen gefühlsmäßigen Bewertungen des Bevölkerungsrückgangs geprägt. Ursache dafür dürften die verschiedenen Erziehungsinhalte und Lebensgeschichten sein.

Ein Großteil unserer Mitbürger meint, weniger zu werden, sei schlimm. Die Vorstellung eines schrumpfenden Volkes löst Ängste aus.

Andere werden davon überhaupt nicht berührt. Ihre typische Reaktion: Was soll's?!

Die Gelassenheit auf der einen Seite und die Ängste und Dramatisierung auf der anderen Seite haben historische Hintergründe. Zum Teil ist die ängstliche Reaktion in einem eher kollektivistischen Gesellschaftsbild begründet. Der verängstigt reagierende Zeitgenosse denkt nicht in Kategorien des Wohls des Individuums; der denkt vorrangig in Kategorien der Gruppe und des Volkes. Dabei werden fälschlicherweise auf die Gesamtgesellschaft, den „Volkskörper", Vorstellungen übertragen, die aus der individuellen Sphäre stammen. Vor allem die ältere Generation denkt bei rückläufigen Bevölkerungszahlen zunächst einmal an Krankheit, bei Bevölkerungswachstum an Gesundheit.

Wie unangebracht eine solche Reaktion auf den Geburtenrückgang ist, wird schon deutlich, wenn man nur ein paar Zahlen in Erinnerung ruft, die die Dimension demographischer Veränderungen in den letzten 100 Jahren deutlich machen:

- 1871 lebten im Bereich des heutigen Bundesgebietes etwa 20 Mio Menschen bei einer Bevölkerungsdichte von 82 Einwohnern je Quadratkilometer. Heute zählt die Bundesrepublik mit 249 Einwohnern je km² zur Gruppe der äußerst dicht besiedelten Industrienationen. Zum Vergleich: Frankreich (mit einer ähnlichen Topographie) 97, Österreich (mit einer wesentlich anderen) 90 Einwohner je km², USA 23, Indien 190, VR China 89.
- Selbst wenn die Geburtenrate so niedrig bleiben sollte wie heute, würden im Jahre 2000 in der Bundesrepublik immer noch mehr Menschen leben als z. B. 1961: 56,3 Mio.
- Die Wohnbevölkerung des Jahres 2030 dürfte nach den üblichen Schätzungen und einschließlich der Ausländer etwa 44 Mio betragen; sie läge damit deutlich *über* dem Stand des Jahres *1939* in den Grenzen des Bundesgebietes. Bekanntlich nannte man uns damals ein „Volk ohne Raum"!

In diesen Prognosen ist jeweils die in der Bundesrepublik lebende ausländische Wohnbevölkerung mit eingerechnet. Es ist typisch, daß dagegen in der öffentlichen Diskussion, selbst wenn solche Prognosen bis zum Jahr 2070(!) angestellt werden, die mögliche und wahrscheinliche Integration der Gastarbeiter und ihrer Kinder (die heutige Minderheit) vernachlässigt wird. Auch das zeugt vom völkischen Charakter des Denkens.

3.2 *Zweite Anmerkung:*
Die negative Bewertung des Bevölkerungsrückgangs verträgt sich ganz und gar nicht mit anderen wichtigen Problemen unserer Zeit und mit Argumenten der gegenwärtigen öffentlichen Diskussion.

Darauf war schon in der Einleitung hingewiesen worden: Unsere Welt und unsere dichtbesiedelten Länder haben wahrlich andere Probleme als eine sinkende Geburtenrate. Ihre negative Bewertung und die Dramatik verträgt sich nicht
- mit den Sorgen wegen der Explosion der Weltbevölkerung,
- mit der Diskussion um die Überlastung unserer Umwelt,
- mit der Notwendigkeit, Ressourcen im allgemeinen und Energie, Wasser und Luft im besonderen zu schonen und zu sparen,
- mit der Klage über überfüllte Klassen und verstopfte Straßen,
- mit der berechtigten Kritik an der Zersiedelung unserer Landschaft,
- mit der Sorge um die fehlenden Ausbildungs- und Arbeitsplätze für Jugendliche.

Wer an der öffentlichen Debatte um die beschränkten Ressourcen so vorbeiredet wie die Pronatalisten es tun, verkennt auch eine Teilursache der Kindermüdigkeit: Es ist nicht zu leugnen, daß viele potentielle Eltern zögern, Kinder in eine Welt zu setzen, die ihnen überbeansprucht zu sein scheint.

3.3 *Dritte Anmerkung:*
Auch die in der bevölkerungspolitischen Diskussion so dramatisch geschilderten Folgen des Geburtenrückgangs sind kein Grund für eine pronatale Politik.

In der öffentlichen Diskussion in der Bundesrepublik gilt als drängendste Frage, wie die Finanzierung der Rentenversicherung bei einem nach der Jahrtausendwende ansteigenden Anteil älterer Bürger langfristig geregelt werden soll.

In der Tat bedarf die Lösung dieses Problems zu gegebener Zeit einer politischen Entscheidung zur Umfinanzierung. Daran ist allerdings, selbst wenn die

Prognosen der Bevölkerungswissenschaftler eintreffen sollten, frühestens in etwa 20 Jahren zu denken. Unter der Annahme, daß die Geburtenhäufigkeit der 70er Jahre konstant bleibt, liegt die Alterslast bis zum Jahre 2005 unter dem heutigen Niveau. Gelassenheit ist zudem am Platz, weil den Kosten für die Versorgung der älteren Generation sinkende Belastungen für die nachwachsende Generation gegenüberstehen. – Warum sollte unser politisches System die mögliche und notwendig werdende Umfinanzierung nicht lösen können?

Für eine nüchterne Betrachtung spricht letztlich: über allen Hochrechnungen der Abgabenlast darf nicht die Höhe der Einkommen vergessen werden, auf denen diese ruht. Auch bei nur mäßigem Wachstum ist für die Jahre 2010 oder 2030 mit einem verfügbaren Einkommen zu rechnen, das auch bei steigenden Abgaben für die Rentenversicherung erheblich über heutigem Niveau liegen dürfte.

Eine pronatale Politik wäre keineswegs das geeignete Mittel, diese Probleme zu lösen. *Tabelle 1* zeigt in Spalte 3 die Entwicklung der Gesamtversorgungslast (also des Anteils an unter 15jährigen und über 65jährigen, die von der arbeitenden Generation statistisch zu versorgen sind), wie sie sich unter 2 Modellannahmen ergeben würde. In Modell a, das die Geburtenhäufigkeit des Jahres 1977 konstant hält, läge die Gesamtversorgungslast im Jahre 2030 sogar noch unter dem heutigen Niveau. In Modell c, welches davon ausgeht, daß es gelingen würde, bis zum Jahr 1985 die Nettoreproduktionsrate wieder auf den Wert 1

Tabelle 1: Belastungsquoten

	Vorausschätzungsmodell		Modell a				Modell c			
	Geburtenannahme	Ergebnisse 1975	Nettoreproduktionsrate bis 1977 auf 0,67				Nettoreproduktionsrate bis 1985 auf 1,0			
	Jahr		1985	2000	2015	2030	1985	2000	2015	2030
(1)	BELASTUNGSQUOTEN auf 100 15- bis 64jährige kommen 0- bis 14jährige Kindeslast	34	22	23	19	20	25	33	29	32
(2)	über 65jährige Alterslast	24	21	23	27	37	21	22	23	26
(3)	0- bis 14jährige und über 65jährige (Gesamtversorgungslast)	58	43	46	45	57	46	55	52	58

Quelle: Berechnungen des Statistischen Bundesamtes (BT Drucksache 8/680).

zu steigern, läge die Gesamtversorgungslast über den gesamten Zeitraum gesehen erheblich über der des Vergleichsmodells. Fazit: Das Problem der Sicherung der Altersversorgung würde durch eine pronatale Politik in keiner Weise entschärft. Vielmehr wäre die arbeitende Generation erheblich stärker belastet.

Als ein weiteres Problem wird häufig das zukünftig zahlenmäßig sinkende Arbeitskräftepotential genannt. Ich halte dieses „Problem" eher für ein Beispiel der Chancen einer rückläufigen demographischen Entwicklung. Wir haben heute und in absehbarer Zukunft wahrlich andere Sorgen als einen Mangel an Arbeits*kräften*. Es fehlen Arbeits*plätze*.

Es erscheint paradox, wenn einerseits im Rahmen der Mikroprozessorendiskussion über die sogenannte Freisetzungseffekte einer zunehmenden Rationalisierung geklagt wird, andererseits in bevölkerungspolitischen Diskussionen nach mehr Kindern und damit nach mehr zukünftigen Arbeitskräften gerufen wird.

Gern vergessen wird auch eine Reihe weiterer positiver Konsequenzen niedriger Bevölkerungsziffern, die ich z. T. schon genannt habe: die Energie- und Wasserversorgung wird erleichtert, selbst Verkehrsprobleme werden tendenziell entschärft, für eine wachsende Freizeit bleibt mehr Raum, die Umweltbelastung wird weniger drückend usw.

Diese Vorteile werden bisher auch nicht annähernd so akribisch analysiert wie die Nachteile – ein weiteres Merkmal einer tendenziösen Diskussion.

Insgesamt sehe ich keinen Grund, die Folgen der Bevölkerungsentwicklung zu dramatisieren. Es werden eher die Vorteile überwiegen. – Die Entwicklung verlangt allerdings in vielen Bereichen gestaltende politische Entscheidungen. Ja, solche Entscheidungen sind selbst dann erforderlich, wenn sich kurzfristig ein Anstieg der Geburtenrate ergeben würde.

Unserem politischen System ist die Kraft wohl zuzutrauen, mit den notwendigen Umstellungen fertig zu werden. Ob dies gelingt, wird u. a. auch davon abhängen, ob die Diskussion um die Bevölkerungsentwicklung und die Lage der Familie sachlich oder ausschließlich demagogisch geführt wird.

3.4 *Vierte Anmerkung:*
Kinder werden auf weiten Strecken unter einseitig wirtschaftlichen Aspekten – als „Investitionsgut" – betrachtet. Die Diskussion entlarvt den Materialismus dieses Denkens.

In der Begründung der deutschen Opposition für einen Gesetzentwurf zum Familiengeld vom März 1979 werden Kinder als „Zukunftsinvestitionen durch die Familie" bezeichnet. Wörtlich: „Der Unterhalt der Kinder ist eine auf Raten gezahlte Human-Investition in die Zukunft".

Die (egoistische) Vorstellung, Kinder würden für die Altersversicherung der Eltern gezeugt und geboren, ist eine bürgerlich-agrarische Vorstellung. Sie gilt im Arbeitnehmerbereich schon seit dem letzten Jahrhundert nicht mehr richtig. Jedenfalls fiel es einem Arbeiter um 1900 schwerer, die Mäuler von 6 oder 10 Kindern zu stopfen als sich selbst für's Alter etwas anzusparen.

Die materialistische Betrachtungsweise des Kindergebärens findet ihre Entsprechung in der Vorstellung, mit Geld, also mit „Investitionen in Familien" seien die Geburtenzahlen hochzureizen und das Bevölkerungswachstum sei genauso zu handhaben wie das Wirtschaftswachstum – quantitativ statt qualitativ.

3.5 *Fünfte Anmerkung:*
Die Möglichkeiten einer pronatalen Politik durch wirtschaftliche Hilfen werden weit überschätzt.

Bevor ein großzügiges Subventionsprogramm nach dem Gießkannenprinzip aufgelegt wird, ist zunächst eine fundierte Analyse der Erfolgsaussichten, der Risiken und Kosten einer pronatalen Politik erforderlich. Es ist zu fragen, wer denn die bevölkerungspolitische Rechnung bezahlen soll.

Die Rechnung bezahlen vor allem Frauen aus Unterschichten und unteren Mittelschichten, die durch Maßnahmen mit „Gebärprämiencharakter" dazu verleitet werden sollen, mehr Kinder zu haben, als sie sich auf die Dauer „leisten" können. Sie merken häufig erst nach Auslauf der Zahlungen, zu etwas veranlaßt worden zu sein, was möglicherweise die Chancen ihrer schon lebenden Kinder beeinträchtigt. Diese Maßnahmen, die z. B. auch in der DDR eingeführt wurden, nutzen die mangelnde Voraussicht vieler Menschen aus.

Wirtschaftliche Hilfen, welche die beschriebenen Nachteile vermeiden, dürften keinen „Gebärprämien"-Charakter haben. Es müßten kindergeldähnliche Leistungen sein, die für die ganze Zeit der Erziehung des Kindes in einer Familie gelten. Ein Kindergeld, das die Kinderkosten auch nur einigermaßen abdeckt – also etwa 400,– DM – würde in der Bundesrepublik Deutschland über 70 Mrd DM kosten. Das ist praktisch unbezahlbar. Insgesamt müßte man auch mit sehr großen sogenannten Mitnehmereffekten rechnen. Bei allen solchen Maßnahmen würde Geld an jene verteilt, a) die deshalb kein Kind mehr als ohnehin vorgesehen bekommen und b) die die Subvention aus Gründen ihrer guten Einkommensverhältnisse überhaupt nicht brauchen.

3.6 *Sechste Anmerkung:*
In der Diskussion herrscht die Vorstellung, Familie, Frauen und Kinder stünden in den Diensten des Staates. Die Kinderzahl ist danach offenbar weniger Sache der Eltern als des Staates.

Beamte machen sich Gedanken darüber, wie man „das Fruchtbarkeitsniveau der deutschen Frau" auf ein Niveau heben könne, das die „Bestandserhaltung des deutschen Volkes" auf Dauer sichert. Solche Formulierungen entsprechen nicht dem Geist einer zivilisierten, die Epoche der Aufklärung bedenkenden westlichen Gesellschaft.

Mich irritiert in diesem Zusammenhang die offenbar bestehende Gemeinsamkeit zwischen den herrschenden Funktionären in der DDR und den oberen Mittelschichten im Wissenschaftsbetrieb, in der Politik und den Amtsstuben westlicher Länder. Hier wie dort will man den Unterschichten und unteren Mittelschichten mehr Kinder verordnen oder finanziell schmackhaft machen; eine traurige Gemeinsamkeit kollektivistischen und instrumentalen Denkens: der Bürger als Instrument des Staates.

Hier zeigt sich auch eine Verkehrung der Fronten: Die Verehrer des Laissezfaire aus den konservativen Reihen werden bei diesem Thema zu Verfechtern der Staatsintervention par excellence.

Die Kinderzahl zu bestimmen, ist nach den Vorstellungen unserer Verfassung und nach den Vorstellungen unserer Gesellschaftsordnung Sache der Eltern. Daran ändert sich auch dadurch nichts, daß sich die Vorstellungen von der gewünschten Kinderzahl auf seiten der Eltern verändert haben. Familie und Kinder zu haben, steht nach wie vor hoch im Kurs. Aber es schwindet die Auffassung, daß nur in diesem Bereich das individuelle Glück zu finden sei und daß es obendrein von der Kinderzahl abhänge. Der Geburtenrückgang ist insofern nur ein Teilelement in einem umfassenderen sozialen Wandel, der insbesondere ein Wandel in den Einstellungen und Lebensstilen ist. Vor allem die Einstellung zur Berufstätigkeit der Frau, zur Notwendigkeit ihrer Ausbildung und zur Aufgabenverteilung in der Ehe haben sich grundlegend verändert.

3.7 *Siebte Anmerkung:*
Der Vorstellung von der Familie im Dienste des Staates entspricht konsequenterweise die (modisch wachsende) Forderung, Frauen, Familien und Kinder seien vom Staat zu entsolden. Wie selbstverständlich wird als richtig gefordert: Kinderlasten und -kosten hat der Staat zu entgelten; was immer das heißen mag.

Die politische Ungereimtheit des Vorschlags sehe ich darin, daß dieselben politischen Kräfte, die über den Versorgungsstaat und das Ausmaß der staatlichen Transfertätigkeit klagen, hier plötzlich tendenziell die Sozialisierung der Kinderlasten fordern.

Auf der einen Seite wird der Ausbau der sozialen Leistungen kritisiert und vor dem „Versorgungsstaat" und vor angeblich zu weitgehenden Sozialtransfers gewarnt. Auf der anderen Seite fordert man (ohne Rücksicht auf die Einkommens- und Vermögenslage) die weitgehende staatliche Finanzierung von privaten Lasten, nämlich der Kosten von Kindern.

Sozialtransfers sind eigentlich nicht genuin konservativ. Offenbar findet hier wohlfahrtstaatliches Denken Eingang in die konservative Gruppierung; allerdings verbal verbrämt: Die Übernahme der Kinderlasten soll dazu dienen, um die Freiheit der Wahl „für die Hausfrauen" sicherzustellen oder um die „Autonomie der Familie" zu stärken.

3.8 *Achte Anmerkung:*
Die Diskussion um Verteilung und Gerechtigkeit wird verschoben – von der Frage nach der Verteilungsgerechtigkeit zwischen „reich" und „arm" zu jener zwischen „kinderreich" und „kinderarm".

In der Bundesrepublik wird beklagt,
– der Kinderreichtum sei die Eingangspforte zum sozialen Abstieg und
– „viele unserer Bürger lebten auf Kosten der Familien mit Kindern, die damit in vielfältiger Weise die Zukunft sichern."

Hier wird nicht geschieden zwischen jenen, die viel haben bzw. viel verdienen, und jenen, die wenig haben bzw. wenig verdienen. Es wird versucht, Solidarität zu erzeugen zwischen allen kinderreichen Familien gegen den Rest, der wenig bzw. keine Kinder hat; ganz gleich wie die Einkommens- und Vermögensverhältnisse liegen. Man kann diesen Vorgang – diesen Teil einer Strategie zu einer neuen Definition eines Pseudoklassenkonflikts – anhand eines sehr einfachen Schaubilds erklären:

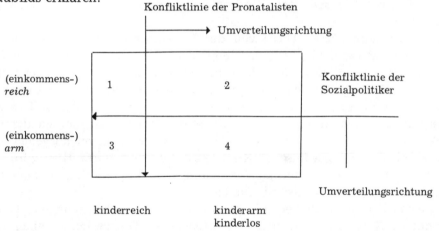

Während die klassische Konfliktlinie auf eine Solidarisierung zwischen den Gruppen 3 und 4, also zwischen den einkommens- und den vermögensarmen Gruppierungen, ganz gleich ob diese kinderreich oder kinderarm sind, zielt, versucht die neue pronatalistische Bewegung jetzt, die Gruppen 2 und 4 zu solidarisieren.

Die Strategie unterstellt eine Interessenharmonie zwischen der Ober- und der Unterschichtfamilie. Die Thematisierung *der* Familie lenkt so ab von den Unterschieden *zwischen* den Familien.

Für die weitere soziale Entwicklung in den von der Bevölkerungsdiskussion heimgesuchten Ländern wird es wichtig sein, über diesen Vorgang aufzuklären: die Gruppe 4 muß wissen, daß sie jetzt unter dem Titel Familienpolitik erhalten soll, was sie bisher an Transfers unter dem Titel Sozialpolitik zusammen mit der Gruppe 3 erhalten hat. Und die Gruppe 3 muß wissen, daß sie für die Kinder der Einkommensstarken beansprucht werden soll. Konkret: das doppelerwerbstätige Arbeiterehepaar mit niedrigem Einkommen soll in Zukunft stärker für das Kindergeld des Staatssekretärs zur Kasse gebeten werden.

3.9 *Neunte Anmerkung:*
Die Diskussion um die staatliche Finanzierung von Kinderkosten und um mögliche bevölkerungs- und familienpolitische Maßnahmen wird geführt, als gäbe es in dieser Welt keine Beschränkung der Mittel, oder als habe der Staat eine sich selbst füllende Kasse.

Eine der Kernthesen zur Begründung einer pronatalen Politik der wirtschaftlichen Anreize lautet: viele Familien bleiben heute aus ökonomischen Gründen unterhalb ihrer „eigentlich" gewünschten Kinderzahl. Daran schließt sich die Forderung an den Staat an, Bedingungen zu schaffen, „unter denen die Menschen sich ihren Wunsch nach Kindern auch erfüllen können" (J. Nawrocki, DIE ZEIT vom 5. 1. 79).

Die Problematik dieser These von der Unterschreitung der *eigentlich* gewünschten Kinderzahl liegt zunächst einmal in der selbstverständlichen Richtigkeit dieses Satzes: jedermann bleibt natürlich ständig unterhalb der Summe seiner „eigentlichen" Wünsche. Das gilt auch für die Kinderzahl. Wären unsere Ressourcen völlig unbeschränkt, würde sicherlich der eine oder andere mehr Kinder haben wollen, als er heute hat. Es ist die Frage zu stellen, wie denn nun der ökonomische Rahmen aussehen soll, bei dem man davon ausgehen kann, daß die „eigentlich" gewünschte Kinderzahl realisiert wird. Hier wird doch ganz offensichtlich die Realität an Vorstellungen vom Schlaraffenland gemessen und dann entsprechend schlecht befunden.

Vergleiche der tatsächlichen mit der in Repräsentativbefragungen als ideal bezeichneten Kinderzahl haben in der öffentlichen Diskussion zu einer Reihe von Fehlschlüssen und Mißverständnissen Anlaß gegeben, die z. T. mit den sehr verwickelten methodischen Fragen zusammenhängen, die sich bei der Erforschung des generativen Verhaltens stellen. In diesem Zusammenhang wird häufig auch die Theorie vom sog. Baby-Schock angeführt und mit nicht ganz korrekten Schlußfolgerungen diskutiert. Hintergrund dieser Theorie, die korrekterweise als Theorie vom „1-Kind-Schock" oder als „Realitäts-Schock" zu bezeichnen ist, sind Untersuchungsergebnisse einer von Jürgens und Pohl durchgeführten Longitudinal-Studie des generativen Verhaltens, in denen festgestellt wurde, daß sich bei jungen Paaren der Kinderwunsch nach der Geburt des ersten Kindes deutlich verringert. Man hat diese Ergebnisse u. a. so interpretiert, daß die realen Erfahrungen des Kinderhabens, insbesondere die damit verbunden Einschränkungen und Belastungen, zu einer deutlichen Reduktion des Kinderwunsches führen. Daraus wurde in der öffentlichen Diskussion dann prompt der Fehlschluß gezogen, ein entsprechender Anstieg des Kinderwunsches mit folgendem Geburtenanstieg sei dann zu erwarten, wenn der Staat nur den Eltern diese Belastung abnehmen würde. Zur Erklärung des Geburtenrückgangs und als Ansatzpunkt für entsprechende staatliche Maßnahmen ist das Phänomen des 1-Kind-Schocks jedoch nur dann hilfreich, wenn nachweisbar wäre, daß das früher anders war. H. W. Jürgens hat jedoch nachgewiesen, daß es die Einschränkung des Kinderwunsches nach der Geburt des 1. Kindes auch früher schon gegeben hat. Das belegen im übrigen auch amerikanische Untersuchungen aus den 50er Jahren, in denen dieser 1-Kind-Effekt bereits festgestellt wurde. Leider liegen hier längerfristige Vergleichsdaten, z. B. aus der Zeit um die Jahrhundertwende nicht vor. Man darf allerdings vermuten, daß sich auch damals eine solche Reduktion hätte nachweisen lassen. Der einzige Unterschied zu heute besteht sicherlich darin, daß damals dennoch weitere Kinder geboren wurden, weil die Geburtenplanung nicht so perfekt funktionierte.

3.10 *Zehnte Anmerkung:*
Die Diskussion um Geburtendefizite und Familien artet häufig aus zu einer Attacke auf die veränderte Rolle der Frau. Hausfrauen werden gegen Berufstätige ausgespielt. Der berufstätigen Mutter wird ein „schlechtes Gewissen gemacht".

Mit der Konfrontation „Hausfrau gegen Berufstätige" wird der Lösung schwieriger Probleme geschadet. Es wird abgelenkt von den ohnehin spärlichen aber wichtigen Veränderungen, die notwendig wären, um die Rolle der Frau in unserer Gesellschaft zu stabilisieren und ihre Lage zu verbessern.

Die Diskussion lenkt ab von der Notwendigkeit, die Position der Frauen auf dem Arbeitsmarkt zu verbessern. Sie lenkt ab von der Notwendigkeit, mehr Flexibilität für Frau und Mann zu schaffen; – durch Teilzeitarbeit, durch flexiblere Arbeitszeiten, etc. Sie lenkt auch ab von der Notwendigkeit, eine positive Entwicklung abzusichern und nicht zurückzudrehen.

Und die Diskussion lenkt ab von der Notwendigkeit, moderne Lebensweisen zu akzeptieren und sie zugleich mit den Aufgaben von Eltern in Übereinstimmung zu bringen. Gerade den jungen Frauen und Mädchen, die vor dem Problem stehen, einerseits gleichberechtigt am Gesellschafts- und Wirtschaftsleben teilhaben zu wollen, andererseits Familie und Kinder haben zu wollen, werden von den Pronatalisten keine praktikablen Lösungsmöglichkeiten und befriedigenden Leitbilder angeboten.

3.11 *Elfte Anmerkung:*
Heute werden vergangene Perioden der deutschen Geschichte als familienfreundliche Epochen verklärt. Richtig ist, daß gerade die 50er Jahre und ihre Ideologie sehr kinderfeindlich waren und sich bis heute auswirken; ganz zu schweigen von der Welt der Nazis und der Zeit des „Untertanen".

Die 50er Jahre sind die Jahre des Wiederaufbaus. Sie sind die Jahre der beruflichen Leistung und der Überbeanspruchung der Väter. Die 50er Jahre sind die Jahre der Ausdehnung des marktwirtschaftlichen Prinzips auf alle Lebensbereiche. Sie sind Jahre des privaten Wirtschaftens, nahezu ohne Rücksicht auf die sozialen Kosten wirtschaftlichen Handelns. Dafür typisch ist die Verkehrs- und Stadtplanung mit dem Vorrang für das Auto.

Wettbewerb ist ein sinnvolles wirtschaftliches Prinzip. Aber Wettbewerb erzieht auch zur Rücksichtslosigkeit und zum Egoismus, Wettbewerb verbreitet Angst. Wer dieses Prinzip in der Schule gelten läßt und wer dieses Prinzip und nur dieses Prinzip im Berufsleben einübt, der prägt damit auch die Familienverhältnisse.

Mehr als durch das Kindergeld oder ein eventuell neu einzuführendes Erziehungsgeld wird die Lage der Familien durch die Arbeits- und Berufswelt der Väter geprägt. Die Generation jener, die Ende der 60er Jahre und bis heute „zu wenig Kinder bekommen", hat die Ausstrahlung des wirtschaftlichen Organisationsprinzips Wettbewerb auf die Familien und Kinder deutlich miterlebt. Viele dürften unter *diesem* Eindruck die Lust an der traditionellen Viel-Kinder-Familie verloren haben.

Die „Idealfamilie" mit einem oder zwei Kindern dürfte so *auch* als Ergebnis dieser Entwicklung und als Folge der Vorherrschaft des Leistungsdenkens und der Ausstrahlung des Wettbewerbsprinzips auf den privaten Bereich zu werten sein.

3.12 *Zwölfte Anmerkung:*
Mit Recht wird die entwicklungsgeschichtliche Bedeutung der ersten Lebensjahre beschworen; zugleich wird aber alles getan, um die 3–14jährigen mit sich und einer kinder- und jugendfeindlichen Umwelt allein zu lassen.

Dieser Widerspruch wird an einem Beispiel ganz besonders deutlich: In der Bundesrepublik – und wenn ich recht weiß, auch in Österreich – wird zur Zeit die Vermehrung der Fernsehprogramme mit Hilfe der Neuen Medien (Kabelfernsehen) und deren Kommerzialisierung betrieben.

Forschungsergebnisse und die Praxis z. B. in den USA zeigen, daß die Vervielfältigung des Fernsehangebots eine massive Bedrohung für eine vernünftige, humane und soziale Sozialisation von Kindern und Jugendlichen darstellt. Ihre

Kommunikationsfähigkeit, ihr Verhältnis zur Gewalt, ihr Wirklichkeitsbild, ihre Bereitschaft und Fähigkeit zur politischen Teilhabe wird von diesen Medien bestimmt und vielfach negativ beeinflußt.

Wenn die Pronatalisten ihre Worte vom „Wert der Familie" und vom „Wohl des Kindes" ernstnähmen, dann müßten sie auf Seiten jener sein, die gegen die Totalverkabelung, gegen das Satellitenfernsehen und gegen die Kommerzialisierung der Fernsehprogramme eintreten. In der Bundesrepublik wird diese Erwartung enttäuscht.

3.13 *Dreizehnte Anmerkung:*
Die Konzentration auf die nicht Geborenen und die zu Gebärenden ist ein Zeichen dafür, daß es eigentlich nicht um die lebenden Kinder geht.

„Sogar Ohrfeigen sollen verboten werden" – dies war der abschließende Kommentar der „Tagesschau" des Deutschen Fernsehens vom 16. 3. 1979 um 20.14 Uhr zu einem neuen schwedischen Gesetz über die Rechte von Kindern. Zusammen mit dem Sprecher der Tagesschau hätten sich wahrscheinlich zugleich jene Abgeordneten des Deutschen Bundestages entrüstet, die am Tag zuvor die Familien- und Kinderfeindlichkeit in unserem Land beklagten. Sie hätten das schwedische Gesetz sicher als eine bösartige Beschränkung des Elternrechtes gewertet.

Ist es nicht bezeichnend, daß Kinder erst zum Thema der öffentlichen Auseinandersetzung werden, wenn Finanzprobleme in der Rentenversicherung und Anpassungsprobleme der Wirtschaft denkbar erscheinen? Die Empörung über halb gefüllte Kindergärten und Schulen des Jahres 2030 macht vor allem eines deutlich: daß es um die Kinder in dieser Debatte eigentlich nicht geht.

4. Das waren einige Momentaufnahmen von der öffentlichen Reaktion auf die Geburtenentwicklung in einem Industrieland, in der Bundesrepublik Deutschland. Der Schwerpunkt meines Beitrags lag auf der Analyse der Diskussion selbst. Nach meinem Eindruck ist ein solcher Versuch der Aufklärung und des Dahinterleuchtens, der Beschreibung von Ungereimtem und Widersprüchlichem wichtig, um mehr Rationalität in die aktuelle Debatte zu bringen. Im Jahre 1979 sollte die Diskussion um die Geburtenentwicklung mit dem Kopf geführt werden.

Hoffentlich ist es mir wenigstens im Ansatz gelungen, einen Anstoß zur kritischen Diskussion einer der Zielsetzungen der „Österreichischen Gesellschaft für Familie und Kind" zu geben. Sich heute die Hebung der Geburtenrate in Österreich zum Ziel zu setzen, dürfte nicht zeitgemäß sein. Laissez-faire scheint mir zur Zeit jedenfalls vernünftiger zu sein als Lenkung.

Kinderwunsch und moderne Industriegesellschaft

Josef Schmid, München

I

Die Sozialwissenschaft ist nicht immer glücklich, wenn sie sich definitiv zu Fragen äußern soll, die gleichzeitig ein Streitgegenstand in der Öffentlichkeit sind. Das zeigt, daß sie immer noch Schwierigkeiten hat, ihre Art der Problembehandlung dem Tempo der Entwicklungen anzupassen. Ihr Handwerk ist es ja, Abläufe umsichtig und mit einer gewissen Bedächtigkeit zu analysieren, und sie wird sich mehr und mehr daran gewöhnen müssen, wie es für die Nationalökonomie schon lange gilt, ihr Wissen für soziale und politische Tagesfragen parat zu halten.

Angesichts einer neu aufflammenden Diskussion um die Bevölkerungsfrage einiger europäischer Länder ist die Bevölkerungswissenschaft, die sich als Sozialwissenschaft versteht, dazu aufgerufen, sich zum Bevölkerungstrend zu äußern. Das Problem scheint weniger die Bewegung selbst zu sein als vielmehr die Beurteilung eines in der Geschichte der Menschheit bisher einmaligen Vorgangs, nämlich absoluter Bevölkerungsrückgang in einigen europäischen Staaten ohne Krieg und Pest.

Der Geburtenrückgang ist seit der Jahrhundertwende ein bekanntes Phänomen. Daß er sich jedoch fortsetzen würde in einem absoluten Bevölkerungsrückgang – einen Bevölkerungsschwund von gewisser jahrelanger Dauer –, ist ein Faktum ohne Beispiel. Es ist dazu angetan, das Vertrauen in Hausgebrauchsphilosophien zu erschüttern, die in sozialen Systemen selbstheilende, zum Gleichgewicht tendierende Kräfte wirken sehen. Wahrscheinlich sind die modernen sozialen Systeme in einem Stadium der Bedürfnisbefriedigung angelangt, das die Aufrechterhaltung des demographischen Subsystems nicht mehr garantiert, sogar zu seinen Lasten geht[1]).

Diese Erkenntnis ist neu und beginnt sich erst allmählich in das Bewußtsein der betreffenden Nationen einzugraben. Es drängt sich die Frage auf, ob es sich hierbei um die Konsequenz einer Ursachenreihe handelt, die mit Beginn des Maschinenzeitalters anzusetzen ist und in hundert Jahren jene bäuerlichen Lebensformen radikal veränderte, die jahrtausendelang bestanden hatten. Man wird sich trotzdem nicht begnügen, in der Bevölkerungsabnahme nur das Fort-

---
[1]) *Ford / De Jong,* 1970, S. 13.

wirken alter Kräfte zu sehen, sondern auch einen Reflex der Lebens- und Produktionsformen fortgeschrittener Industriegesellschaften, das heißt einer neuen geschichtlichen Qualität. In ihr hat die Produktion lebensnotwendiger Güter aufgehört, das zentrale Problem unserer Gesellschaft zu sein. Das heißt aber nicht, daß die Entlastungsaufgabe des Staates vollkommen greifen könnte: Entlastungen auf der materiellen Ebene ziehen oft Belastungen auf der psychischen Ebene der Individuen und ihrer Identitätsfindung nach sich. Dies kann verursacht sein durch

— einen steigenden Rationalisierungsgrad aller Lebensbereiche (Arbeit und Beruf, Familienleben und Freizeit)
— Unterwerfung unter eine „Massenerziehung" (Mass Education), die versucht, für diese Anforderungen fit zu machen
— die steigenden Qualifikationsanforderungen durch eine sich beschleunigende technische Innovation
— Zwang zur Mobilität auf allen Ebenen, wie sozialen Aufstieg mit Konkurrenz der Individuen untereinander, schon unter Schulkindern Zwang zum Erhalt und zur Verbesserung seiner beruflichen Qualifikation und zu räumlicher Mobilität, um Status zu erwerben oder zu behalten.

Dieser soziale und ökonomische Status quo greift tief in die herkömmlichen Formen von Ehe, Familie und Kinderaufzucht ein. Ein Hinweis darauf wäre schon die Vokabel „Kinderwunsch" selbst. Sie zeigt implicite an, daß die Zeit des traditionellen, fraglosen Gebärens zu Ende ist und die Kinderzahl in den Bereich des Wohlüberlegten und Kalkulierten eingetreten ist. „Kinderwunsch" beinhaltet etwas Ausdrückliches und Beabsichtigtes. Wie jeder Wunsch wird er auf dem Hintergrund der materiellen Möglichkeiten erwogen. In Gesellschaften mit hohem Fruchtbarkeitsideal, in denen Kinder schon früh wirtschaftlichen Zwecken dienen, als Arbeitskräfte, Erben oder Versorger der alten Eltern —, in denen eine Kinderschar selbstverständlich und notwendig ist, hätte die Formel vom besonderen Kinderwunsch keinen Sinn. Er ist dort eingebettet in den traditionellen Lebensvollzug und ist nicht Gegenstand besonderer Überlegung.

Dieser tiefgreifende Wandel, an dessen Ende eine unvorhersehbar schwankende Geborenenziffer um und unter das Niveau der Bestandserhaltung steht, kann nicht durch Hinweis auf Einzelfaktoren erklärt werden, wie „Pille", Frauenbewegung, Liberalisierung der Abtreibungsgesetzgebung, Konjunkturpessimismus oder dergleichen mehr. Es handelt sich in Wahrheit um einen Komplex von Ursachenfaktoren, die auf der persönlich-individuellen Ebene, der familialen, der ökonomischen und der makrosoziologischen bzw. gesamtgesellschaftlichen Ebene anzusiedeln sind. Nach Charles *Westoff* ist der Geburtenrückgang ein langwieriger geschichtlicher Vorgang: „The decline is the long-term reality"[2]). Die Bevölkerungswissenschaft hat aber versucht, diesem Um-

---

[2]) *Westoff*, 1978, S. 37.

stand Rechnung zu tragen und bietet als Grundstock gesicherten Wissens immer noch die „Theorie des demographischen Übergangs" an, die auch in ihrer deutschen Version der „Theorie der Generativen Struktur" eine Wiederbelebung erfahren hat[3]).

Diese Theorie vom Übergang der vorindustriellen Bevölkerungsweise mit hohen Geburten- und Sterbewerten zu jeweils niedrigen im Laufe von 3–4 Generationen lebt scheinbar von ihrer Unschärfe und grenzenlosen raumzeitlichen Variabilität, trotzdem ist diese historische Abstraktion immer noch der rettende Schwimmreif der Bevölkerungswissenschaft im Meer der Bevölkerungsbewegungen.

Ursprünglich war der demographische Übergang ein Demonstrationsmittel für die historische Ordnung von Bevölkerungsstrukturen: sie existierten nicht losgelöst von den großen sozioökonomischen Bewegungen der Gesellschaft. Lange haben wir uns damit begnügt, die Ablösung der agrarischen Bevölkerungsweise durch die industrielle nachzuzeichnen, – das reichte bis in die 60er Jahre hinein und war dramatisch genug. Für Jahrzehnte wähnte man diesen Übergang für abgeschlossen und hielt die Oszillationen der Geborenenziffern über dem Reproduktionsniveau für die historische Normalität, aus der einen nichts mehr aufscheuchen konnte. Nach *Westoff* eher eine ästhetische Annahme und keinesfalls eine realistische, denn die Mechanismen, die den Übergang bisher bewirkt hatten, wirkten unmerklich weiter, und wir müssen heute feststellen, daß die sogenannte „posttransformative Phase" der Bevölkerungsentwicklung, das letzte Stadium des demographischen Übergangs weiterlebt, ja geradeaus in die Bevölkerungsabnahme weitertreibt. Unter anderen hat *John Caldwell*[4]) diesen Weg nachgezeichnet, ihm soll kurz gefolgt werden:

Kennzeichnend für die *Ausgangsphase* des demographischen Übergangs ist die bäuerlich-familiale Wirtschaftsweise. Bei nüchterner Betrachtung stellt sich heraus, daß sie auf einer Arbeitsteilung unter Verwandten beruht und der Machthaber und Entscheidungsträger in diesem Verwandtschaftsystem die größten materiellen Vorteile daraus ziehen kann. Das Bestreben des Machthabers, seine Position zu behaupten, gilt als natürliches Recht. Die Beziehungen in einer solchen vorindustriellen Produktionsgemeinschaft sind grundsätzlich ausbeuterisch und bergen Konflikt- und Wandlungspotential. Bei *Caldwell* erscheint somit Familie schon als etwas, dem man nach Möglichkeit entflieht, sei diese Möglichkeit erst nach Jahrtausenden und nach bestimmten Entwicklungsschüben in der Menschheitsgeschichte gegeben.

Die eigentliche *Übergangsphase,* die sich in der zweiten Hälfte des 19. Jahrhunderts ankündigt, ist durch folgendes Verhältnis der Partner gekennzeichnet: Der Mann arbeitet bereits in der industriellen Produktion und behält als Er-

---

[3]) *Linde / Marschalck, 1978; Mackensen,* 1972.
[4]) *Caldwell,* 1978. S. 553/7.

nährer seine Machtposition und Entscheidungsgewalt in der Familie. Hier ist auch der geschichtliche Ort, wo Frauenarbeit jeder Art unterbewertet und diskriminiert wird. Den Frauen wird im Arbeitsprozeß eine untergeordnete Stellung und Bezahlung zugewiesen, denn Frauenarbeit gilt als vorübergehend und als Zusatzverdienst, fernab von eigenständigen Karriereabsichten. In dieser Übergangsphase setzt die Industrialisierung mit steigenden Arbeitsplätzen für Frauen ein, sinkt die Sterblichkeit, bleiben die Kinderzahlen jedoch noch sehr hoch. Dieser Vorgang wäre in zwei Thesen zu fassen:
- Die Arbeit von Frau und Kindern ist für die Familie noch produktiv und nutzbringend; sie hat noch keine Konkurrenz durch billigere Marktgüter und Dienstleistungen.
- Der geringe Bildungsstand der Frau bringt sie nicht mit Ideologien und politischen Leitideen in Berührung, die sie an der Unverrückbarkeit ihrer Lage zweifeln lassen. Sie akzeptiert den Platz im Haushalt, die ihr aufgenötigte Bescheidenheit, die harte Arbeit und die alleinige Verantwortung für die Aufzucht der Kinder, wovon der Mann verschont bleibt.

Dieser Zustand erklärt die hohe Fruchtbarkeit der städtischen Mittelschichten in der zweiten Hälfte des vorigen Jahrhunderts. Sie ist uns auf den frühen gelbstichigen Familienphotos bildlich überliefert.

Das sollten der Hochkapitalismus und seine ideologischen Begleitumstände (Arbeiter- und Frauenbewegung, Sozialgesetzgebung, Freiheitspostulate, usw.) bald ändern. Er bereitet damit die *Endphase* des Demographischen Übergangs vor. Der Anstieg der Kosten für Kinder und Kindererziehung fiel zusammen mit ihrer geringeren Brauchbarkeit in Haus und Hof; in Kinder muß mehr investiert werden, als von ihnen unmittelbar an manueller Arbeit erhalten werden kann. Massenproduktion und Industriegüter machten ihre Arbeit überflüssig.

Auf der ideologischen Ebene wird dieser Prozeß durch die Verbreitung politischer Ideale von Gleichheit und Gleichbehandlung, Freiheit der Person und sozialer Gerechtigkeit zusätzlich gestützt. Das bedeutet die gleiche Erziehung für Jungen und Mädchen, und Gleichheitsethik auch im Partnerverhältnis, die das „brave Frauchen" zugunsten eines gleichwertigen Diskussionspartners in den Hintergrund drängt. Die Unterschiede in der Entlohnung bleiben zwar noch bestehen, verringern sich aber, während der Anteil der Frauenarbeit an der Gesamtbeschäftigung steigt.

Die Tatsache eines Einkommens der Frau bewirkt, daß Schwangerschaft und Mutterschaft nun überdacht werden und daß damit der Gedanke Platz greift, ob denn Nachwuchs überhaupt gelegen käme. Nachwuchs hat unmittelbare und langfristige finanzielle Konsequenzen, die mit anderen Lebenszielen konkurrieren. Die Kontrazeption schreitet damit fort: sie ist das Ergebnis eines Wandels der Familie und beschleunigt ihn gleichzeitig.

II

Stellen wir nun die Familie in den geschilderten historischen Zusammenhang, so stellt sich der schwindende Nutzen von Kindern im Laufe des Verfalls der agrarischen und bäuerlichen Subsistenz- und Hauswirtschaften heraus, begleitet vom Verfall traditioneller und religiöser Autorität, der Ausbreitung des Gedankens der Rationalität und Individualität, höherer Bildung für beide Geschlechter, wachsender Gleichberechtigung der Frau, Rückgang der Kindersterblichkeit und dem Auftauchen einer Konsumkultur. Alles das gipfelt in einer sich ausbreitenden und verbessernden Technik der Schwangerschaftskontrolle und verwandelt das alte Bild von Ehe und Familie völlig. Wir hätten damit den Weg von der Familie als einem verwandtschaftlichen Produktionsverhältnis bis zu jenem Punkt abgeschritten, was sich heute mit Familie verbindet und was dem Staat guten Gewissens als schutzwürdig gilt. Damit vollendet sich auch der Demographische Übergang. Für *Westoff* deutet alles darauf hin, daß dieser Prozeß *irreversibel* ist, denn neben dieser historischen Einschätzung stützen noch Befunde aus dem Bereich der gegenwärtigen Heiratsverhältnisse diesen Trend zur sinkenden Fruchtbarkeit[5]).

1. *Zunahme kinderloser Ehen*

Die Geburtenordnung der Ehen industrieller Bevölkerungen zeigt einen Wandel von einer zeitlich breit gestreuten hohen Kinderzahl zu wenigen Geburten bis zu fünf Jahren nach der Eheschließung. In der Bundesrepublik Deutschland hatten vor 1900 von 100 Ehen nur 9 keine Kinder, 58 dagegen 4 Kinder und mehr. Heute (zwischen 1972 und 1977) zählt man schon 15 kinderlose Ehen auf 100 und Ehen mit 3 Kindern und mehr scheinen zu verschwinden. Dagegen fällt eine Häufung bei Ein- und Zwei-Kinder-Ehen auf[6]). Die Zahl der kinderlosen Ehepaare ist in der Bundesrepublik Deutschland seit Anfang der sechziger Jahre um fast ein Drittel angestiegen. In Österreich ist die Kinderlosigkeit nicht so stark ausgeprägt: 1971 waren nur 8% von 35–39jährigen Ehefrauen kinderlos geblieben[7]).

2. *Rückgang der Verehelichung bzw. der Heiratshäufigkeit*

Sie ging z. B. in Schweden von 1970 bis 1975 um 30% zurück. Ähnliches ist in der Bundesrepublik Deutschland zu beobachten. In Österreich geht die Heiratshäufigkeit seit dem Ende der sechziger Jahre stark zurück[8]).

3. *Anstieg der Ehescheidungen*

In den USA war von 1970 bis 1975 die Scheidungsziffer um 45% angestiegen. In der Bundesrepublik Deutschland hat das neue Ehe- und Familiengesetz von

---

[5]) *Westoff*, 1978b. S. af.
[6]) Statistisches Bundesamt, 1979, S. 25.
[7]) Bundeskanzleramt, Familienbericht 1975, S. 22.
[8]) Bundeskanzleramt, Familienbericht 1979, 2. 2f.

1976 mit seinen strengen materiellen Folgebestimmungen zwar mehr Papierkrieg gebracht, die Scheidungsneigung jedoch nicht grundsätzlich bremsen können. In Österreich haben die Scheidungen seit 1968 stark zugenommen: „Von den Ehen, die vor 20 bis 30 Jahren geschlossen wurden, endet etwa jede siebente durch Scheidung, von den jüngeren Ehen voraussichtlich jede sechste bis fünfte."[9])

4. *Zunahme „eheähnlicher Verbindungen"*

Sie waren zuerst in Skandinavien und den USA massiert aufgefallen. In den USA leben bereits eine Million, das sind 2% aller Partnerschaften „zusammen ohne Trauschein". In Österreich bestätigen Umfragen unter Jugendlichen eine Sympathie gegenüber diesem modus vivendi, sicher auch bedingt durch die ständig steigende Ausbildungszeit.

5. *Sinkende Wiederverheiratungsquote*

Hierzu fehlen noch genaue Angaben, die einen internationalen Vergleich zuließen, doch dürfte es sich um einen Paralleltrend zur sinkenden Heiratsneigung handeln.

6. *Schwindende Sanktionen*

Starke negative Sanktionen lagen über lange Zeiträume hinweg auf unehelicher Geburt, „wilder Ehe", Ehebruch. Sie schwinden mit der Erosion traditioneller Autoritäten. Was die Ehe an Sexualität bietet, ist bereits außerhalb derselben zugänglich.

7. *Veränderungen im Status der Frau*

Statusveränderungen gehen durchwegs auf Änderungen in der Stellung im Produktionsprozeß zurück; der steigende Anteil der Frau an der Gesamtbeschäftigung in industriellen Gesellschaften, auch in qualifizierten Positionen, bringt diesen Statuswandel zuwege. Es besteht kein Zweifel, daß die Faktoren, die die alten Funktionen der Familie unterminieren, gleichzeitig Faktoren des Geburtenrückgangs sein müssen. Der Industrialisierungsprozeß ist keineswegs abgeschlossen und setzt immer mehr Menschen in starke Beziehung zur staatlichen Politik. Damit sind Konstruktionen gemeint, die als Konsequenz aus der Weltwirtschaftskrise hervorgegangen sind: staatliche Eingriffe in den Wirtschaftskreislauf zwecks Vollbeschäftigung und Wachstum, Absicherung der Einkommen durch den Sozialstaat und den Ausbau eines Netzes sozialer Sicherung. Nachdem wir die Abbröckelungserscheinungen an der Institution Familie be-

---

[9]) Bundeskanzleramt, 1979, S 2.

trachtet haben, wollen wir nun die verbleibenden Gründe *für* Kinder untersuchen. Wir müssen uns zu diesem Zweck auf die Ebene des Individuums und der Familie begeben, wo der Kinderwunsch sich realisiert. Die Psychologen der Universität Michigan *Lois* und *Martin Hoffmann* erstellten einen Ursachenkatalog[10]):

(1) Kinder verschaffen den Eltern das Gefühl, selbst erwachsen worden zu sein und die erste Phase der Existenzgründung hinter sich gebracht zu haben.
(2) Mit Kindern setzen die Eltern einen Teil ihrer selbst in die Welt, der sie überlebt und in dem sie selbst weiterleben werden.
(3) Eltern bezeugen die Fähigkeit, egoistische Interessen zurückstellen zu können und sozialer Gefühle und Verantwortung fähig zu sein.
(4) Die Gründung einer Familie mit Kindern bedeutet einen emotionalen Schutz vor Frustrationen im Lebensvollzug und in persönlichen Krisen.
(5) Die Geburt eines Kindes bringt eine Änderung des bisherigen Lebens mit sich und macht es von Neuem interessant; man erlebt die eigene Kindheit und Jugend noch einmal.
(6) Kindererziehung erfordert Phantasie und Kreativität; sie ist eine bereitwillig angenommene Herausforderung elterlicher Fähigkeiten, gepaart mit dem Interesse, das Kind nach eigenem Willen und eigener Erfahrung in die Welt einzuführen.
(7) Kinder können Macht und Einfluß sichern – das gilt noch in den Entwicklungsländern; daß aber Familie mit Kindern einen gewissen Kündigungsschutz bedeuten, scheint der letzte Rest des einstigen ökonomischen Nutzens von Kindern zu sein.

Diese positiven Seiten des Kinderhabens werden nun mit den eigenen Lebensplänen konfrontiert, gewissermaßen gefiltert und – in ihrem Ausmaß – zusammengestrichen:

Der psychologische und ökonomische Nutzen von Kindern wird den Kinderkosten gegenübergestellt und den Möglichkeiten, sich diesen Nutzen auch anderweitig zu beschaffen (Alternativen zu Kindern). Dieser Kostensaldo geht immer weniger häufig zu Gunsten des Kindes, vor allem des zweiten und dritten aus. *Thomas Espenshade* hat den Einbruch einer Kindergeburt in den Lebensstandard einer Familie graphisch nachgezeichnet.[11]) Danach bedarf es eines stattlichen Lustgewinns durch ein Kind, um den Vergnügungsbetrieb des modernen Urbanismus wettzumachen. Daß das Psychische immer stärker zur tragenden Komponente des Kinderwunsches wird, wird häufig bestätigt: „Selbst wenn die materiellen Aufwendungen für das Aufziehen der Kinder voll ausgeglichen würden, selbst dann bliebe so viel an ideeller Leistung gefordert, daß der Lebenseinsatz der Eltern mit Kindern weit über den Kinderloser hinausgin-

---
[10]) *Hoffmann / Hoffmann*, 1973, S. 46f.
[11]) *Espenshade*, 1977, S. 33.

ge. Wohl kaum einer, der aus Bequemlichkeit kinderlos ist, würde durch den materiellen Ausgleich der Aufwendungen für die Kinder angeregt, Vater oder Mutter zu werden."[12])

III

Im folgenden sollen Bemerkungen zu den am meisten diskutierten Geburtenrückgangsgründen fallen. Der Fall der Kontrazeption soll bewußt ausgespart bleiben, weil er einen eigenen Bereich darstellt. Dafür werden aber Schlagwörter aufgegriffen und auf ihren Gehalt überprüft werden. Besonders prüfenswert sind die Begriffe nichtwissenschaftlichen Charakters (z. B. „Kinderfeindlichkeit") und solche, die schwer operationalisierbar sind (z. B. „Zukunftsangst").

1. *Rollenwandel der Frau*

Er hat sich in der Spätphase der Industrialisierung schon angekündigt und verbindet sich mit Arbeitstätigkeit der Frau außer Haus, Ausweitung ihrer sozialen Aufgaben und ihrer Kompetenz aufgrund ihres steigenden Bildungsgrades. Sie erweitert ihre Rollen und erhöht ihren Status auf Kosten der einst traditionellen Lebens- und Arbeitsbereiche als Hausfrau und Mutter.

Rollenwandel ist ein langwieriger Prozeß, in dem soziale Offerten an Arbeits- und Bildungsmöglichkeiten und Chancen der neuen Lebensgestaltung angenommen werden; Arbeitswelt und die Situation innerhalb und außerhalb der Familie müssen ihn objektiv gestatten oder nahelegen. Die vielfach kolportierte Ansicht, daß der kämpferische Wille der Frau allein ausreiche, um ihn herbeizuführen, ist individualistische Romantik.

2. *Verhaltensautonomie als allgemeines Leitbild*

Wir können auch von Individualismus oder Individualisierung des menschlichen Handelns sprechen. Sie ist auch schon in der liberalistischen Philosophie des 18. Jahrhunderts begründet und war ursprünglich eine Idee, die die Freiheit des einzelnen gegenüber der Leibeigenschaft und Hörigkeit der Menschen im Feudalismus beschwor. Nach Entstehung der bürgerlichen Gesellschaft hatte der Liberalismus gegen die Geister, die er rief, zu kämpfen. Er geriet in den Widerspruch, auf der einen Seite als Wunscherfüllungsinstanz für den einzelnen da zu sein, auf der anderen Seite auf Leistungsanforderungen und Verantwortungsgefühl zu bestehen, um dieses freiheitliche System zu bewahren. Kann in einer solchen Situation der Appell zu Mündigkeit als Aufforderung zu egozentrischer Lebensgenügsamkeit mißdeutet werden?

---

[12]) *Rollinger*, 1978, S. 215.

Wir kennen zwar Geburtenrückgangsgründe, aber noch nicht die Gründe für den Rückgang der Eheschließungen. Da die Zahl der Eheschließungen aber zum Schlüssel für das Geburtenaufkommen geworden ist, wie es früher einmal die Ehedauer war, muß dieser Komplex besondere Beachtung finden. Die Frage lautet: Gibt es Formen des Einzel- oder Gruppendaseins, welches die Ehe ersetzt – auch in emotionaler Hinsicht – oder werden die emotionalen Bedürfnisse sekundär befriedigt, sei es über Konsum, Massenkommunikation u. a. m.? Ist die zunehmende Ehelosigkeit als Triumph des individuellen Freiheitsstrebens zu werten oder eher als Folge einer Bindungsstörung oder Bindungsangst, wie sie permissive Tendenzen, in welche die Jugendlichen der 50er und 60er Jahre hineingeboren wurden, gerne hervorbringen? Eine der Ursachen der Studentenrevolte soll die Tatsache gewesen sein, daß sich Schüler und Studenten plötzlich einer institutionellen Gewalt gegenübersahen, die sie in den Elternhäusern schon nicht mehr erfahren hatten. Wie sollte auch eine „vaterlose Gesellschaft" – so ein zeitgenössischer Titel eines Werkes von Alexander *Mitscherlich* – Väter hervorbringen?

3. *Steigende Lebensansprüche*

Eines der häufigsten und auch geschundensten Argumente für niedrigen oder ausbleibenden Kinderwunsch sind die „steigenden Lebensansprüche". Es ist ziemlich sicher, daß sie sich hinter der stereotypen Antwort „finanzielle Gründe" verbergen, die bei empirischen Befragungen generativen Verhaltens am häufigsten genannt wird. Ihnen liegt aber auch der Teufelskreis zugrunde, in dem sich der Bürger im Spätliberalismus gefangen sieht: Aufstiegsstreben, berufliche Belastung lösen einen Konsumzwang aus und damit die Forderung an sich selbst, „das Leben zu genießen". Dieses „Competition-Success-Pattern" führt dazu, daß alle familialen Ressourcen zu diesem Zweck ausgeschöpft werden und daß vor allem das Einkommen der Frau nicht durch Schwangerschaft und Niederkunft ausfällt. Die Ungeborenen sind schon Gegenstand der Kostenkalkulation und Industriewerbung.

4. *Lebensplanung*

Der Kinderwunsch ist nicht die Regung eines Augenblicks, sondern die Folge einer Abschätzung des eigenen Lebenswegs nach physischen, ökonomischen und sozialen Gesichtspunkten; er ist Teil einer Lebensplanung. Der Lebensplan ist keine scharf umrissene Blaupause, sondern ein Produkt aus Erziehung und Erfahrung. Daher haben die sozialen Schichten unterschiedlich deutliche Vorstellungen ihres Lebenswegs. Die Kultursoziologie sieht ihn in Handlungsketten gegliedert, die das beinhalten, was der Mensch Lebensgestaltendes vorhat.[13]

---

[13] *Elias,* 1969, Bd. 2.

Diese Handlungsketten sind am längsten in Ober- und oberen Mittelschichten; sie sind am kürzesten in den unteren Schichten. Je stabiler die Lebenspläne sind, je weiter der Lebensweg überschaut wird, umso klarer sind die Kinderwünsche gefaßt und umso konstanter werden sie realisiert. Über die Anzahl der gewünschten Kinder ist dabei noch nichts ausgesagt: die kleinen Landwirte haben noch einen konstant höheren Kinderwunsch, die kleineren Beamten, die in der ähnlich überschaubaren Situation leben, haben einen konstant niedrigeren Kinderwunsch. Soziale Schichten mit langen Handlungsketten, also weiter überschaubaren Lebensabschnitten, wie das Bürgertum und generell die Mittelschichten, entwickeln das „Muster der hinausgeschobenen Gratifikation" (deferred gratification pattern), d. h. sie sind bereit, in der Gegenwart auf den Genuß zu verzichten, um zu einem späteren Zeitpunkt einmal mehr zu ernten. Eine der Hauptbarrieren, Arbeiterkinder an die Universität zu schicken, ist die in diesen Schichten nicht anerzogene Einsicht, jahrelang mittellos bleiben zu müssen, um zu einem späteren Zeitpunkt einen höheren Status und höheres Einkommen zu erhalten. Das frühere Heiratsalter der unteren Schichten kann ebenfalls damit erklärt werden.

Was passiert aber nun, wenn in Schichten mit festen Lebensplänen und festen Vorstellungen über die Familiengröße Unsicherheit Platz greift, wie sie die momentane industrielle Situation fördert? Das hat nichts mehr zu tun mit einer Existenzangst früherer Perioden, wohl aber mit der Angst, die gesteckten Ziele und Ansprüche nicht einlösen zu können. Senkung der Kinderzahl, Aufgabe vorgenommener Kinderwünsche sind die Konsequenz aus diesem Zusammentreffen von objektiven wirtschaftlichen Zuständen (Rezessionen, Absterben von Berufsbranchen, Zwang zur Umschulung und zum Ortswechsel, Inflationsraten, sektorale Kostenexplosionen usw.) und subjektivem Empfinden und Reagieren auf diese Zustände. „Krisenerlebnis" kennen wir bereits als klassischen Geburtenrückgangsgrund, und wir wissen auch, daß dieses die demographische Übergangsphase bis 1930 beschleunigt hatte.

5. *Mangelnde Vorbereitung auf Eltern- und Partnerschaft*

Die geringe Überschaubarkeit des Lebenswegs zeigt sich darin, daß junge Paare genaue Vorstellungen darüber haben, welche Konsumgüter kurzfristig anzuschaffen und zu gebrauchen sind, und wenig Vorstellungen davon haben, was mit der Anschaffung eines Kindes, eines eigenständigen, sich ändernden und entwickelnden Wesens, auf sie zukommt. Es ist das Geheimnis des Baby-Schocks. Die auf Jugendliche abgestimmte Konsum-Reklame stellt genau auf diesen Trend ab: nur das dem unproblematischen persönlichen Komfort dienende Industriegut oder Erlebnis bleibt haften; wenn etwas verkauft werden will, muß es so verpackt werden. Die menschlichen Beziehungen aber sind zweischneidiger Natur: sie verschaffen nicht nur persönliche Identität, Anerkennung und Freude, sondern auch Lasten, Pflichten und Opfer – Dinge, die man meint vermeiden zu müssen wie Unlust und Krankheit. Bis heute fehlt ein Curriculum für die Sekundarstufe zu Partnerschaft und generativem Verhalten, die den jungen Leuten das an partnerschaftsbewußter Erziehung liefert, was in der Sexualkunde hintergangen und in der Sozialkunde übergangen wird. Man brauchte so etwas wie das, was die Amerikaner „Population Education" nennen: eine Aufklärung über den Bevölkerungsprozeß und über die Verwobenheit seiner eigenen Existenz und Handlungsweise in ihn. Es ist unglaublich, daß der Ferntourist in Afrika und Asien schon lange keinen Kulturschock mehr erlebt, dafür aber den Baby-Schock in seinen vier Wänden.[14])

6. *Die Wohnungsfrage*

Die beengten Wohnverhältnisse werden immer im Zusammenhang mit dem Kinderwunsch und seiner Verhinderung genannt. Man weiß, daß der Kinderwunsch nicht mit der Wohnungsgröße variiert. Das Anfüllen beschränkter Räumlichkeiten mit Kindern gilt noch weithin als Unterschicht-Indiz. Kleine Standardwohnungen signalisieren dem jungen Paar, den Nachwuchs gering zu halten, noch dazu, wenn ein Umzug in eine größere Wohnung finanziell nicht verkraftet werden kann. Wohnung und Wohnumfeld sind weniger Ursachen oder zentrales Motiv des Kinderwunsches, sondern eher äußere Bedingungen und Grenzen. Osteuropäische Bevölkerungspolitiken – zumindest von Ungarn wird es berichtet – scheitern letztlich am Mangel größerer Wohneinheiten. Für die Bundesrepublik wäre zu fragen, ob sich mit dem Ausdruck „zu kleine Wohnung" wirklich der Gedanke an ein zweites oder drittes Kind verbindet oder nur an Hobby und Repräsentation; und ob – über den Bedürfnisansatz in der Siedlungspolitik – die Bevölkerung das Datum für den Wohnungsbau abgibt oder ob Bevölkerung nur etwas ist, das man in maximale Bodenverwertungszellen einquartiert.

7. *„Kinderfeindlichkeit"*

Kinderfeindlichkeit scheint sich besonders im Bereich Wohnung zu manifestieren. Autogaragen bringen Geld, Spielplätze keines. Fehlende Spielplätze kosten Geld zu einem späteren Zeitpunkt, wenn Verhaltensstörungen und Jugendkriminalität die Allgemeinheit zu befassen haben. Der Gesetzgeber müßte hier schon eingreifen. Bei „Kinderfeindlichkeit" ist wiederum zu fragen: Wo ist die Grenze zwischen dem öffentlichen Schlagwort und der Realität? Gibt es Indikatoren in Architektur, Verkehrsplanung und Verkehrsverhalten der Erwachsenen? Gibt es sie auch im Innenverhältnis der Familie, wo sich die einzelnen Familienmitglieder in ihren Interessenssphären abkapseln und zwischen Eltern

---

[14]) *Nestlé*, 1976.

und Kindern ein sprachloser Zustand herrscht? Das sind keine allgemeingültigen Aussagen, doch lassen sich soziale Problemfälle auf Familienkonstellationen zurückführen: Jugendkriminalität und Drogensucht liefern zum Großteil die gescheiterten, unvollständigen Familien; jährlich rücken zwanzigtausend Mädchen von zu Hause aus, 70 v. H. stammen aus gescheiterten Ehen, rund ein Viertel der Mädchen landet unmittelbar in der Prostitution. Beachten wir Kinderfeindlichkeit nicht nur als offene Aversion von Hausherren, sondern auch die schleichende und vielleicht gefährlichere Art, mit Kindern nichts anfangen zu können, unfähig zur Zuwendung zu sein und die angebliche frühe Selbständigkeit der heutigen Jugendlichen als Vorwand dafür zu benutzen.

Die Kinderfeindlichkeit taucht in der Untersuchung des klassischen Geburtenrückgangs im ersten Drittel unseres Jahrhunderts nicht auf, es muß sich also um ein Produkt der jüngsten deutschen Geschichte handeln. Für die Bundesrepublik sei folgende Deutung gewagt: Kinderfeindlichkeit und Kindesvernachlässigung – und was sich noch damit verbindet – ist das Abfallprodukt einer bestimmten Suche nach nationaler Identität nach dem verlorenen Krieg, dem Zerfall des Dritten Reichs und Verlust der staatlichen Einheit. Das Land war zwar nicht von der Bildfläche verschwunden, aber immerhin sein Name von der Landkarte. Außer einer gewissen Ortsbezogenheit war nichts mehr zu sehen, womit man sich hätte kollektiv identifizieren können: nur das, was sich unmittelbar wieder zu regen wagte, nämlich die industrielle Produktion, technologische Fähigkeiten und die rapide Rekonstruktion der urbanen Zentren. Der einsetzende Massenkonsum sorgte für eine Nivellierungstendenz der einstigen sozialen Klassenschichtung. So kam es, daß die industrielle Potenz und die „Produktivkräfte", auch der von ihnen ermöglichte Lebensstil, zum Hauptträger nationaler Identität werden konnten; gleichzeitig erlaubte er es, sich um die traditionellen Objekte nationaler Identität, nämlich historisches Bewußtsein und territoriale Einheit, nicht mehr zu kümmern. Hier scheint mir der Konflikt angelegt zu sein, zwischen dem demonstrativen Konsum und den Kosten eines Reproduktionssolls von zwei bis drei Kindern. Demonstrativer Konsum und Aufstiegshaltung werden Teile der persönlichen Selbstachtung und damit unverzichtbar; Kinder sind dies keinesfalls, sie stehen nicht am Ende eines vorzeigbaren Leistungsverhaltens und verlieren dadurch ihren Platz in der Rangliste von Lebenszielen.

8. *Erziehungsunsicherheit*

Ein Faktor, der leider gelegentlich übersehen wird, ist Erziehungsunsicherheit. Sigmund Freud schreibt einmal, daß Erziehung eine Kunst sei, die sich zwischen Skylla und Charybdis bewähren müsse: nämlich zwischen Verbieten und Gewähren. So überholungsbedürftig die deutschen Erziehungsstile der Vergangenheit auch waren, so krampfhaft und verunsichernd hat sich dieser Überholungsvorgang abgespielt. Die Diskussion um den richtigen Erziehungsstil wurde zu stark in lebensfernen und weltfremden Extremen geführt (Schlagritual auf der einen Seite, Antiautoritarismus und permissive Ideen auf der anderen Seite). In zu rascher Zeit wurden zu unterschiedliche Dinge für richtig erklärt, auch von staatlicher Seite. Die lateinischen Wortungeheuer der Bildungspolitik und neuen Pädagogik konnten Öffentlichkeit, Eltern und künftige Eltern nur irritieren und apathisch machen. Da man Kinder doch irgendwie über Schule und Erziehungsstil für den sozialen Aufstieg konditionieren will, steht er mit solchen Aufregungen natürlich immer in Frage. Den Kinderwunsch muß das offen und unbewußt frustrieren.

9. *Der säkulare Trend*

Ein alter Komplex wird in letzter Zeit wieder neu überdacht: nämlich das Herausfallen des generativen Verhaltens aus den nicht hinterfragbaren religiösen Zusammenhängen. Wir werden an die bäuerliche, patriarchalische Familie erinnert, trotzdem wirkt dieser Mechanismus bis heute fort. Der Ausdruck „Kindersegen" zeugt noch von diesen vergangenen Epochen und ein Fatalismus gegenüber Dingen wie Geburt und Tod: Als die Kindersterblichkeit noch bei 50 v. H. lag, tröstete man sich damit, daß man halt mit dem lieben Gott redlich teilen müsse.

Dieser „säkulare Trend", das Schwinden der religiösen Sanktionen im gesamten Bereich der Heiratsverhältnisse und Nachkommenschaft, war schon den Analytikern des ersten Geburtenrückgangs aufgefallen, „Entkirchlichung" des öffentlichen und privaten Lebens hatten sie es genannt. Generatives Verhalten rückt aus den transzendentalen Sinnbezügen des Gemeinschaftslebens heraus und wird dem subjektiven Ermessen des einzelnen anheimgegeben. Mit der „Entzauberung der Welt durch Wissenschaft", die *Max Weber* prophezeiht hatte, ist auch das menschliche Fortpflanzungsgeschehen seiner jenseitigen Aura entkleidet worden, und – fürwahr – nicht nur zum Schaden der Menschen. Man muß nicht unbedingt Hegelianer sein, um hier „Fortschritt des Geistes im Bewußtsein der Freiheit" zu konstatieren, – um festzustellen, wie Aufklärung, Entfesselung der Produktivkräfte, Wissenschaft und Demokratisierung ineinandergreifen, – wie obrigkeitliche Vorrechte in die Hände des einzelnen übergehen. Metternich hat nicht unrichtig bemerkt, daß mit Wegfall der Heiratserlaubnis Aufsässigkeit und Revolutionsgeist ihren Anfang genommen hätten. Der wissenschaftlich-technologische Komplex, der sich scheinbar mit autonomer Macht forttreibt, hat auch die Kirche gezwungen, sich in aktuelle Auseinandersetzungen einzulassen und sich nicht länger auf den Bibeltext zurückzuziehen: Schwangerschaft, Abtreibung, die Frage „Wann beginnt Leben" fordern ihr Stellungnahmen ab, um ihren Platz als Hüterin „letzter Werte" behaupten zu können.

10. Kulturpessimismus und Zukunftsangst

Mit Kulturpessimismus, Zivilisationsmüdigkeit und Zukunftsangst sind wir bei einem Zeitsyndrom angelangt, das den Kinderwunsch auf eigene Weise affiziert: als Ursache ausbleibender Geburten und als anspruchsvolle Rationalisierung für banale Gründe mangelnden Kinderwunsches. Für Untergangsprophetien [15] gab es immer auch objektive Anlässe: die Debatte um die begrenzten Rohstoffreserven, Sinn und Unsinn wirtschaftlichen Wachstums, Umweltverschmutzung, Bedeutung und Folgen der Atomenergie, Krisenerscheinungen in den westlichen Ökonomien von Dauer, wie die technologisch-induzierte Arbeitslosigkeit, die triste Lage von $2/3$ der Menschheit in den Entwicklungsländern, an der ihr rasches Bevölkerungswachstum Anteil hat, u. a. m. Da gibt es einen Buchtitel, der lautet „Kinderlos aus Verantwortung" – es fragt sich hier wieder: Wo ist hier die Grenze zwischen Verantwortung und intellektueller Attitüde? Wir kennen ja das Problem schon vom Kulturpessimismus und der Kulturkritik zu Beginn unseres Jahrhunderts, und es war nicht leicht zu unterscheiden zwischen dem objektiven Anlaß und dem, was einer intellektuellen Geisteshaltung entspringen muß. *Daniel Bell* findet, daß die Debatte um Wirtschaftswachstum und Umweltverschmutzung nur der Ausdruck eines weiterreichenden Unbehagens über Entwicklungen der Industriegesellschaft und ihren politischen und administrativen Mechanismen sei. [16] Wir sind geneigt, eine Parallele zum sogenannten „Gebärstreik" der frühen Sozialdemokratie zur Zeit Lassalles zu ziehen, um den Kapitalisten ihr Maschinenfutter und die industrielle Reservearmee zu schmälern. Es ist zweifelhaft, ob sich absichtliche Kinderlosigkeit heute die Gloriole einer weltpolitischen Strategie einheimsen kann. Sie muß ein individualistischer Akt bleiben, der sich mit tiefen Zukunftsgedanken behängt.

Da zur Zeit ideologische und quasireligiöse Gruppen Legion werden, würde die gesellschaftspolitische Frage lauten: Wieviel Pluralismus, wieviel unterschiedliche Wertekodices kann ein liberales Regime, das auf individuelle Leistungserbringung angewiesen ist, verkraften?! Fördert der Pluralismus der Werte nicht jene Identitätskrisen, die ein Angebundensein jedweder Art, schon gar nicht durch Kinder, vehement scheuen muß?! Wenn es allzu viele Richtigkeiten, zu viele sich widersprechende Wahrheiten gibt, – wenn der Kulturrelativismus in ein und derselben Gesellschaft aufbricht, muß sich da nicht eine Orientierungslosigkeit einstellen, die einer Beseitigung der Freiheit Vorschub leistet?! Die Soziologen *Talcott Parsons, Amitai Etzioni*, u. a. halten diese Fragen für die wichtigsten, die an moderne Industriegesellschaften zu stellen sind. [17]

---

[15] *Maddox*, 1972.
[16] *Bell*, 1978, S. 34 ff.
[17] *Parsons*, 1974, S. 193 ff.; *Etzioni*, 1975.

Stellen wir abschließend fest, daß sich die Industriegesellschaften, voran die Bundesrepublik Deutschland, auf eine Bevölkerungsentwicklung unterhalb des Reproduktionsniveaus werden einrichten müssen. Wir wissen bis heute nicht, inwieweit der gegenwärtige Fruchtbarkeitstrend auf sozialpolitische Investitionen überhaupt reagieren würde. Sicher dagegen ist, daß bloße Geldspritzen allein es nicht fertigbringen, ausgebildete und gutbezahlte Frauen zur Aufgabe ihrer Berufsrolle zu bewegen, – in einer Gesellschaft, die ausschließlich die Berufsrolle und die berufliche Leistung gratifiziert.

Wir können uns schon eine Gesellschaft vorstellen, in der ein Drittel der Frauen kinderlos bleibt; wir können uns aber nicht vorstellen, daß die übrigen zwei Drittel den Bevölkerungsbestand mit drei bis vier Kindern halten. Das würde bedeuten, daß wir in einer Gesellschaft zwei Kulturen züchten, die sich bald feindlich gegenüberstehen würden.

Uns bleibt nichts anderes übrig, als den Trend im großen und ganzen zu akzeptieren, da seine Umkehr radikale Veränderungen der Produktions- und Lebensform von Menschen eines Kontinents voraussetzen würde. Das enthebt vielleicht nicht der Prüfung, ob unterhalb des Reproduktionsniveaus nicht eine gewisse Bandbreite der Beeinflussung existiert. Wollen wir nicht länger fragen, ob wir „mehr" oder „weniger werden" sollen, sondern prüfen, ob geringe Kinderzahlen und Kinderlosigkeit tatsächlich als Zeichen errungener Lebensqualität anzusehen sind. Von einer solchen kann erst dann gesprochen werden, wenn zwischen der Realisierung von Kinderwünschen und den übrigen Lebenszielen keine unversöhnlichen Gegensätze bestehen.

LITERATUR

D. Bell, Mediating Growth Tensions, In: „Society", Vol. 15, Nr. 2, Jan./Feb. 1978, S. 34 ff.
Bundeskanzleramt, Bericht über die Situation der Familie in Österreich (Frauenbericht 1975), Wien 1975.
Bundeskanzleramt, Bericht über die Situation der Familie in Österreich (Familienbericht 1979, Zusammenfassende Darstellung) Wien 1979.
J. C. Caldwell, A Theory of Fertility: From High Plateau to Destabilization, In: Population and Development Review, Vol. 4, Nr. 4, 1978, S. 553–557.
K. Cserian, et al., Kinderwunsch und Kinderzahl – Fruchtbarkeit und generatives Verhalten in Wien. Österr. Inst. für Raumplanung, Wien 1973.
N. Elias, Über den Prozeß der Zivilisation, Basel 1969, 2 Bde.
Th. Espenshade, The Value and Cost of Children, Population Bulletin, (PRB), Vol. 32, Nr. 1, April 1977.
A. Etzioni, Die aktive Gesellschaft. Eine Theorie gesellschaftlicher und politischer Prozesse, Opladen 1975.
Th. R. Ford, G. F. DeJong (eds.), Social Demography, Englewood Cliffs, N. J. 1970.
L. Hoffmann, M. Hoffmann, The Value of Children to Parents, in: *J. W. Fawcett* (ed.), Psychological Perspectives on Population, New York 1973, 19–76.

H. Linde, Mackenroths Theorie der Generativen Strukturen aus heutiger Sicht – Möglichkeiten ihrer Weiterentwicklung. In: BMJFG, Ursachen des Geburtenrückgangs – Aussagen, Theorien und Forschungsansätze zum generativen Verhalten (Schriftenreihe des Bundesministers für Jugend, Familie und Gesundheit, BMJFG, Band 63), Stuttgart 1979.

R. Mackensen, Theoretische Erwägungen zur Vielgestaltigkeit des „Demographischen Übergangs". In: *W. Köllmann, P. Marschalck* (Hsg.), Bevölkerungsgeschichte, Köln 1972.

J. Maddox, The Doomsday Syndrome, London 1972.

P. Marschalck, Zur Theorie des demographischen Übergangs. In: BMJFG, 1979.

Nestle Diät GmbH (Hsg.), Erfahrungen und Pläne junger Mütter – Ein Beitrag zur Erklärung des Ein-Kind-Schocks, München 1976.

T. Parsons, Religion in Postindustrial America: The Problem of Secularization. In: Social Research (41) Nr. 2, 1974.

A. Rollinger, Die Leistungen der Familie werden enteignet. In: Arbeit und Sozialpolitik, Nr. 6/1978.

J. Schmid, Einführung in die Bevölkerungssoziologie, Reinbek 1976.

Statistisches Bundesamt (Wiesbaden), Die Situation der Kinder in der Bundesrepublik Deutschland, Stuttgart (Kohlhammer) 1979.

L. Vaskovics, Biosoziales Verhalten: Bevölkerungsentwicklung und Familie. In: *E. Bodzenta* (Hsg.), Die österreichische Gesellschaft, Wien 1972.

Ch. Westoff, Marriage and Fertility in the Developed Countries. In: Scientific American (239), No. 6, Dec. 1978.

Ch. Westoff, The Predictability of Fertility in Developed Countries. In: Population Bulletin of the UN, Nr. 11, 1978.

Das Bevölkerungsproblem in den volkswirtschaftlichen Lehrmeinungen

GUNTER STEINMANN, PADERBORN

Konnte man noch vor wenigen Jahren mit voller Berechtigung darüber klagen, daß Bevölkerungswissenschaft und Bevölkerungsökonomie nach dem Zweiten Weltkrieg im deutschsprachigen Raum[1]) kaum ernsthaft betrieben wurden und in Öffentlichkeit und Politik so gut wie keine Beachtung fanden, so hat sich die Stimmung in den letzten Jahren merklich geändert. Das rasche Bevölkerungswachstum in den Entwicklungsländern und die stagnierenden bzw. schrumpfenden Bevölkerungen in den Industrieländern haben demographische und demoökonomische Fragen so in den Mittelpunkt allgemeinen Interesses gerückt, daß kaum ein Tag vergeht, an dem nicht in den Medien zu Bevölkerungsproblemen Stellung genommen wird.

Leider trifft dieser Umschwung im öffentlichen Bewußtsein die Wissenschaft ziemlich unvorbereitet. Wie die wissenschaftlichen Tagungen in den letzten Jahren deutlich gemacht haben, ist die Bevölkerungsökonomie aus ihrem langjährigen Schattendasein noch nicht weit herausgekommen, sondern erschöpft sich noch größtenteils in bloßer Bestandsaufnahme. Immerhin ist eine solche Bestandsaufnahme möglich und gewinnbringend, da die Bevölkerungsökonomie eine lange Tradition aufweist, die bis in die Zeit der Merkantilisten zurückreicht.[2])

Mein Beitrag gliedert sich in fünf Teile. In den ersten beiden Teilen skizziere ich in groben Zügen die im 19. Jahrhundert dominierende malthusianische Theorie und die in den 30er Jahren diskutierte Stagnationstheorie. In den beiden anschließenden Teilen referiere ich, wie die Fragen nach den Einflüssen der Bevölkerungsentwicklung auf die wirtschaftliche Entwicklung und der wirtschaftlichen Situation auf die demographischen Variablen in den 50er und 60er Jahren angegangen wurden. Zum Schluß gehe ich noch auf einige Ansätze in der neueren Diskussion um das Bevölkerungsproblem ein.

---

[1]) Mit gewissen Einschränkungen trifft dies auch auf den angelsächsischen Sprachraum zu.
[2]) Vgl. hierzu den vorzüglichen Überblick über die Geschichte des Denkens über das Bevölkerungsproblem von *Borchardt* und die Zusammenstellung bevölkerungsökonomischer Originalbeiträge von *Malthus* bis in die jüngste Gegenwart, die *Overbeek*, 1977, herausgegeben hat.

I

Obwohl die Bevölkerungsökonomie nicht erst mit *Malthus* ihren Anfang nimmt, hat *Malthus* wie kein anderer vor und nach ihm die Aufmerksamkeit der Wissenschaftler, der Politiker und einer breiten Bevölkerungsschicht auf demographische und demoökonomische Fragen gelenkt. *Malthus'* Anliegen ist primär politisch. Er will mit seinem bevölkerungsökonomischen Modell seine ablehnende Haltung gegenüber der Armenunterstützung im damaligen politischen Streit in England über die Reform der Sozialpolitik begründen und im Sinne seiner utilitaristischen Philosophie die öffentliche Meinung davon überzeugen, daß ein Verzicht auf die Armenunterstützung im Interesse *aller* liege. Sein bevölkerungsökonomisches Modell ist nur Mittel zur Erreichung dieses politischen Zieles.[3]

Der Grundgedanke des malthusianischen Modells ist denkbar einfach. Ohne Beschränkung, so *Malthus*, kann jede Bevölkerung sich leicht alle 25 Jahre verdoppeln. Dagegen kann die Nahrungsmittelproduktion nicht so einfach gesteigert werden, weil die Anbaufläche begrenzt ist und zusätzliche Arbeit und zusätzliches Kapital bei gegebener Anbaufläche immer weniger produktiv eingesetzt werden können.[4] Das Auseinanderklaffen zwischen der biologisch möglichen Wachstumsrate der Bevölkerung und der maximal möglichen Wachstumsrate der Nahrungsmittelproduktion macht eine Reduktion des Bevölkerungswachstums erforderlich, die auf zweierlei Weise entweder durch einen „positive check" oder einen „preventive check" bewerkstelligt wird.

Malthus spricht von einem „positive check", wenn die Geburtenhäufigkeit nicht eingeschränkt wird und der Ausgleich zwischen dem Bevölkerungswachstum und dem Wachstum der Nahrungsmittelproduktion deshalb allein über eine entsprechend hohe Sterberate (bedingt durch die Verknappung der Nahrungsmittel[5]) hergestellt wird. Ein „preventive check" liegt vor, wenn die Anpassung über eine Reduktion der Geburtenrate erfolgt.[6] *Malthus* empfiehlt – und das ist sein Hauptanliegen – die Geburtenzahlen zu verringern um dadurch sowohl die inhumanen „positive checks" zu vermeiden als auch für alle Bevölkerungsschichten einen annehmbaren Lebensstandard zu erreichen.

---

[3]) Vgl. *Borchardt*, S. 14, *Overbeek* S. 4.

[4]) *Malthus*, S. 14. "A thousand millions are just as easily doubled every twenty-five years by the power of population as a thousand. But the food to support the increase from the greater number will by no means be obtained with the same facility."

[5]) *Malthus*, S. 18. "The positive checks to population are extremely various, and include every cause, whether arising from vice or misery, which in any degree contributes to shorten the natural duration of human live. Under this head therefore may be enumerated, all unwholesome occupations, severe labour and exposure to the seasons, extreme poverty, bad nursing of children, great towns, excesses of all kinds, the whole train of common diseases and epidemics, wars, pestilence, plague, and famine."

[6]) *Malthus* hatte Vorbehalte gegenüber der Geburtenkontrolle und dachte in erster Linie an eine Heraufsetzung des Heiratsalters. *Malthus*, S. 18. "Of the preventive checks, that which is not followed by irregular gratifications, may properly be termed moral restraint, restraint, vice and misery. Promiscuous intercourse, unnatural passions, violations of the marriage bed, and improper arts to conceal the consequences of irregular connexions, clearly come under the head of vice."

Das malthusianische Modell bildet bis in das 20. Jahrhundert hinein das Fundament der herrschenden Theorie der Bevölkerungsökonomie.[7] Die malthusianischen Hypothesen werden zwar modifiziert, aber nicht grundsätzlich in Frage gestellt. *David Ricardo* bringt das Freihandelsargument ins Spiel, um damit den Nahrungsmittelspielraum zu erweitern. *John Stuart Mill* erwähnt bereits den technischen Fortschritt. Vor allem aber weist er darauf hin, daß eine bestimmte Bevölkerungsgröße und Bevölkerungsdichte für die Arbeitsteilung unerläßlich sind und das Bevölkerungswachstum vor Überschreiten dieser Grenzen ökonomisch nützlich und sinnvoll ist und die Arbeitsproduktivität erst bei noch stärkerem Arbeitseinsatz sinkt.[8] *John Stuart Mill* ist damit der Begründer des Konzepts der „optimalen Bevölkerung", das später der schwedische Nationalökonom *Knut Wicksell* übernommen und weiterentwickelt hat.

Natürlich ist die malthusianische Theorie auch im 19. Jahrhundert nicht unumstritten[9], vor allem deshalb, weil sie mit der tatsächlichen demographisch-ökonomischen Entwicklung der europäischen Länder nur schwer in Einklang zu bringen ist. Am wenigsten relevant im Hinblick auf die historische Entwicklung erscheint mir der Hinweis auf die Wirksamkeit von „preventive checks", weil der Geburtenrückgang erst in der Spätphase des Industrialisierungsprozesses einsetzt. Wichtiger sind andere, größtenteils auch heute in der aktuellen Diskussion wiederkehrende Argumente (wobei in den letzten Jahren allerdings das Pendel wieder zurück zum malthusianischen Pessimismus zu schwingen scheint):

a) die Ausdehnung der landwirtschaftlichen Anbaufläche in Amerika und den Kolonien,
b) der für *Malthus* und seine Zeitgenossen unvorstellbare technische Fortschritt in der Landwirtschaft und die damit verbundene ungeheure Ausweitung der landwirtschaftlichen Produktionsmöglichkeiten,
c) Vorteile der „economies of scale" (insbesondere beim Aufbau der Infrastruktur),
d) die Schaffung und Anwendung neuen Wissens durch größere und besser ausgebildete Bevölkerungen, wodurch die Grenzen des Wachstums für die Menschheit scheinbar in weite Ferne gerückt werden.

---

[7] Das vieldiskutierte Weltmodell von *Forrester* und *Meadows* (Grenzen des Wachstums) ist eine komplexere Version des einfachen Malthusschen Modells und zeigt, daß die Gedanken von *Malthus* auch heute noch eine wichtige Rolle in der aktuellen Diskussion des Bevölkerungsproblems spielen.
[8] *Mill*, S. 34. "A certain density of population is absolutely necessary for the complete enjoyment of the benefits of the social union. Up to that point it is desirable that population should increase, even though it did take something from the physical comfort of each. But beyond that point every increase of population has the effect of rendering the condition of each less favourable than it would otherwise be; beyond the point, therefore ... an increase of population is not desirable.
[9] Siehe z. B. die im Sammelband von *Overbeek* abgedruckte Kritik an der Malthusianischen Theorie von Senior, Carey und Marx.

II

Anfang des 20. Jahrhunderts und besonders in den 30er Jahren setzt ein deutlicher Meinungsumschwung zum Bevölkerungsproblem ein. Die malthusianische Schreckensvision von der Verelendung der Massen durch zu hohe Geburtenzahlen gilt in Anbetracht der historischen demographisch-ökonomischen Entwicklung als überholt und verliert ihre Überzeugungskraft. Die neue, der malthusianischen Theorie scheinbar[10]) diametral entgegengesetzte, aber Wissenschaftler, Politiker und Öffentlichkeit nicht minder beunruhigende Prognose lautet „ökonomische Stagnation durch zu niedrige Geburtenzahlen". Die Stagnationsthese wird von so prominenten Ökonomen wie *John Maynard Keynes, Alwin Hansen* und – mit besonderer Vehemenz und bevölkerungspolitischen Forderungen – von *Roy Harrod* vertreten.

Die Keynessche Einkommens- und Beschäftigungstheorie, nach der Arbeitslosigkeit und Stagnation auf unzureichende gesamtwirtschaftliche Nachfrage nach Gütern und Diensten zurückzuführen sind, liefert das theoretische Grundgerüst der Stagnationstheorie. Die Stagnationstheoretiker betrachten das seit Beginn des 20. Jahrhunderts rückläufige Bevölkerungswachstum und die in den 30er Jahren allgemein für die Zukunft erwartete Stagnation bzw. Schrumpfung der Bevölkerung als wichtigen, wenn nicht sogar als den wichtigsten Entstehungsgrund für die Abschwächung der aggregierten Güternachfrage und die damit verbundene Arbeitslosigkeit während der Weltwirtschaftskrise sowie für das Fortbestehen dieser Krisentendenzen auch in der Zukunft.

In den Überlegungen der Stagnationstheoretiker spielt die Investitionsnachfrage die Schlüsselrolle. Sie hängt, so argumentieren *Keynes* und die übrigen Verfechter der Stagnationsthese, (bei gegebenem Zins) von drei Faktoren ab: von der Zahl der Konsumenten, der durchschnittlichen Höhe des Pro-Kopf-Einkommens und von der Rate des technischen Fortschritts. Eine rasch wachsende Bevölkerung schafft günstige Investitionsvoraussetzungen, weil die Investoren einerseits mit entsprechend rasch wachsender Konsumnachfrage rechnen können und andererseits nur ein geringes Investitionsrisiko eingehen, da Fehlinvestitionen vergleichsweise schnell und leicht korrigiert werden können. Fehlplanungen im Wohnungsbau z. B. in Form von gegenwärtig nicht verkäuflichen und nicht vermietbaren Wohnungen finden bei steigenden Bevölkerungszahlen früher oder später immer Interessenten. Das Umgekehrte gilt im Fall einer schrumpfenden Bevölkerung. Rückläufige Bevölkerungszahlen verschlech-

---

[10]) *Keynes* selbst vertritt den Standpunkt, daß die Malthusianische Theorie und die Stagnationstheorien keine alternativen, sich gegenseitig ausschließenden Theorien darstellen, sondern beide Erklärungsansätze miteinander vereinbar sind und in einer Komplementärbeziehung zueinander stehen. "I am not rejecting (the Malthusian) argument. Unquestionably a stationary population does facilitate a rising standard of life; but *on one condition only* – namely that the increase in resources or in consumption, as the case may be, which the stationariness of population makes possible, does actually take place." *Keynes*, S. 131 (Hervorhebung von mir).

tern das Investitionsklima, weil sie die Konsumnachfrage negativ beeinflussen und darüber hinaus das Investitionsrisiko beträchtlich vergrößern.[11]

Keynes schätzt, daß knapp die Hälfte der Investitionen in Großbritannien zwischen 1860 und 1913 durch das Bevölkerungswachstum bedingt wurden.[12] *Hansen* stellt ähnliche Berechnungen für die USA an und kommt zu dem Resultat, daß sogar 60% der amerikanischen Investitionen durch die Bevölkerungsentwicklung erklärt werden können.[13] *Keynes* und *Hansen* ziehen aus diesen Ergebnissen den Schluß, daß die investitionshemmenden Effekte des rückläufigen Bevölkerungswachstums und der damals erwarteten Bevölkerungsschrumpfung quantitativ sehr hoch sind und durch investitionsfördernde Effekte eines raschen technischen Fortschritts und eines höheren Pro-Kopf-Konsums nicht ausgeglichen werden, wobei *Keynes* und *Hansen* zu jener Zeit während der Weltwirtschaftskrise noch nicht einmal mit einem rascheren technischen Fortschritt oder einem höheren Pro-Kopf-Konsum rechnen.

Nach den vorangegangenen Überlegungen liegt es natürlich nahe, als Ausweg vor der drohenden Gefahr der ökonomischen Stagnation eine Politik der Geburtenförderung zu ergreifen, wie sie *Harrod* im Jahre 1939 auch vorschlägt. *Keynes* und *Hansen* verzichten auf eine solche Empfehlung und raten statt dessen zu einer Politik der Nachfrageförderung. Sie schlagen vor, den Investitionsausfall durch die Senkung des Zinsniveaus und/oder die Erhöhung des privaten Konsums und der staatlichen Nachfrage nach Gütern und Dienstleistungen auszugleichen, wobei *Keynes* als Mittel zur Anregung des privaten Konsums eine Einkommensumverteilung zugunsten der konsumfreudigeren einkommensschwachen Bevölkerungsschichten sowie institutionelle Reformen propagiert.

Während *Keynes* und *Hansen* die befürchteten Stagnations- und Unterbeschäftigungstendenzen ausschließlich nachfragetheoretisch begründen, weist *Harrod* darüber hinaus noch hin auf den Effekt der Bevölkerungsschrumpfung auf die Altersstruktur der Bevölkerung und die Mobilität der Arbeitskräfte, ein Aspekt, dem in der heutigen Diskussion von den meisten Autoren größere Bedeutung beigemessen wird als dem Nachfrageaspekt. *Harrod* verficht den Standpunkt, daß die mit dem Alterungsprozeß der Bevölkerung verbundene zunehmende Immobilität der Erwerbsbevölkerung das Arbeitslosenproblem zusätzlich verschärft. Er ist auch skeptisch, ob die von *Keynes* und *Hansen* vorge-

---

[11] "An increasing population has a very important influence on the demand for capital. Not only does the demand for capital – apart from the technical changes and an improved standard of life – increase more or less in proportion to population. But, business expectations being based much more on present than on prospective demand, an era of increasing population tends to promote optimism, since demand will in general tend to exceed, rather than fall short of, what was hoped for. Moreover a mistake resulting in a particular type of capital being in temporary oversupply, is in such conditions rapidly corrected. But in an era of declining population the opposite is true. Demand tends to be below what was expected, and a state of over-supply is less easily corrected. Thus a pessimistic atmosphere may ensue; and although at long last pessimism may tend to correct itself through its effects on supply, the first result to prosperity of a change-over from an increasing to a declining population may be very disastrous." *Keynes*, S. 125.
[12] Vgl. *Keynes*, S. 128.
[13] Vgl. *Hansen*, Chapter 1.

schlagene Nachfrageankurbelung durch den Staat politisch durchsetzbar ist, da sie zu einer ständig wachsenden Staatsverschuldung führt [14]), und empfiehlt eine pronatale Bevölkerungspolitik.

Harrod dramatisiert den zu jener Zeit prognostizierten Bevölkerungsrückgang zu „the very crisis and climax of human history". [15]) Wie vorschnell und falsch die Harrodsche Beurteilung ist, zeigt die tatsächliche demographische und ökonomische Entwicklung nach dem 2. Weltkrieg. Dieses Beispiel sollte uns eine Lehre sein und uns davon abhalten, aufgrund von bloßen Spekulationen und unsicheren Prognosen den aktuell zu beobachtenden Bevölkerungsrückgang ähnlich zu dramatisieren.

III

In den 50er und 60er Jahren ist es auf dem Gebiet der Bevölkerungsökonomie still. Die Bevölkerungsprognosen der 30er Jahre erweisen sich als falsch. [16]) Die Gefahr der ökonomischen Stagnation und Krise scheint gebannt. Die Industrieländer erleben einen unerwarteten Geburtenboom und beispiellosen wirtschaftlichen Aufschwung. Wenn dem Bevölkerungsproblem überhaupt Beachtung geschenkt wird, dann beinahe ausschließlich nur im Hinblick auf die Entwicklungsländer.

Selbst wenn wir in Rechnung stellen, daß düstere Diagnosen und Zukunftsprognosen, wie die der Malthusianer oder der Stagnationstheoretiker, Wissenschaft, Politik und Öffentlichkeit natürlich sensibilisieren und umgekehrt das Ausbleiben der Krisentendenzen das allgemeine Interesse wieder erlahmen läßt, bleibt es schwer verständlich, daß das Bevölkerungsproblem in jener Zeit so wenig Aufmerksamkeit findet. Denn die beiden Weltkriege, der Geburtenrückgang in den 30er Jahren und der Geburtenanstieg in den 50er Jahren verändern die Altersstruktur und Wachstumsrate der Bevölkerung, und diese Änderungen haben natürlich erhebliche Rückwirkungen auf die wirtschaftliche Situation.

Daß die ökonomischen Konsequenzen der demographischen Strukturveränderungen gleichwohl erst in jüngster Zeit die ihnen zukommende Beachtung finden, hängt nach meiner Meinung mit zwei Gründen zusammen. Zum einen sind bis in die 70er Jahre hinein die demographischen Störeinflüsse durch wirt-

---

[14]) "The more the population declines the greater the need will be for public works to absorb redundant savings; but equally the more intolerable will be the growth in the burden of indebtedness. The problem may become so acute as to threaten the institution or private property itself." *Harrod*, S. 124.

[15]) Im Kontext lautet das Zitat: "It may be that in these present and immediately coming years we are the very crisis and climax of human history, that this is the tide in the affairs of men, and that if we do not take it at the flood, albeit a flood which is beginning to ebb fast, the human experiment on the planet will peter out." *Harrod*, S. 113.

[16]) *Simon*, S. 18 illustriert die Unzuverlässigkeit von Bevölkerungsprognosen sehr eindrucksvoll in einem Diagramm, in dem die 1935 prognostizierte Bevölkerungsentwicklung von Schweden bis zum Jahre 1971 und die tatsächliche Bevölkerungsentwicklung eingezeichnet und gegenübergestellt sind.

schaftliches Wachstum, Kapitalakkumulation und technischen Fortschritt verdeckt und nicht so evident wie in der Gegenwart, wo Numerus Klausus an den Hochschulen, Schüler- oder Rentnerberge bzw. -täler, Lehrstellenmangel, Jugendarbeitslosigkeit usw. die demographischen Strukturveränderungen allen deutlich sichtbar machen. Zum anderen ist die Bevölkerung in der Wirtschaftstheorie seit Eucken in den Datenkranz verbannt mit der Konsequenz, daß die Wirtschaftstheoretiker keine oder höchstens nur rudimentäre Kenntnisse der demographischen Zusammenhänge und Prozeßabläufe besitzen und deshalb gar nicht über das notwendige theoretische Rüstzeug zur Analyse der Bevölkerungsdynamik und ihrer ökonomischen Konsequenzen verfügen.

Die strikte Trennung von Ökonomie und Demographie hat dazu geführt, daß die Ökonomie den Fortschritt der Demographie und die Verfeinerung der demographischen Konzepte lange Zeit nicht wahrgenommen hat und trägt die Hauptschuld daran, daß die Bevölkerungsökonomie verkümmert ist und zur Lösung der aktuellen demoökonomischen Probleme wenig leistet.

Das Unvermögen der Bevölkerungsökonomie zeigt sich besonders deutlich in der modernen Wachstumstheorie, die fast ausschließlich zur bloßen Theorie der Kapitalakkumulation und des technischen Fortschritts denaturiert ist. Die moderne Wachstumstheorie fragt zwar nach den Bestimmungsgründen der langfristigen Entwicklung der Produktionsfaktoren, der Geldströme und der Preise einer Volkswirtschaft, aber die Wachstumsrate und Altersstruktur der Bevölkerung sowie die Erwerbsquote werden in der Regel nicht endogen erklärt, sondern als konstante Daten oder exogene Variablen in die Analyse eingeführt.

Läßt sich die Exogenisierung der Bevölkerungsentwicklung und Bevölkerungsstruktur noch damit rechtfertigen, daß eben der Einfluß ökonomischer Faktoren auf die demographischen Variablen nicht eindeutig bestimmbar und zudem zeitinstabil ist, ist dies bei anderen noch gravierenderen Unzulänglichkeiten der Wachstumstheorie in bezug auf die Behandlung des Bevölkerungsproblems nicht mehr möglich. Zum einen werden die Altersstruktur der Bevölkerung und die Erwerbsquote auch bei der Analyse der ökonomischen Folgewirkungen eines rascheren oder langsameren Bevölkerungswachstums als konstant vorausgesetzt. Den meisten Wachstumstheoretikern ist nicht bewußt, daß die Prämisse einer variablen Bevölkerungswachstumsrate mit der Annahme einer konstanten Altersstruktur der Bevölkerung nicht vereinbar ist, weil ihnen die Einsicht selbst in die elementaren demographischen Zusammenhänge fehlt. Zum anderen werden die ökonomischen Konsequenzen der demographischen Entwicklung nur im Rahmen einer komparativ-dynamischen Betrachtungsweise untersucht, d. h. es wird unterstellt, daß der Übergang von einer Bevölkerungswachstumsrate zur anderen in unendlich schneller Zeit erfolgt, daß also der demographische Anpassungsprozeß keine Zeit benötigt. Die Annahme eines unendlich schnellen Anpassungsprozesses ist aber gerade bei demographischen Veränderungen nicht erfüllt. Die Analyse des Bevölkerungsproblems kann nicht im Rahmen eines komparativ-dynamischen Modells erfolgen, sondern erfordert eine essentiell dynamische Theorie.

Aus diesen und anderen hier nicht genannten Mängeln ist die Bevölkerungsökonomie in den 50er und 60er Jahren nicht mehr weitergekommen und sogar noch hinter ihren früheren Stand zurückgefallen. Den Stillstand der Bevölkerungsökonomie nimmt in jenen Jahren niemand tragisch, weil sich allgemeiner Optimismus breitmacht, daß die Kapitalakkumulation, der technische Fortschritt und die Veränderungen im generativen Verhalten der Menschen die düsteren malthusianischen Prophezeiungen widerlegen und die Verbesserungen des Lebensstandards und das Erscheinen immer neuer und besserer Produkte für eine genügend hohe Konsum- und Investitionsnachfrage zur Vermeidung von Stagnationstendenzen sorgen. Die ökonomische Entwicklung der Industrieländer gilt somit als weitgehend unabhängig von ihrer Bevölkerungsentwicklung. Demo-ökonomischen Fragen wird nur noch im Zusammenhang mit den Entwicklungsländern Relevanz zuerkannt.

IV

Bevor ich auf die gegenwärtige Diskussion um den Einfluß der Bevölkerung auf die wirtschaftlichen Variablen eingehe, will ich noch einige wenige Bemerkungen zu einem anderen Problemkreis machen. Gegenstand der Bevölkerungsökonomie ist nicht nur das Problem der ökonomischen Folgewirkungen der demographischen Entwicklung, sondern auch das Problem der demographischen Folgewirkungen der ökonomischen Entwicklung. Dieser zweite Problemkreis ist allerdings weit weniger erforscht als der erste. Das hat im wesentlichen drei Gründe: erstens führt die bereits oben beklagte Verbannung der Bevölkerung in den Datenkranz dazu, daß die Erklärung der Bevölkerungsentwicklung als Angelegenheit der Demographen, Soziologen, Politologen und Psychologen und nicht als Aufgabe auch der Ökonomen betrachtet wird. Zweitens werden Sinn und Relevanz einer rein ökonomischen Theorie der Bevölkerungsentwicklung vielfach und – wie ich meine – auch mit einer gewissen Berechtigung bestritten, weil die Konstanz der Parameter über sehr lange Zeiträume jedenfalls nicht gegeben ist. Drittens ist die Identifizierung der ökonomischen Einflüsse auf Fertilität, Mortalität und Migration angesichts der Vielfalt außerökonomischer Einflüsse ein schier unlösbares Problem. Aus diesen Gründen gibt es – von der malthusianischen Bevölkerungstheorie einmal abgesehen – nur wenige und zudem wissenschaftstheoretisch leicht angreifbare Ansätze einer ökonomischen Theorie der Bevölkerungsentwicklung. Die bekanntesten sind die Modelle von *Leibenstein*[17]) und *Becker*[18]).

---
[17]) *Leibenstein*, S. 107 f.
[18]) *Becker*, S. 108 f.

Grundgedanke der Theorie *Leibensteins* ist die Hypothese, daß die Eltern die gewünschte Kinderzahl nach rationalen Gesichtspunkten festlegen. Die „Nachfrage nach Kindern" kann dann ganz analog wie die Nachfrage nach Gütern in Form einer „cost benefit Analyse" abgeleitet werden. Den Nutzen, den die Eltern von einem Kind erhalten, unterteilt *Leibenstein*[19]) in:

1. Den Nutzen, den ein Kind als Arbeitskraft erbringt (U_1) (utility derived from the child as a productive agent), d. h. den Beitrag, den es in späteren Jahren zum Familieneinkommen leisten wird.

2. Den Nutzen, den ein Kind als Sicherheitsfaktor erbringt (U_2) (utility derived from the child as a potential source of security), d. h. die Versorgung der Eltern im Alter, bei Krankheit usw.

3. Den Nutzen, den ein Kind als „Konsumgut" erbringt (U_3) (utility derived from the child as a „consumption good"), d. h. den nicht meßbaren Nutzen „as a source of personal pleasure to the parents".

Es ist klar, daß die Leistungen von Kindern zum Familieneinkommen und zur Alters- und Krankenversorgung mit steigendem Einkommen der Eltern weniger benötigt werden. U_1 und U_2 sind daher fallende Funktionen des Einkommens. Der Nutzen von U_3 wird dagegen als vom Einkommen unabhängig unterstellt *(Abbildung 1)*. Die Kosten (C), die für ein Kind aufzubringen sind, lassen sich aufspalten in direkte Kosten (Kleidung, Ernährung usw.) und indirekte Kosten

Abbildung 1: Die „cost benefit Analyse" nach Leibenstein

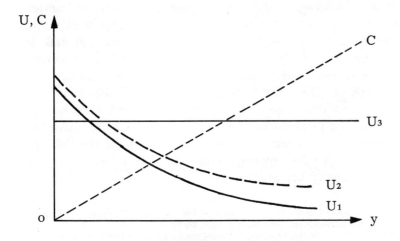

---
[19]) *Leibenstein,* S. 161.

(Opportunitätskosten wie z. B. den erzwungenen Verzicht der Mutter auf Erwerbstätigkeit, geringere Mobilität der Eltern usw.). Bezüglich der Kosten wird angenommen, daß sie mit steigendem Einkommen zunehmen[20]).

Die unterschiedliche Entwicklung des Nutzens und der Kosten eines Kindes führt bei rationalem Verhalten der Eltern dazu, daß diese ihre Kinderzahl mit steigendem Pro-Kopf-Einkommen einschränken. Damit dieser Wunsch erfüllt werden kann, muß allerdings noch hinzukommen, daß die Eltern über die Methoden der Geburtenverhütung informiert sind und auch in der Lage sind, sie zu praktizieren. Beide Voraussetzungen dürften bei höherem Lebensstandard eher gegeben sein als bei niedrigem.

Vervollständigt wird die Leibensteinsche Bevölkerungstheorie durch die weitere Prämisse, daß die Sterberate vor allem bei niedrigen und die Geburtenrate bei hohen Einkommen beeinflußbar sind. Die Bevölkerungsfunktion hat damit den in *Abbildung 2* dargestellten Verlauf.[21])

Abbildung 2: Verlauf der Bevölkerungsfunktion

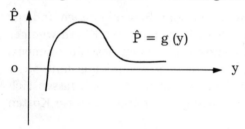

Ähnlich wie *Leibenstein* verwendet auch *Becker* einen entscheidungstheoretischen Ansatz zur Bestimmung der Fertilität. Er analysiert die „Nachfrage nach Kindern" ebenso wie die Nachfrage nach sonstigen dauerhaften Konsumgütern und verweist darauf, daß die Wirtschaftssubjekte mit höherem Einkommen nicht nur mehr, sondern auch bessere Konsumgüter nachfragen und daß das gleiche Verhalten auch bei der „Nachfrage nach Kindern" zum Tragen kommt. Aus der beobachteten positiven Korrelation zwischen hohen Erziehungs- und Ausbildungsaufwendungen pro Kind und hohem Einkommen der Eltern zieht er den Schluß, daß höhere Einkommen bei Eltern eher den Wunsch wecken nach einer verbesserten Ausbildung ihrer vorhandenen Kinder (hohe qualitative Elastizität der Kindernachfrage in bezug auf das Einkommen) als den Wunsch nach einer höheren Zahl von Kindern (geringe quantitative Elastizität der Kindernachfrage in bezug auf das Einkommen).

---

[20]) Begründung: "The style in which a child is maintained depends on the position and income of the parents; therefore, we expect such costs to rise as income rise. The indirect costs are likely to behave in a simular manner. Opportunities for engaging in productive or in various time-consuming consumption activities are likely to grow as income increases; therefore, the opportunity costs of having to tend to an additional child rise accordingly as income increases." *Leibenstein*, S. 163.
[21]) Migration wird ausgeklammert.

Leibenstein und *Becker* setzen in ihren Modellen voraus, daß die Präferenzen der Eltern gegeben und unabhängig vom Einkommen sind und die Zahl der Kinder nach dem Prinzip der Nutzenmaximierung bestimmt wird. Beide Prämissen sind problematisch, weil Einkommensniveau und sozio-ökonomischer Aufstieg der Eltern ihre Präferenzstruktur kaum unberührt lassen werden und rationale Überlegungen bei dem Kinderwunsch sicherlich noch weniger als bei der Nachfrage nach Konsumgütern zum Tragen kommen.[22] Aus diesen und weiteren Gründen[23] erscheint den meisten Ökonomen eine solche starre, rein ökonomische Betrachtungsweise bei der Analyse der Fertilität als ungeeignet und irrelevant. Die bloße Übertragung und Anwendung der herkömmlichen Konzepte der ökonomischen Theorie auf die Analyse der Fertilität verhilft der Bevölkerungsökonomie nicht zu neuem Kredit und kann kein Ausgangspunkt sein für eine umfassende, empirisch gehaltvolle, sozio-ökonomische Theorie der Geburtenrate.

V

Ich möchte meine tour d'horizon über die Behandlung des Bevölkerungsproblems in den volkswirtschaftlichen Lehrmeinungen abschließen mit einer kurzen Skizze über die gegenwärtigen Entwicklungslinien der Bevölkerungsökonomie. Der drastische Rückgang der Geburtenziffern seit Mitte der 60er Jahre erweckt das Interesse der Ökonomen am Bevölkerungsproblem und führt zu einer Wiederbelebung der demoökonomischen Forschungen. Die Ergebnisse der neueren Forschungen sind zwar bisher noch mager und ambivalent, aber die demographischen Zusammenhänge sind den Ökonomen bewußter und werden adäquater berücksichtigt als in den früheren Ansätzen. Indizien hierfür sind:

1. die Entdeckung der Altersstruktureffekte unterschiedlicher Fertilitätsverhältnisse und die Untersuchung ihrer ökonomischen Folgewirkungen durch die Wirtschaftswissenschaftler,

2. die Abkehr von der bloßen komparativ-dynamischen Betrachtungsweise hin zu essentiell-dynamischen Ansätzen, die die Analyse des demographisch-ökonomischen Anpassungsprozesses überhaupt erst ermöglichen.

Eine Reduzierung der Fertilität erhöht bei gegebenem Eintrittsalter in das und Austrittsalter aus dem Erwerbsleben die relative Zahl der Rentner und vermindert die relative Zahl der Kinder, so daß die Versorgungslast (Versorgungsauf-

---

[22] *Becker*, S. 166 begründet die Rationalitätsprämisse mit dem Argument, daß "the growth of knowledge about contraception has greatly widened the scape of decision-making."
[23] Einwände können auch gegen die unterstellte vollkommene Information über die künftigen Erträge und Kosten des Kindes und ähnliche heroische Annahmen geltend gemacht werden.

wendungen je Erwerbstätigem) steigen, fallen oder konstant bleiben kann. Darüber hinaus hat die Alterung der Bevölkerung auch Rückwirkungen auf den institutionellen Rahmen für die Versorgungsleistungen, da die Aufwendungen für Kinder teils individuell durch die Eltern (Nahrung, Kleidung, Wohnung usw.), teils kollektiv durch die Gesellschaft (Schule, Universität usw.), getragen werden, die Aufwendungen für Rentner dagegen ausschließlich kollektiv durch alle Erwerbstätigen geleistet werden. Der Fertilitätsrückgang und die damit bedingte Alterung der Bevölkerung ist deshalb selbst dann für das System sozialer Sicherung von grundlegender Wichtigkeit, wenn die Versorgungslast insgesamt gleich hoch bleibt oder sinkt.

Veränderungen der Altersstruktur der Bevölkerung können darüber hinaus Rückwirkungen haben auf die räumliche, berufliche und geistige Mobilität der Erwerbstätigen und damit auf das Niveau und die Wachstumsrate der Arbeitsproduktivität, auf die Karriereaussichten, Beschäftigungschancen und Einkommen der verschiedenen Altersgruppen, auf die Erwerbsbeteiligung und Erwerbsquote, auf die Höhe und die Struktur der Konsum- und Investitionsnachfrage (incl. Nachfrage nach Humankapital), auf den Bedarf an und die Auslastungen von Infrastruktureinrichtungen usw. Viele dieser Einflußmöglichkeiten sind in den letzten Jahren stark kontrovers diskutiert worden.

Die Berücksichtigung der Altersstruktur der Bevölkerung ist nicht der einzige Forschritt der Bevölkerungsökonomie. Auch ihre Untersuchungsmethoden sind in den letzten Jahren verfeinert worden. Bei der Analyse der langfristigen ökonomischen Folgewirkungen der demographischen Entwicklung (komparativ-dynamische Analyse) wird das Modell der stabilen Bevölkerung als Referenzmodell zugrundegelegt. Die Analyse des demographischen Anpassungsprozesses (dynamische Analyse) geschieht meist durch Simulationsrechnungen. Inzwischen sind neue demographische Konzepte wie das der pseudostabilen Bevölkerung (konstante Veränderungsrate der Mortalität bei konstanter Fertilität bzw. konstante Veränderungsrate der Fertilität bei konstanter Mortalität, *Coale*, *Feichtinger* und *Vogelsang*) entwickelt, die für eine allgemeine Analyse des demoökonomischen Anpassungsprozesses nutzbar gemacht werden können.

Daß die gegenwärtig vorhandenen bevölkerungsökonomischen Modelle beinahe ausschließlich Partialmodelle sind, ist weniger zufriedenstellend. Sie untersuchen nur Teilbeziehungen zwischen demographischen und ökonomischen Variablen und vernachlässigen die feedback-Effekte. Für ein umfassendes Verständnis des komplexen demographisch-ökonomischen Zusammenhangs bedarf es eines integrierten Gesamtmodells.

Bisher sind nur wenige integrierte demographisch-ökonomische Gesamtmodelle vorhanden, unter anderem das 1977 publizierte Modell von *Simon*[24]), das

---

[24]) The Economics of Populations Growth.

zwei Sektoren enthält (Landwirtschaft, Industrie) und sowohl Kausalbeziehungen von der Bevölkerungsentwicklung auf Niveau, Struktur und Veränderungsrate des Kapitalstocks, des Arbeitsangebots und des technischen Wissens als auch Kausalbeziehungen von ökonomischen Größen auf die Bevölkerungsentwicklung voraussetzt. Aus den an diesem Modell angestellten Simulationsrechnungen leitet *Simon* das Ergebnis ab, daß zumindest langfristig (nach 80 Jahren) sowohl für die Industrieländer als auch für die Entwicklungsländer ein positives Bevölkerungswachstum die wirtschaftliche Entwicklung begünstigt.

Dieses Ergebnis basiert im wesentlichen auf der Prämisse, daß zwischen der Rate des technischen Fortschritts und der Rate des Bevölkerungswachstums ein positiver Zusammenhang besteht, sei es aufgrund des Gesetzes der großen Zahl (eine große Zahl von Menschen bedeutet auch ein großes geistiges Potential) oder sei es wegen des drängenden Bedarfs an neuem Wissen (eine schnell wachsende Bevölkerung stellt die Gesellschaft vor große Probleme und fordert den Erfindungsgeist der Menschen heraus).

Ob der behauptete positive Zusammenhang zwischen technischem Fortschritt und Bevölkerungswachstum tatsächlich existiert, ist allerdings umstritten. Empirische Tests sind schwer durchführbar und ihre Ergebnisse sehr problematisch, da die demoökonomischen Beziehungen langfristig angelegt und durch viele andere Einflüsse überlagert und infolgedessen nur schwer identifizierbar sind. Aus diesem Grund ist die Gefahr groß, daß die integrierten demographisch-ökonomischen Modelle empirisch nicht hinreichend abgesichert werden können und wie so oft in der Geschichte der Bevölkerungsökonomie Spekulation wieder die Oberhand gewinnt.

Literatur

Garry S. Becker, An Economic Analysis of Fertility. In: National Bureau of Economic Research (Hrsg.), Demographic and Economic Change in Developed Countries, Princeton 1960, abgedruckt in *Overbeek*, S. 165 ff.

Knut Borchardt, Das Bevölkerungsproblem in den volkswirtschaftlichen Lehrmeinungen – ein dogmen-historischer Überblick, „Ifo-Schnelldienst" Bevölkerung und Wirtschaft, 31. Jahrgang, Heft 34 (1978), S. 12 ff.

Thomas J. Espenshade, William J. Serow (Hrsg.), The Economic Consequences of Slowing Population Growth, New York, San Francisco, London 1978.

Alvin H. Hansen, Fiscal Policies and Business Cycles, New York 1941.

Roy F. Harrod, Modern Population Trends, "The Manchester School", Vol. X (1939), S. 1 ff., abgedruckt in *Overbeek*, S. 113 ff.

John M. Keynes, Some Economic Consequences of a Declining Population, "The Eugenics Review" (1937), abgedruckt in *Donald Moggridge* (Hrsg.), The Collected Writings of John Maynard Keynes, Vol. XIV, The General Theory and After, Part II, London 1973, S. 124 ff.

Harvey Leibenstein, Economic Backwardness and Economic Growth, New York 1957, auszugsweise abgedruckt in *Overbeek*, S. 154 ff.

Thomas Robert Malthus, An Essay on the Principle of Population, 3rd. ed. London 1803, auszugsweise abgedruckt in *Overbeek*, S. 11 ff.

John St. Mill, Two Speeches on Population, "The Journal of Adult Education", Vol. IV (1929), S. 38 ff., abgedruckt in *Overbeek*, S. 29 ff.

Johannes Overbeek (Hrsg.), The Evolution of Population Theory, A Documentary Sourcebook, Westport and London 1977.

Julian L. Simon, The Economics of Population Growth, Princeton 1977.

Gunter Steinmann, Bevölkerungswachstum und Wirtschaftsentwicklung, Berlin 1974.

Bevölkerungspolitik unter dem Aspekt der Umwelthygiene

MANFRED HAIDER, WIEN

1. *Einleitung: Umwelt, Gesundheit und technisch-zivilisatorische Entwicklung*

Der Umweltschutz stellt ein sehr umfangreiches Aufgabengebiet der Zukunft dar. Die wesentlichen Aufgaben lassen sich grob in folgende 4 Gruppen unterteilen:

- Untersuchungen und Maßnahmen zum Schutz der Gesundheit
- Vorsorge für ein menschenwürdiges Dasein
- Schutz der jeweiligen Landschaft und Natur vor Nebenwirkungen durch die Zivilisation und Eingriffe durch den Menschen
- Verbesserung der Umweltqualität durch Planung

Die wissenschaftliche Grundlage für die wesentlichen Bereiche des Umweltschutzes, die den Menschen betreffen, bildet die Umwelthygiene. Diese untersucht die Wechselwirkung zwischen der menschlichen Gesundheit und den biologischen, chemischen, physikalischen sowie auch psychosozialen Umweltfaktoren. Der Begriff „menschliche Gesundheit" wird dabei sehr weit zu fassen sein. Eine Zielvorstellung könnte die schon seit vielen Jahren von der Weltgesundheitsorganisation geprägte Definition bilden, daß menschliche Gesundheit nicht nur Abwesenheit von Krankheit bedeutet, sondern völliges seelisches, körperliches und soziales Wohlbefinden. Diese Definition könnte sicher auch eine Zielvorstellung für ein menschenwürdiges Dasein bilden. Allerdings muß man sich darüber im klaren sein, daß diese Vorstellung bei den derzeit gegebenen Verhältnissen nicht realisierbar ist, und vielleicht auch nie völlig realisiert werden kann. Man wird hier versuchen müssen, den besten Kompromiß zu schließen zwischen den medizinisch-hygienischen Zielvorstellungen und den Realisierungsmöglichkeiten.

Viele der Trendberechnungen zeigen auf, daß unhaltbare Zustände eintreten werden, wenn die technische und zivilisatorische Entwicklung mit all ihren Nebenwirkungen in demselben Ausmaß und Tempo voranschreitet, wie dies derzeit der Fall ist. Zugleich kann aber gesagt werden, daß es reale Möglichkeiten gibt, eine weitere Umweltverschlechterung einzudämmen, ja sogar eine Verbesserung der Lebensbedingungen zu erreichen. Allerdings ist dies nicht mehr eine Frage einzelner Behörden, einzelner Interessensvertreter oder auch der Regierung, sondern es ist vielmehr eine Frage der Allgemeinheit oder auch der Gesamtgesellschaft. Prinzipiell ist unsere Umwelt besser gestaltbar, dies ist allerdings eine Frage der Einsicht und der Kosten.

2. *Grenzen des Wachstums und der Umwelt*

Auf die Gefahren eines durch medizinischen Fortschritt geänderten raschen Bevölkerungswachstums wurde unter anderem auch von ärztlicher Seite schon im vorigen Jahrhundert hingewiesen. So schrieb *Billroth* (1892) an Brahms, daß die Medizin zwar den Individuen zugute komme, aber allmählich die Gesellschaft ruinieren werde.

In den letzten Jahrzehnten wurden von verschiedenen Seiten Befürchtungen über „Bevölkerungsexplosion" und exponentielle Urbanisierung geäußert. Die Vereinten Nationen stellten 1967 (Second UN World Population Conference) fest, daß um Christi Geburt 210 Mill. Menschen lebten, 1625 waren es erst 500 Millionen, 1825 eine Milliarde, 1930 zwei Milliarden, 1960 drei Milliarden und im Jahre 2000 werden es 6–7 Milliarden sein. Der Bericht des Clubs of Rome (1972) folgert daraus, daß die Weltbevölkerung nicht nur exponentiell, sondern sogar „superexponentiell" angestiegen ist, da die Wachstumsraten selbst angestiegen sind. Allerdings müssen diese Zahlen regional sehr verschieden betrachtet werden. Es wurde ja dem Club-of-Rome-Bericht berechtigterweise vorgeworfen, daß es sich um ein „Weltmodell" handelt und daß daher regionale Unterschiede nicht entsprechend berücksichtigt werden. Man hat daher später versucht, ein „hierarchisches Mehrebenen System" aufzustellen (*Mesarovic – Pestl:* „Menschheit am Wendepunkt").

Die Frage des Bevölkerungswachstums bzw. der Bevölkerungsbewegung muß also entsprechend qualifiziert werden. Die Bevölkerungsbewegung hängt einerseits vom Verhältnis der Geburtenziffern zu den Sterblichkeitsziffern und andererseits von Zu- bzw. Abwanderungen ab. Sie ist regional und national sehr verschieden, durchläuft aber grobschematisch drei Phasen: eine frühstationäre Phase, in der Geburtenziffern und Sterberaten hoch sind, dann eine Phase der raschen Bevölkerungszunahme mit immer noch hohen Geburtenraten, aber stark abnehmender Sterblichkeit und schließlich eine spätstationäre Phase mit geringen Geburts- und Sterberaten. Die Phase der raschen Bevölkerungszunahme war in Europa um 1900 gegeben und durch die großen Fortschritte der Hygiene und der Medizin mitbedingt. Heute liegt sie in den Entwicklungsländern vor und bedingt viele der derzeit aktuellen Weltprobleme. Österreich befindet sich im „spätstationären Stadium" und hat daher derzeit keine Probleme mit „Bevölkerungsexplosion". Eher schon mit der in den letzten Jahrzehnten erfolgten Zunahme des Anteiles alter Menschen.

Daß exponentielles Wachstum auf einer begrenzten Erde nicht unendlich weitergehen kann, war eine der Erkenntnisse, welche den naiven Fortschrittsoptimismus am stärksten erschütterten. Die Grenzen ergeben sich unter anderem aus dem begrenzten Lebensraum, aus der begrenzten landwirtschaftlichen Nutzfläche, aus den begrenzten Rohstoffvorräten und aus der Umweltbelastung. Nur die letztere soll hier näher erörtert werden. Die Umweltbelastung hängt mit Bevölkerungsdichte, Nahrungsmittelproduktion, Industrialisierung und Technisierung zusammen. Sie war eigentlich immer gegeben, seit durch die Tätigkeit des Menschen auch Abfallprodukte entstanden. Aber die Auswirkungen waren lokal begrenzt und konnten meist durch Ausbreitung und Verdünnung der Schadstoffe bekämpft werden. Völlig fehleingeschätzt wurden allerdings die Zeiträume, in denen es zur Selbstreinigung, zur Entgiftung bzw. zum Abbau der verschiedenen Abfallstoffe und „Umweltchemikalien" kommt. Schon um die Jahrhundertwende zeigte sich beispielsweise, daß besonders empfindliche Fischarten in einigen Flüssen vom Aussterben bedroht waren. Der Störfang im Unterlauf des Rheins war beispielsweise um die Jahrhundertwende deutlich eingeschränkt und erlosch 1920 völlig. Heute ist festzustellen, daß sogar die gesamte Meeresfauna in Küstennähe stark in Mitleidenschaft gezogen ist und daß wir in den zoologischen Gärten der Welt bei vielen Tieren das Schild: „Vom Aussterben bedrohte Tierart" finden. Auf diese Fragen haben viele Biologen wiederholt hingewiesen und sie haben versucht, die öffentliche Meinung entsprechend aufzurütteln. In Österreich sind in diesem Zusammenhang vor allem der Nobelpreisträger *Konrad Lorenz,* der Leiter der biologischen Station Wilhelminenberg *Otto König* und der Leiter des Boltzmann-Institutes für Umweltwissenschaften, *Bernd Lötsch,* zu nennen.

Viele Umwelteinflüsse sowohl chemischer, als auch physikalischer Natur haben in den letzten Jahrzehnten in bestimmten Teilen der Erde rasant zugenommen. Manche davon sogar weltweit und exponentiell. Auch hier konnte man leicht extrapolieren, daß gesundheitsgefährdende oder sogar lebensfeindliche Zustände eintreten würden, wenn die Entwicklung so weitergeht. Wo echte Grenzwerte für Umweltbelastung liegen, ist für den einzelnen heute schwer und für größere Systeme meist gar nicht zu sagen. Fest steht jedenfalls, daß für viele Schadstoffe und andere Umwelteinflüsse starke Anreicherungen, beispielsweise über Nahrungsketten, eintreten können und daß oft lange Verzögerungszeiten bei ökologischen Prozessen eintreten. So wurde beispielsweise für die Verbreitung von DDT in der Umwelt errechnet, daß selbst unter der Voraussetzung einer Einschränkung des Verbrauches (was in der Zwischenzeit von vielen Ländern durchgeführt wurde) der Gehalt von DDT in Fischen weiter ansteigt und erst elf Jahre später seinen Höhepunkt erreicht. Diese neuen wissenschaftlichen Erkenntnisse über die Stabilität vieler Umweltbelastungen und die langen ökologischen Verzögerungen bei ihrer Beseitigung, zusammen mit der plötzlich aufdämmernden Erkenntnis, daß jedes Ökosystem, auch das gesamte Weltsystem, deutliche Grenzen seiner Kapazität hat, hat bei vielen Menschen nicht nur den Fortschrittsoptimismus stark gedämpft, sondern darüber hinaus eine Art „Weltuntergangsstimmung" heraufbeschworen.

3. *Entwicklung und Gleichgewicht in natürlichen und anthropogen beeinflußten Ökosystemen*

Der Mensch ist in seiner biologischen Organisationsform angepaßt an die natürliche Umwelt, in der er sich über Jahrmillionen entwickelt und lange Zeit gelebt hat. Er bildete eine natürliche Einheit mit seiner belebten und unbelebten Umwelt, ein im Gleichgewicht befindliches „Ökosystem". Ökosysteme sind funktionale Einheiten aus bestimmten Lebensräumen und Lebensgemeinschaften. Jeder Lebensraum (Biotop) weist besondere Umweltverhältnisse auf und ermöglicht so bestimmten Lebewesen das Gedeihen. Diese Lebewesen bilden zusammen Lebensgemeinschaften, sogenannte Biozönosen.

Ökosysteme sind ebenso einer Entwicklung unterworfen wie Einzelindividuen. Natürliche Ökosysteme münden schließlich in einen langdauernden, zur Selbstregulation befähigten Zustand, der auch „Ökoklimax" genannt wird. Darin haben die Arten und Individuenzahlen im Hinblick auf die Stabilität des Systems ein Optimum erreicht, wobei der Bestand nur individuell und nicht durch Artentod oder Flächenzusammenbrüche verjüngt wird. Trotz größtem Bestand an Biomasse vermehrt sich diese nicht weiter, es wird ebensoviel abgebaut wie produziert. Das natürliche Ökosystem befindet sich damit in einem relativ stabilen Gleichgewichtszustand, wobei auch natürliche, katastrophale Eingriffe abgefangen, reguliert und durch neue Stabilität beantwortet werden.

Durch den Menschen werden die Ökosysteme in unterschiedlicher Weise beeinflußt. Die Lebensform des Jägers und Sammlers war durchaus mit der Existenz im Ökoklimaxsystem vereinbar. Die menschliche Zivilisation aber begann, die Biomasseproduktion in den Ökosystemen ansteigen zu lassen, die Artenzahlen sanken ab, aber die Individuenzahl pro Art stieg an, die Fähigkeit zur Selbstregulierung wich einer größeren Instabilität der Systeme und die Belastung mit biologisch nicht oder nur schwer abbaubaren Fremdstoffen stieg an.

Die folgenschwersten Ökosystemveränderungen treten in den „Stadtökosystemen" auf. Diese sind in ihren Stoff- und Energiehaushalten nicht autonom. Sie besitzen „Spenderökosysteme", z. B. als Energie- und Rohstofflieferanten und „Empfängerökosysteme", um Abfälle, Abwässer, Abwärme, Produktionsüberschüsse etc. aufnehmen zu können. Zusätzlich müssen Transport- und Verkehrssysteme für entsprechende Verteilungen und Entsorgung vorhanden sein.

Im Gegensatz zu natürlichen Ökosystemen spielen in den „Stadtökosystemen" neben den biologischen Komponenten die psychologisch-soziologischen Komponenten eine bestimmende Rolle.

Das urbane Leben bringt für die in der Stadt lebenden Menschen eine Reihe von Vorteilen, zu denen unter anderem bessere Bildungs- und Arbeitsmöglichkeiten, größere soziale Mobilität und bessere Gesundheitsversorgung gehören. Demgegenüber steht aber eine Reihe von möglichen negativen Auswirkungen wie erhöhte Bevölkerungs- und Wohndichte, erhöhte Luftverunreinigung und Lärmbelästigung, Verringerung des Erholungsraumes und Veränderung klimatischer Bedingungen.

Der „Urbanisierungsprozeß" war in den letzten Jahrzehnten sehr rasant. 1850 gab es 4 Millionenstädte auf der Welt, 1900 waren es 19, 1960 bereits 141 und im Jahr 2000 werden 275 erwartet.[1] Für Europa wurde für 1950 eine „Stadtbevölkerung" von 53% angegeben, für 1970 waren es bereits 63% und im Jahre 2000 werden über 70% geschätzt. Die gesamte Stadtbevölkerung dieser Erde wird Ende des Jahrhunderts zweimal so groß sein wie die gesamte Weltbevölkerung zu Anfang des Jahrhunderts.[2] Solche und ähnliche Zahlen wurden überall zu einer Art „Schock" für das reine Wachstums- und Entwicklungsdenken. Tatsächlich konnten und können ja auch viele Menschen in ihrer eigenen Stadtumgebung die Ergebnisse eines uferlosen Stadtwachstums in erschreckender Weise beobachten. Gerade hier hat aber ebenfalls bereits ein Umdenken eingesetzt. Raumplanungs- und Stadtplanungsgremien bestehen ja seit längerer Zeit und versuchen in den letzten Jahren zunehmend, auch ökologische Gesichtspunkte mit einzubeziehen. In Österreich zeigt ja die Millionenstadt Wien rein bevölkerungsmäßig eher ein Gleichbleiben bzw. eine leichte Abnahme. Man sollte also meinen, daß es möglich sein müßte, mindestens ein relatives Gleichgewicht auch in Stadtökosystemen herbeizuführen.

4. *Einige Ergebnisse und Probleme der Umweltforschung*

4.1. *Umweltkatastrophen und Großunglücke*

Eine der Hauptursachen zur Aufrüttelung der Menschen und zur Einleitung von Untersuchungen sowie zu organisierten Schutz- und Abwehrmaßnahmen waren und sind die Umweltkatastrophen und Großunglücke der letzten Jahrzehnte. In ihnen manifestiert sich die Kehrseite des technischen Fortschrittes am krassesten.

Schon 1930 kam es im Industriegebiet südlich von Lüttich, im Maastal, zu einer Luftkatastrophe mit toxischer Rauchnebelbildung, die vor allem Schwe-

---

[1] *A. Toffler:* Future Shock, 1970.
[2] United Nations: The world population situation in 1970. Population studies Nr. 49, 1971.

feloxide und Fluorverbindungen enthielt. Es kam zu einer Übersterblichkeit von 63 Personen und zu mehreren hundert Erkrankungen der Atemwege. Wissenschaftler hatten damals schon errechnet, daß eine solche Katastrophe in einer Großstadt wie London eine Übersterblichkeit von mehreren tausend Menschen ergeben würde. Tatsächlich ist eine solche Katastrophe dann 1952 eingetreten, wobei 4000 Menschen, vor allem vorgeschädigte und alte Personen starben. London erlebte noch eine Reihe solcher Smogperioden, die allerdings nicht so katastrophal waren wie die des Jahres 1952. Durch strenge Maßnahmen, insbesondere hinsichtlich der Raumheizung, hat sich die Situation seitdem gebessert. Aber auch in anderen Großstädten (z. B. Tokio und New York) kam es mehrfach zu ähnlichen Episoden. Nähere Angaben über diese Luftkatastrophen sowie über alle Zusammenhänge von Umweltfaktoren und menschlicher Gesundheit habe ich im „Leitfaden der Umwelthygiene" (1974) zusammengestellt.

Als eine der bekanntesten Wasserkatastrophen möchte ich die Minamata-Katastrophe erwähnen. Schon 1953 erkrankten in der Minamata-Bucht 121 Personen mit neurologischen Symptomen wie Lähmungen und Störungen der Sinnesleistungen. 46 Patienten starben. Es konnte erst allmählich nachgewiesen werden, daß es sich um Intoxikationen durch organische Quecksilberverbindungen handelte. Diese entstanden aus den Abwässern einer Acetylenfabrik, in welche unbrauchbar gewordenes Katalysatorquecksilber gekippt worden war. Das Quecksilber war durch Bakterien in Methylquecksilber umgewandelt und dann in die Nahrungskette aufgenommen worden.

4.2 *Nahrungsketten und Biozyklen*

Manche Schwermetalle bzw. Schwermetallverbindungen ebenso wie viele Insektizide und andere Umweltchemikalien und auch radioaktive Stoffe können in Nahrungsketten eingeschleust werden. Dabei kann es zu oft enormen Anreicherungen kommen. Das eben erwähnte Quecksilber im Abwasser kann durch organische Bindung fettlöslich (lipophil) gemacht und vom Plankton aufgenommen werden. Das Plankton dient wiederum Muscheln und Fischen als Nahrung, in denen Methylquecksilber angereichert wird. Von dort gelangt es in den menschlichen Organismus und insbesondere ins Zentralnervensystem, in dem es mit Halbwertszeiten von mehreren 100 Tagen angereichert wird. Alle diese Umlagerungen benötigen geraume Zeit. In Schweden mußten schon bestimmte Meeresgebiete für den Fischfang gesperrt werden. Schätzungen, die z. B. bei Fellenberg (Umweltforschung, 1972) zitiert sind, besagen, daß in schwedischen Gewässern etwa 500 t Quecksilber lagern, deren Umwandlung in Methylquecksilber noch Jahrzehnte dauern wird. Erst dann ist das Maximum an organischen Quecksilberverbindungen und damit die maximale Gefahr für Intoxikationen zu erwarten. Dies stellt wiederum ein Beispiel der erst in den letzten Jahrzehnten bekanntgewordenen ökologischen Verzögerungszeiten dar. Nur weitgehende Beschränkung der Anwendung des Quecksilbers für bestimmte Verwendungsarten wird hier langfristig Abhilfe schaffen können. Damit kommen wir wieder zu einem wichtigen Punkt in unserer Erörterung: der technologischen Entwicklung, die sich nach Markterfordernissen orientiert, werden in zunehmendem Maße aus Gründen der Umwelt Beschränkungen und Anwendungsverbote in verschiedenen Ländern auferlegt werden. Dabei wird allerdings in vielen Fällen versucht werden müssen, entsprechende Kompromißlösungen zu finden. Ein Beispiel dafür bietet die Frage der Insektizide, insbesondere des DDT. Dieser Chlorkohlenwasserstoff wurde ab 1939 weltweit zur Insektenbekämpfung, insbesondere auch zur Bekämpfung der Anopheles, welche Malariaerreger überträgt, eingesetzt. DDT erwies sich in den toxikologischen Prüfungen als wenig giftig für den Warmblüterorganismus. Seine langsame Abbaurate wurde zuerst als Vorteil angesehen. Dann aber konnte gezeigt werden, daß auch hier biologische Ketten mit Anreicherungen entstehen. Die stabilen Chlorkohlenwasserstoffe reicherten sich weltweit in ozeanischen Großräumen an, wurden vom Plankton aufgenommen, gelangten von dort in Fische und dann entweder direkt in den menschlichen Organismus oder über den Umweg von Fischmehl in Hühner und Schlachttiere und weiter über Milch und Fleisch in den Menschen. Ein anderer Teil kann über Pflanzen wiederum direkt oder auf dem Umweg über pflanzenfressende Tiere in die menschlichen Organe gelangen, wo wiederum eine Speicherung im Fettgewebe erfolgt. Im menschlichen Fettgewebe wurden schon Werte zwischen 2 und 30 mg DDT pro Kilogramm nachgewiesen. Als diese Tatsachen erkannt wurden, hat man in vielen Ländern Anwendungsverbote erlassen. Als Folge davon kam es in manchen Ländern zu einem sprunghaften Ansteigen der Malariafälle, wie dies beispielsweise von der WHO in Ceylon festgestellt worden ist. Wir müssen also in Hinkunft mit Schädlingsbekämpfungsmitteln ebenso umzugehen lernen, wie wir es mit Arzneimitteln gelernt haben. So wie wir „therapeutische Risken" auf dem Arzneimittelsektor abschätzen, werden wir „ökologische Risken" auf dem Umweltsektor abschätzen müssen.

4.3 Weltweite Veränderungen in Atmosphäre und Stratosphäre

Ein typisches Beispiel für eine weltweit auftretende Störung eines atmosphärischen Gleichgewichts stellt die Frage des Kohlendioxids dar. Kohlendioxid wird seit jeher bei Atmungsvorgängen von Lebewesen produziert und an die Atmosphäre abgegeben. Es wird aber nicht nur produziert, sondern auch von den Pflanzen verbraucht. Grüne Pflanzen stellen aus Kohlendioxid und Wasser unter Ausnutzung der Sonnenenergie im Rahmen der Photosynthese Glukose her. Als Abbauprodukt wird aus Wasser in äquivalenter Menge zum verbrauchten Kohlendioxid Sauerstoff gebildet. So entstand ein Gleichgewichtszustand, wobei durch die Atmung aller Lebewesen jährlich ungefähr soviel CO_2 freigesetzt wurde, wie die Pflanzen photosynthetisch zu binden vermögen. In erdgeschichtlichen Perioden, bevor der Mensch auftrat, überwog zeitweise die Photosynthese gegenüber der Atmung. In diesen Epochen entstanden die Depots fossiler Brennstoffe, die heute geplündert werden. Bei der Verbrennung dieser fossilen Brennstoffe entsteht u. a. Kohlendioxid, das in die Atmosphäre abgegeben wird, insgesamt rund 20 Milliarden Tonnen jährlich. Damit verschiebt sich das Gleichgewicht, und der Kohlendioxidgehalt der Luft beginnt seit der Jahrhundertwende anzusteigen. Festgestellt wurde eine weltweite jährliche Zunahme der CO_2-Konzentration um 0,5–1 ppm. Derzeit sind statt 300 ppm schon mehr als 330 ppm in der Atmosphäre vorhanden und für das Jahr 2000 werden 380 ppm erwartet. Daran wurden schon meteorologische Spekulationen geknüpft. Kohlendioxid hat ähnlich dem Glas die Eigenschaft, daß vom Boden abgegebene langwellige Wärmestrahlen nicht durchgelassen werden. Aufgrund dieses „Glashauseffektes" fürchten manche Wissenschaftler, daß die Polkappen abschmelzen und entsprechende Überflutungskatastrophen eintreten könnten. Geologen meinten demgegenüber aufgrund des Langzeittrends über Eis- und Zwischeneiszeiten, daß wir uns allgemein derzeit wiederum einer Eiszeit zu nähern beginnen. Was wirklich geschehen wird, kann niemand voraussagen, aber daß eine Verschiebung atmosphärischer Gleichgewichte ökologische und klimatologische Auswirkungen haben könnte, hat immerhin bewirkt, daß viele Menschen auch darüber sich Gedanken zu machen beginnen.

In der Stratosphäre entsteht durch Einwirkung der UV-Strahlung aus dem Luftsauerstoff Ozon. Diese Ozonschicht hat für die Erde eine Schutzfunktion, da sie einen großen Teil der von der Sonne stammenden UV-Strahlen absorbiert. Würde die gesamte UV-Strahlung ungehindert zur Erde gelangen, müßte mit einem Ansteigen von Hautschäden, insbesondere auch von Hautkrebs gerechnet werden. Diese Schutzschicht von Ozon ist heute der Gefahr ausgesetzt, durch manche Tätigkeiten des Menschen gestört oder sogar zerstört zu werden. Hochfliegende Flugzeuge und Raketen können durch Ausstoß von Stickstoffmonoxid die photochemische Ozonbildung blockieren. Ferner können aus langsam aufsteigenden Treibgasen Halogenkohlenwasserstoffe freigesetzt werden und mit dem Ozon reagieren. Wir wissen heute, daß Abbau- und Regenerationsvorgänge in der Ozonschicht sehr langsam ablaufen und daher gestörte Gleichgewichte sehr lange Zeit brauchen würden, um wieder hergestellt zu werden. Darum sind heute in vielen Ländern die Verwendungen von Treibgasen, insbesondere in Spraydosen stark eingeschränkt worden, obwohl derzeit noch keine Abnahme der Ozonschicht festzustellen ist.

Dies scheint wohl ein wichtiger Gesichtspunkt zu sein: Die Menschheit beginnt heute, unter dem Eindruck des Entwicklungsskeptizismus mit vorausschauenden Planungen und mit prospektiven Ge- und Verboten. Es besteht immerhin eine gewisse Hoffnung, daß auf diese Weise ein Umdenken eingeleitet und mehr und mehr „umweltkonforme Verhaltensweisen" gebildet werden.

Aber insgesamt stecken diese an sich erfreulichen Tendenzen noch sehr in den Kinderschuhen.

4.4 Smogbildung und Fernwirkungen

Lokal kann es über den Ballungszentren zur Bildung giftiger Rauchnebel (smog, von „smoke" und „fog") kommen. Der Londoner Smog wurde bereits erwähnt. Er entsteht unter bestimmten Wetterbedingungen bei SO_2-reicher Luft, wobei sich auch SO_3 und Schwefelsäure bilden. Berühmt geworden vor mehr als 30 Jahren in Los Angeles ist jedoch der photochemische Smog. Er bildet mehr und mehr ein weltweites Problem. Es konnte nachgewiesen werden, daß es sich um einen „oxidierenden Smog" handelt, wobei aus Stickoxiden und Kohlenwasserstoffen eine Reihe von Oxidantien (Ozonide und Peroxide) entstehen. Die Folge sind vor allem Reizwirkungen auf Schleimhäute, Augenreizungen, aber auch Pflanzenschäden und Sichtminderungen. In den letzten Jahren wurden ähnliche Smogbildungen und ihre Folgen in den verschiedensten Gebieten der Welt, unter anderem in Holland, Deutschland, Japan und Australien beobachtet.

Ein weiteres Problem bilden die sogenannten „sauren Emissionen", zu denen vor allem Schwefeloxide, Fluorwasserstoff und Chlorwasserstoff gehören. Gerade für diese „sauren Emissionen" sind auch Fernwirkungen beschrieben, womit die grenzüberschreitenden Probleme gut demonstriert werden können. Da sich diese Stoffe in Wasser leicht lösen, reichern sie sich in Regentropfen an und es kommt zu sauren Niederschlägen. Aus dem Ruhrgebiet, aus England und wahrscheinlich sogar aus den U.S.A. dringen saure Emissionen bis nach Skandinavien vor, insbesondere, wenn dort der Kern eines Tiefdruckgebietes liegt und daher Luft aus der Umgebung angesaugt wird. In Südskandinavien wurden Säuregrade des Regenwassers bis herunter zu pH 3 gemessen, die unter Umständen zu ökologischen Auswirkungen wie Verminderung des Waldzuwachses und des Fischbestandes führen können.

4.5 Die Internationalität der Umweltproblematik

Einige der hier erörterten Ergebnisse und Probleme der Umweltforschung zeigen deutlich, daß es tatsächlich weltweite Vorgänge der Schadstoffanreicherung und Umweltgefährdung, ja vereinzelt sogar der Gesundheitsgefährdung gibt. Es sind darum heute eine ganze Reihe internationaler Organisationen sehr ernsthaft mit der Frage des Umweltschutzes beschäftigt. Dazu gehören vor allem die Vereinten Nationen mit ihren Organisationen, insbesondere der Weltgesundheitsorganisation; dazu gehören aber auch europäische Organisationen wie OECD und EG. Die Tätigkeit dieser Organisationen ist wiederum in vielfältiger Weise mit nationalen Institutionen rückgekoppelt. Es hat sich dabei ein Instrumentarium herausgebildet, mit dessen Hilfe viele technologische Entwicklungen nunmehr viel kritischer und skeptischer betrachtet werden können, als dies noch vor ein oder zwei Jahrzehnten der Fall war.

5. *Bevölkerungswachstum, materieller Fortschritt und innere Entwicklung*

Kultur- und Zivilisationsentwicklung haben stets neue Möglichkeiten zur Umwelt- und Lebensgestaltung eröffnet, aber auch ihren Preis gefordert. Als Preis für den Fortschritt hat *Freud* schon 1930 ein „Unbehagen in der Kultur" postuliert. Es wird durch die nichtbewältigten Aggressionsneigungen ausgelöst, und *Freud* hat gemeint, daß es eine Schicksalsfrage unseres Jahrhunderts sei, ob die Kulturentwicklung der Störung des Zusammenlebens durch eine Art Aggressions- und Selbstvernichtungstrieb Herr werden könnte. Man kann kaum behaupten, daß wir diese Schicksalsfrage des „Unbehagens in der Kultur" bereits gelöst hätten. Aber wir haben eine neue Schicksalsfrage hinzubekommen, die man als „Unbehagen in der Zivilisation" bezeichnen könnte. Unsere Zivilisation beginnt derzeit durch exponentielle Wachstumskurven des Konsums und der damit einhergehenden Umweltverunreinigung bzw. Umweltschädigung an ihren eigenen Grundfesten zu rütteln. Weltweite umwelttoxikologische Fragestellungen, Abfallprobleme und Gefahren für den genetischen Bestand sind Teile des Preises, den wir für die Zivilisationsentwicklung zahlen. Es wird zweifellos eine Schicksalsfrage unserer Generation sein, ob wir imstande sind, die Gesundheitsgefährdung durch Umweltfaktoren abzuwehren und die Chancen zu neuen Umweltgestaltungen zu nützen.

Es ist angesichts dieser Problematik heute vielen Menschen klar geworden, daß es unbedingt nötig ist, weitere nachteilige Veränderungen ökologischer Gleichgewichte zu vermeiden und noch intakte Ökosysteme soweit als möglich zu schützen. In diesem Sinne wird vielfach angestrebt, Bevölkerungswachstum, Fortschritt und technisch-zivilisatorische Entwicklung nur in dem Rahmen in kontrollierter Weise zuzulassen, in welchem er sich mit den Zielvorstellungen über menschliche Gesundheit und menschliches Wohlbefinden vereinbaren läßt. Die Forderungen nach einem „ökologischen Bewußtsein" und nach „ökologischer Ethik" werden vielfach laut, und das Schlagwort von der „Lebensqualität" macht die Runde. Wer aber kann heute sagen, worin die bessere „Lebensqualität" denn nun besteht?

In diesem Zusammenhang kann man wohl am ehesten feststellen, daß sich eigentlich gezeigt hat, daß eine erhöhte Bedürfnisbefriedigung keineswegs mit einem „glücklicheren" oder „erfüllteren" Leben korrelieren muß. Es ist zwar sicher recht und billig zu fordern, daß jeder Mensch die Möglichkeit haben sollte, die „primären Bedürfnisse", die den Bedarf seines Organismus decken, wie Nahrung, Sauerstoff, Schlaf etc. zu befriedigen und weiter auch viele seiner „sozialen Bedürfnisse". Wo aber macht die „Bedürfnisbefriedigung" bei den

Konsum- und Luxusbedürfnissen halt? Es ist wahrscheinlich realistischer anzunehmen, daß die Bedürfnisse des Wohlfahrtsdaseins praktisch unersättlich sind und daß die wahren Voraussetzungen eines erfüllten Lebens anderswo gesucht werden müssen. Es ist auch keineswegs so, daß ein „Schlaraffenland", wo wir ohne alle Anstrengung aller materiellen Güter und Genüsse teilhaftig werden können, besonders erstrebenswert wäre. Im Gegenteil: schon die bloße Annäherung an einen solchen Zustand ist mit starken Motiven verbunden, ihn zu vermeiden und es gibt viele Situationen, in denen der Mensch eine Anstrengung dem Nichtstun auch ohne äußeren Zwang vorzieht. Daß wir Ruhe und Nichtstun anstreben, gilt eigentlich nur dann, wenn wir zuviel zu tun haben. Jeder Mensch hat offensichtlich gewisse „optimale Aktivitätsbereiche", die er anstrebt und in denen er sich wohlfühlt bzw. in denen er „gesund" ist. Für diese „optimalen Aktivitätsbereiche", die entsprechenden physischen und sozialen Umwelten herzustellen, um dynamische Gleichgewichtszustände zwischen menschlichen Fähigkeiten und Umweltanforderungen zu erreichen, ist offensichtlich eine der Hauptaufgaben künftiger Umweltgestaltung. Der Rest wird von einer Art „innerer Ökologie", als Voraussetzung eines erfüllten Lebens, kommen müssen. Diese wird das Hauptgewicht nicht statisch auf bloßes Überleben, sondern dynamisch auf innere Entwicklung jedes einzelnen legen müssen. Von dieser seiner inneren Entwicklung hängen Glück und körperliches, seelisches und soziales Wohlbefinden des einzelnen ab und nicht vom technologischen Fortschritt, industriellem Wachstum und zivilisatorischer Entwicklung.

Die Frage der Bevölkerungspolitik wird sich mit allen hier aufgezeigten Problemen auseinandersetzen müssen. Am ehesten werden entsprechende Umweltplanungen mit Maßnahmen zur Erhaltung der Gleichgewichte und Verbesserung der Lebensqualität auch in einer „Gesellschaft im Bevölkerungsgleichgewicht", also einer Art „steady state society", zu treffen sein. Aber auch in diesem Zusammenhang muß jedem einzelnen klar werden, daß er dann weiter Steigerungen seiner Konsum- und Luxusbedürfnisse nur im Rahmen eines sehr kontrollierten Wachstums erwarten kann.

LITERATUR:

A. *Toffler,* Future Shock, 1970.
United Nations, The world population situation in 1970, Populations studies Nr. 49, 1971.

Wie kinderfreundlich sind die Wohn- und Wohnumfeldbedingungen? Wohnverhältnisse als Bedingungsfaktor familiärer Lebenssituation

CLEMENS GEISSLER, HANNOVER

1. Vorbemerkung

Wenn sich die Wohnbedingungen an Lebensstil und Leistungsmöglichkeiten der Familien mit Kindern orientieren sollen, ist zu beachten, daß diese dem ständigen Wandel ebenso unterliegen wie das Zielsystem der Wohnungs- und Städtebaupolitik. Gebäude und Wohnungen überdauern aber mehrere Generationen.

In dieses Spannungsverhältnis sind die Bemühungen um bedürfnisorientiertes und bedarfsgerechtes Wohnen der Familie eingebettet.

Zur Beantwortung der Frage nach der Kinderfreundlichkeit der Wohn- und Wohnumfeldbedingungen am Beispiel der Bundesrepublik Deutschland wird nachstehend in drei Schritten beigetragen: Im ersten Abschnitt wird dargelegt, daß bedeutende Ursachen der Unterversorgung von Familien mit Wohnraum auch in den Funktionsmängeln des Wohnungsmarktes und nicht im Wohnungsbestand allein zu sehen sind. Zielgerichtetes Handeln, das kinderfreundliche und familiengerechte Wohnverhältnisse zum Ziel hat, muß die erkennbaren Bedürfnisse der Familien berücksichtigen und an politisch gewollten Wohnstandards orientiert sein, beides wird im zweiten Abschnitt behandelt. Im letzten Abschnitt wird die Wirklichkeit des Familienwohnens gerafft beschrieben.

2. Familien mit Kindern im Spannungsfeld von Wohnbedürfnissen und Wohnungsmarkt

Die unzureichende Wohnungsversorgung von Familien mit Kindern wird nach einem 30jährigen sozialen Wohnungsbau mit Verwunderung registriert. Als mögliche Ursachen werden angesehen einerseits eine vorrangig wohnungswirtschaftlich quantitative Orientierung der Wohnungspolitik und andererseits eine unzureichende Berücksichtigung der familiären Wohnbedürfnisse und der Rahmenbedingungen des Familienwohnens, so daß sowohl die Maschen der Netze des Marktes als auch die der staatlichen Wohnförderung für Familien mit Kindern oft zu groß waren.

An den Mechanismen des Wohnungsmarktes und der bisherigen staatlichen Wohnförderung sind deshalb die Überlegungen anzusetzen, die eine durchgreifende Verbesserung der Wohnverhältnisse von Familien mit Kindern in einer Zeit zum Ziel haben, die nicht mehr von Nachkriegswohnungsnot und den damaligen begrenzten Möglichkeiten, ihr zu begegnen, gekennzeichnet ist.

2.1 Die Bedeutung von Wohnung und Siedlung für die Erfüllung der Familienfunktionen

Ein beträchtlicher Teil des Lebens der Familienmitglieder, insbesondere der Kinder, spielt sich in der Wohnung und ihrer Umgebung ab. Wohnung und Wohnumwelt stellen eine wichtige Rahmenbedingung für die Erfüllung der gesellschaftlichen Funktionen der Familie dar. Die Familie ist der bedeutsamste Träger der Weitergabe des Lebens (Reproduktion der Bevölkerung) und der Persönlichkeitsformung der nachwachsenden Generation (Sozialisation); sie leistet die Wiederaufbereitung (Regeneration) ihrer Mitglieder, denen sie auch soziale und räumliche Vertrautheit (Intimität) verschafft. Die Erfüllung der Familienfunktionen kann durch Versäumnisse und Schwächen gekennzeichnet sein, deren wesentliche Ursachen auch in einer nach Art und Maß (Qualität und Quantität) ungenügenden Wohnungsversorgung zu finden sind. So können zum Beispiel fehlende individuelle Rückzugsmöglichkeiten für Kinder und Eltern oder das Vorhandensein von nur einem Raum für gemeinschaftliche Aktivität oder die fehlende unmittelbare Zuordnung von Wohnung und wohnungsbezogenem Freiraum dazu führen, daß die Zeit, die nicht dem Lernen oder der Erwerbstätigkeit außer Haus gewidmet werden muß, auch nicht innerhalb der Familie verbracht wird oder daß Nutzkonflikte entstehen. Unerwünschte Wirkungen, zum Beispiel bei Sozialisation und Regeneration, sind in der Regel die Folge.

Unterschiede der Wohn- und Siedlungsweise bedingen somit unterschiedliche Möglichkeiten des Heranwachsens der Kinder. Es ist naheliegend, daß Eltern die Folgen beengter oder allgemein ungeeigneter Wohnverhältnisse wahrnehmen und diesem Kriterium bei ihren Entscheidungen über die Weitergabe des Lebens oder über Standort, Größe und Art der Wohnung bei vorhandenen Kindern ein vergleichsweise hohes Gewicht zumessen.

Da für den vorliegenden Beitrag die Frage nach der Kinderfreundlichkeit der Wohn- und Wohnumfeldbedingungen gestellt ist, beschränken sich die folgenden Hinweise auf die Familienfunktion und Sozialisation der Kinder.

Die Familienumwelt (Wohnung) ist ein prägender Faktor der kindlichen Persönlichkeit und der sozialen Beziehungen zwischen Eltern und Kindern sowie zwischen Geschwistern. Die verschiedenen Phasen der Persönlichkeitsformung von Kindern und des Familienzyklus bedingen unterschiedliche Anforderungen an Wohnung und Wohnumfeld. Für das Kleinkind erfüllt die Familienwohnung eine Schutzfunktion gegenüber der Außenwelt. Räumliche Enge beeinträchtigt die Entwicklung der Spiel- und Lernfähigkeit und die Entfaltung der Intelligenz. Das Fehlen des eigenen Raumes in einer zu engen Wohnung fördert Aggressivität und disziplinierende Verhaltenskontrolle. Dadurch entstehende Spannungen wirken sich belastend auf die psychosoziale Entwicklung aus.

Jeder Erwachsene und jedes Kind brauchen eine individuelle Rückzugsmöglichkeit, ein eigenes Zimmer. Gleichzeitige unterschiedliche störungsfreie Aktivitäten oder Ruhen der Geschwister oder Eltern sind dann möglich.

Raum für gemeinschaftliches Tun ist unverzichtbar. Dabei sollte nicht allein an das herkömmliche einzige Wohnzimmer gedacht werden. Wohnzimmer-Repräsentation darf nicht zu Lasten der Familienfunktionen Selbstzweck sein.

Die Zuordnung der Innenräume zueinander und des Freiraums zur Wohnung hat für die elterliche Zuwendung (Pflege, Hilfe, Aufsicht) sowie für die Erfüllung des Eroberungs- und Bewegungsdrangs der Kinder große Bedeutung. Jugendliche orientieren sich in ihrem Autonomiestreben stärker nach „außen". Die Zuwendung der Eltern ist anders als bei Kleinkindern, sie ermöglicht und verlangt andere Zuordnung und Nutzung der Räume. Ältere Menschen orientieren sich stärker nach „innen".

Größe und Einteilung der Wohnung beeinflussen somit die soziale Kontaktnahme und – als komplementäre Funktion – das individuelle Zurückziehen. Sie können die Möglichkeiten fördern oder einschränken und bedingen dadurch das Familienleben in erheblichem Maße.

Neben Größe und Einteilung der Wohnung stellen Wohnungsausstattung und Wohnungsnutzung wichtige Anregungsfaktoren dar. Starre Festlegungen beschneiden Kreativität und Initiative von Kindern und Jugendlichen, aber auch von deren Eltern.

Auch der Anregungsgehalt der gesamten Siedlung und die Spielmöglichkeiten im Nahbereich der Wohnung wirken sich auf die geistige und soziale Entwicklung aus. Die möglichst gefahrlose schrittweise altersspezifische Eroberung der sozialräumlichen Umwelt ist eine wichtige Komponente der Sozialisation der Kinder. Es stellt sich außerdem die Frage, mit welcher Hausform die Sozialisationsfunktionen der Familie am ehesten unterstützt werden könne. Ein- und Zweifamilienhäuser bieten eine Reihe von Vorteilen. Sie sind zum Beispiel im Durchschnitt größer als Geschoßwohnungen, unterstützen die Entwicklung sozialer Verhaltensweisen, bieten mehr Möglichkeiten für differenzierte Aktivitäten, verringern die nachbarschaftliche Störanfälligkeit, geben Bewegungsfreiheit.

Obwohl die durchschnittliche Kinderzahl bei Familien in Ein- und Zweifamilienhäusern wesentlich größer ist als bei Familien in Geschoßwohnungen, ist es beim gegenwärtigen Erkenntnisstand nicht möglich, zu entscheiden, ob die höhere Kinderzahl die Ursache oder die Folge des Wohnens im Ein- oder Zweifamilienhaus ist. Entscheidend ist, daß Familien mit mehreren Kindern die ungeeignete Geschoßwohnung meiden und das Wohnen im Ein- oder Zweifamilienhaus bevorzugen. Sie unterstreichen im Blick auf die Vorbedingungen für Sozialisation und Regeneration die Überlegenheit dieser Wohnform.

2.2 *Die Bedeutung der Mechanismen des Wohnungsmarktes für die Wohnungsversorgung der Familien*

Angebot und Nachfrage werden in einer Marktwirtschaft auch im Wohnungswesen, über den Preis (Miete oder Erwerb) gesteuert. Im Wohnungsmarkt führt dieser Mechanismus nicht selten zu unerwünschten Ergebnissen, da Familien mit geringerem Einkommen ihre Bedürfnisse nicht decken können. Dies trifft verstärkt zu auf kinderreiche Familien, ausländische Familien, Familien mit kleinen Kindern und Familien mit alleinstehendem Elternteil. Die unzureichende Wohnsituation vieler Familien ist oftmals nicht allein auf ihr geringes Einkommen zurückzuführen. Aufgrund ihrer Familienstruktur oder Herkunft sind diese Familien häufig am Wohnungsmarkt auch deshalb benachteiligt, weil sie von Wohnungvermietern diskriminiert werden.

Unzulänglichkeiten des Wohnungsmarktes entstehen auch durch fehlende Ausgleichsmöglichkeiten zwischen den Wohnungsteilmärkten. Diese sind gekennzeichnet einerseits durch Standortgebundenheit der Wohnung an sich und durch Vielgestaltigkeit nach Hausform, Größe, Gliederung und Ausstattung in bestimmter Lage sowie durch Miethöhe, Bau- und Grundstückspreis und andererseits durch die sozialräumliche Eingebundenheit der Familien und ihrer unterschiedlichen Bedürfnisse.

Da die Wohnung im Ein- oder Zweifamilienhaus, im Gegensatz zur Geschoßwohnung im Mehrfamilienhaus, günstigere Vorbedingungen für die Erfüllung der Familienfunktionen bietet, ist die Verwirklichung familiengerechter Wohnformen von der Verfügbarkeit geeigneter Grundstücke abhängig. In der Bundesrepublik besteht in der Praxis traditionell ein enger Zusammenhang zwischen Wohnform und Eigentum. So erweist sich der Grundstücksmarkt als ein gravierender Engpaß der Ausbreitung familiengerechter Wohnformen.

Die Preissteigerungen bestimmen die Kosten in einem Maße, daß für Familien mit Kindern die Gefahr besteht, entweder das Haus oder das Grundstück, nicht aber beides finanzieren zu können. Da Miete und Mietkauf von Einfamilienhäusern die Ausnahme und die Möglichkeiten der Erbpacht von Grundstücken auch begrenzt sind, bleibt den bauwilligen Familien aus den städtischen Zentren entweder das Ausweichen auf ländliche Grundstücksmärkte oder die Wahl von Geschoßwohnungseigentum. Letztere Lösung ist unter Sozialisationsgesichtspunkten lediglich als zweitbeste Lösung anzusehen. Fehlende oder unzureichende Baurechte für familiengerechten Wohnungsbau, die vor allem durch kommunalpolitische Entscheidungen bestimmt werden, gelten in vielen Fällen als entscheidende Ursache der Mängel des Grundstückmarktes.

Ein weiterer Grund für die Unvollkommenheit des Wohnungsmarktes ist seine geringe Durchschaubarkeit. Den nachfragenden Familien, aber auch den Anbietern, fehlt oft ein ausreichender oder gar vollständiger Überblick über die Marktlage. So kommen unterschiedliche Preise und Mieten für gleichwertige Wohnungen zustande. Hierunter leiden vor allem „Neulinge" auf dem Wohnungsmarkt, also Familien, die ihren Wohnort wechseln und junge Familien. Diesen Gruppen sind günstigere Wohnungen auch deshalb schwer zugänglich, weil zum Beispiel die Bedürfnisse einer ehemals größeren Familie zwar mit einer kleineren Wohnung befriedigt werden können, jedoch die größere Wohnung in der Regel nicht frei gemacht wird.

Eine weitere Unzulänglichkeit des Wohnungsmarktes, nämlich die Entwicklung der Mieten für Wohnungen, die im Rahmen des sozialen Wohnungsbaus durch Ertragssubventionierung gefördert werden, berührt die Lebenslage zahlreicher Familien. Die Regelung der Mietpreisbildung durch degressiv gestaffelte Aufwendungsbeihilfen setzt einen Mechanismus in Gang, nach dem die Miete mit dem Wohnungsalter in einem Maße steigt, das die allgemeine Steigerung der Lebenhaltungskosten übertrifft. Dies ist in nicht wenigen Fällen für Familien Anlaß, sich jeweils nach einigen Jahren wieder um eine Neubauwohnung zu bemühen oder auf Altbauwohnungen geringerer Qualität auszuweichen, mit allen Folgen, die ein Wohnungswechsel für die Sozialisation von Kindern und das soziale Wohlbefinden aller Familienangehörigen hat.

Gelegentlich werden die preisgünstigen, objektgeförderten Sozialwohnungen früherer Baujahrgänge als Wohnungsreserve für einkommensschwache Familien angesehen. Abgesehen von der Tatsache, daß diese Wohnungen selten frei werden, ist von Bedeutung, daß sie von der Größe und dem Zuschnitt her überwiegend eher für Alleinstehende und Kinderlose und weniger für Familien mit Kindern geeignet sind.

Eine andere Ursache unzureichender Wohnverhältnisse ist darin begründet, daß Eltern den Wohnbedingungen relativ häufig nicht den hohen Stellenwert zumessen, der ihnen für die Persönlichkeitsformung der Kinder und für die anderen Familienfunktionen zukommt. Sie sind dann nicht bereit, für das Wohnen einen ausreichenden Anteil der Familienausgaben zu verwenden, weil sie anderen Konsumbereichen den Vorzug geben. Hier wäre ein Informationsdefizit auszugleichen.

Umgekehrt kann durch den Erwerb oder die Nutzung von Wohnungen bei Familien mit Kindern eine so hohe Belastung entstehen, die die Befriedigung anderer für die Erfüllung der Familienfunktionen wichtiger Bedürfnisse unangemessen beeinträchtigen würde. Einer finanziellen Überforderung von Familien mit Kindern, die durch eine an sich begrüßenswerte Präferenz der Ausgaben für das Wohnen entstehen könnte, ist deshalb auch entgegenzuwirken. Der Staat und die Kommunen haben zunächst dafür zu sorgen, daß solche Rahmenbedingungen geschaffen werden, die es den Familien erlauben, innerhalb des

Wohnungsmarktes eigenverantwortlich ihre Wohnverhältnisse bedürfnisgerecht zu gestalten. Wer dies aus eigener Kraft nicht schaffen kann, hat Anspruch auf Hilfe der Gemeinschaft.

Gemessen an den gesellschaftspolitisch als notwendig erachteten Wohnverhältnissen, können bestimmte Gruppen ihre Wohnbedürfnisse nicht befriedigen, weil sie nicht fähig sind, die geforderten Preise zu zahlen. Soziale Unzuträglichkeiten erfordern daher ein Eingreifen des Staates. Seine Aufgabe ist es, Mängel des Wohnungsmarktes auszugleichen.

Geeignete Rahmenbedingungen und Individualhilfe setzen jedoch das Vorhandensein eines Zielsystems voraus, an dem die Wohnverhältnisse ausgerichtet werden.

3. *Anforderungen an ein kinderfreundliches und familiengerechtes Wohnen*

Die Wohnung ist ein lebensnotwendiges Gut des Menschen. Sowohl beim einzelnen wie auch bei der Familie wird die Lebensqualität in erheblichem Maße bestimmt durch den Grad, in dem das elementare Grundbedürfnis Wohnen erfüllt ist. Der Erfüllungsgrad muß an Standards gemessen werden können. Standards beschreiben die gesellschaftspolitisch als notwendig erachteten Wohnverhältnisse.

Obwohl es naheliegt, wohnungspolitische Überlegungen auf quantitative, das sind meßbare Größen hin auszurichten, dürfen sich staatliche Maßnahmen nicht hierauf beschränken, denn der Wohnwert der Wohnungen wird in erheblichem Ausmaß durch qualitative Standards bestimmt.

Da familiengerechtes Wohnen nicht allein durch Bemühungen um die einzelne Wohnung, sondern nur durch das Einbeziehen von städtebaulichen Wohnstandards erreicht werden kann, sind Wohnungs- und Wohnsiedlungsstandards miteinander zu verknüpfen.

3.1 *Grundbedürfnisse und Wohnwert*

Kinder- und familienfreundlicher Lebensstil braucht die Orientierung an menschlichen Grundbedürfnissen. Die dafür erforderliche Abgrenzung von Bedürfnissen und Begierden ist nicht ohne ein Menschenbild möglich, das durch existentielle Grundwerte gekennzeichnet ist. Dennoch ist die Benennung der Kindesbedürfnisse nur sehr vage möglich. Wenn die Weitergabe des Lebens und die Sorge für die nachwachsende Generation zu den sinnstiftenden Familienfunktionen gehören, dürfen die Gewohnheiten und Möglichkeiten kinderloser Paare und Alleinstehender nicht zum Maßstab des gesellschaftlichen Lebensstils werden, denn dann würden Familien mit Kindern unversehens zu armen Leuten deklassiert.

Wer einer derartigen Entwicklung vorbeugen und entgegenwirken will, sollte im Blick auf die Wohnverhältnisse beachten, daß Grundbedürfnisse stärker differenziert werden. Dabei wird die in der Nachkriegszeit zu beobachtende Betonung materieller Werte in Frage gestellt. Immaterielle Werte erhalten stärkeres Gewicht.

Als Merkmal der Lebensqualität reichen nicht mehr aus: Wohnung, Nahrung, Kleidung, Gesundheit, Bildung, Verkehrsbedingung, Einkommen. Mehr in den Vordergrund treten solche Werte, die auch für die Lebenslage von Familien mit Kindern bedeutsam sind: Soziale Eingebundenheit in Verbindung mit gestärkter Eigenverantwortlichkeit und mit Selbsthilfe in Gemeinschaft sollen der Anonymität entgegenwirken. Geselligkeit, Spiel und Sport werden wiederentdeckt. Im Garten und außerhalb der verdichteten Siedlung wird die Nähe zu natürlichen Lebensvorgängen gesucht. Die räumliche und soziale Umwelt soll Sicherheit verstärken und die Achtung des menschlichen Lebens unterstützen. Von einer Überschaubarkeit sozialer und organisatorischer Systeme wird die Möglichkeit verstärkter Teilhabe an Entscheidungsvorgängen erwartet. Die Unabhängigkeit von Situationszwängen in der Freizeit wird als Voraussetzung für Kreativität angesehen. Die Verfügungsgewalt über die Wohnung gilt als Voraussetzung einer angemessenen Anpassung an den zwangsläufigen Nutzungswandel. Vermeidbare Beanspruchungen, zum Beispiel Lärm oder schlechte Erreichbarkeit von kindbezogenen Wohnfolgeeinrichtungen, werden nicht hingenommen. Menschliche Verträglichkeit soll Vorrang vor technischer Machbarkeit haben.

Die Erfüllung derartiger beispielhaft genannter Bedürfnisse wird derzeit in dünner besiedelten Gebieten und in Stadt-Land-Übergangszonen eher für möglich gehalten als in dicht besiedelten Gebieten.

Die Gleichsetzung von Urbanität und Dichte bringt bei ihrer Umsetzung in Beton und Glas, Aufzüge und Rolltreppen, Hochhäuser und Tiefgeschosse eine oft nahezu perfekte Kinderfeindlichkeit. Eltern und potentielle Eltern befürchten daher, daß Kinder in der technisch-zivilisatorischen Umwelt besonderen Gefährdungen und unerträglicher Rücksichtslosigkeit ausgesetzt seien. Sie befürchten auch, daß eine bestimmte Ausprägung der räumlichen Umwelt eine nicht kindgemäße Anpassung des Verhaltens erzwingt.

Im Blick auf die soziale Umwelt von Familien ist von Bedeutung, daß Eltern und Kinder bei einem immer größer werdenden Teil der Bevölkerung nicht von vornherein mit Verständnis für ihre Probleme rechnen können. Die Anteile kinderloser Ehepaare sowie von Alten und Alleinstehenden erhöhen sich drastisch, in der Stadt mehr als auf dem Lande. Kinderreiche Familien leben daher immer stärker gestreut und isoliert, sie werden zur Randgruppe. Es kommt hinzu, daß diejenigen Menschen in der sozialen Umwelt der Eltern mit kleinen Kindern dominieren, deren Lebenserfahrung durch Kinderarmut, Kinderlosigkeit und auch Schwangerschaftsabbrüche gekennzeichnet ist. Ihre Einstellungen und ihr

Lebensstil müssen sich zwangsläufig von denen der Familien unterscheiden, so daß kindgemäße und kindbezogene Lebensart nicht selten stört.

Familien suchen daher nicht nur familiengerechte Wohnungen und kindgemäße Wohnumfelder, sondern auch die Nachbarschaft von Familien mit gegenseitiger verständiger Hilfestellung und stützendem Selbstbewußtsein.

3.2 *Lebenssituation und Wohnungsnutzung*

Anforderungen an das Wohnen sind von der Lebenssituation der Familien abhängig. Sowohl der Lebenszyklus des einzelnen als auch der Familienzyklus verändern die Wohnbedürfnisse.

Die unterschiedlichen Lebenssituationen einer Familie können beispielhaft durch folgende Hinweise gekennzeichnet werden: Heranwachsen der Kinder vom Säugling bis zum Erwachsenen mit Betreuungs-, Erziehungs- und Ablösungsphase; die Statusveränderung vom kinderlosen jüngeren Paar über das Elternpaar mit Kindern wieder hin zum kinderlosen älteren Paar; häusliche und/oder außerhäusliche Berufstätigkeit eines oder beider Elternteile bis zum Altersruhestand; Größe der Familie und ihrer Teilgruppen, zum Beispiel Eltern – Kinder, ältere Geschwister – jüngere Geschwister, Mädchen – Jungen; alleinerziehender Elternteil oder Elternpaar; Zwei- oder Drei-Generationen-Familie.

Hinzu kommen die sich wandelnden Einstellungen zum Wohnen sowie der Wandel des individuellen und sozialen Verhaltens.

Hier ist zum Beispiel von Bedeutung, ob die Pflege von Alten, Kranken und Behinderten innerhalb der Familien bejaht wird, welche Bedeutung der Gastfreundschaft zugemessen wird, wie und in welchem Umfang die Wohnung vom Einzelnen, von familiären Teilgruppen und von der Familie in ihrer Gesamtheit als Freizeitort genutzt wird, welche wohnungs- und gartenbezogenen Hobbys gepflegt werden, wie sich der individuelle und familiäre Lebensstil verändert, wie sich der allgemeine soziale Wandel auf einzelne Familien auswirkt.

Die Lebensgeschichte einer Familie bedingt somit den Wandel ihrer Nutzungsanforderungen an die Wohnung.

Es verändern sich die Anforderungen an Wohnform und Lage im Siedlungsraum, an Größe und Ausstattung, an Anzahl und Zuordnung der Räume, an Freiräume und deren Zuordnung zu den Wohnräumen.

Obwohl sich die Bedürfnisse bei vergleichbaren Konstellationen prinzipiell nicht unterscheiden, bestehen in der Praxis jedoch erhebliche Unterschiede in den Wohnbedingungen. Sie sind in erster Linie bedingt durch die Einkommensverhältnisse und durch die Zugehörigkeit zu besonders belasteten Gruppen (zum Beispiel Ausländer), aber auch durch unterschiedliche Stellenwerte des Wohnens im individuellen und familiären Lebensstil.

Die für die Wohnungsnutzung maßgeblichen Faktoren sind somit die Familiengröße, die Familienstruktur und die familiären Wohnvorstellungen.

Zu den Wohnvorstellungen gehören im allgemeinen die Stabilität der sozialräumlichen Umwelt und die Vertrautheit mit der bewohnten Wohnung. Dies ist dann von erheblicher Bedeutung, wenn Wohnung und Wohnumfeld das Entstehen einer sozialräumlichen Identifikation, eines Heimatgefühls, unterstützt und nicht erschwert haben. Der Wunsch, an einer bestehenden Verwurzelung nichts zu verändern, ist in den meisten Fällen stärker als die Bereitschft, in einer späteren Phase des Familienzyklus, eine den veränderten Bedürfnissen entsprechende kleinere, anders gegliederte und ausgestattete Wohnung zu beziehen. Dabei spielt auch das Eigentum eine Rolle, jedoch trifft diese Beobachtung in gleicher Weise auf Mietwohnungen zu.

Wohnkonzepte sollten daher nicht auf Wohnungswechsel sondern auf die Dynamik der Wohnungsnutzung ausgerichtet sein.

Die Bedeutung der vorbeugenden Konfliktbewältigung wird am Vergleich der Zahl möglicher Teilgruppen innerhalb kleinerer und größerer Familien deutlich. Eine Familie mit Eltern und einem Kind hat drei mögliche Gruppenbildungen, eine Familie mit Eltern und drei Kindern ermöglicht jedoch schon die Bildung von 20 unterschiedlichen Gruppierungen der Familienangehörigen.

Wohnungsplanung kann somit nicht für jede mögliche Gruppierung Nutzungsmodelle erdenken, sie muß vielmehr antworten mit Variabilität des Grundrisses und Flexibilität der Nutzung. Wichtigstes technisches Mittel ist die Schallisolation zwischen den Räumen einer Wohnung, zwischen Wohnungen eines Hauses, zwischen Häusern einer Siedlung, unter Beachtung der Anforderungen, die sich aus der Notwendigkeit von Sicht- und Hörkontakten mit den Kindern ergeben.

Hieraus folgt der Verzicht auf starre Funktionsbestimmungen durch starre Grundrisse und unnötige Betonung nutzungsspezifischer Installationen und Einbauten. Die Möglichkeit veränderlicher Nutzung sollte von vornherein eingeplant sein. Auch bauliche Veränderungen sollten möglich sein. Jedoch ist zu beachten, daß das Schwergewicht innerhalb eines Familienzyklus eher auf den Nutzungsänderungen liegt und beim Generationenwechsel zusätzlich die baulichen Veränderungsmöglichkeiten stärker in den Vordergrund treten.

Nutzungskonflikten kann entgegengewirkt werden durch sorgfältige Planung des Erschließungssystems hinsichtlich der Zugänglichkeit, Teilbarkeit und Abtrennbarkeit von Räumen und Raumgruppen und ebenso sorgfältige Erarbeitung des Raumprogramms hinsichtlich der Einteilung und Zuordnung von Räumen, der Austauschbarkeit und Überlagerung von Nutzungen, zum Beispiel beim Kinderspielen.

3.3 *Wohnflächen und Wohnräume*

Als Orientierungs- und Richtwerte zum Wohnflächenstandard werden gegenwärtig herangezogen: Die DIN-Normen 18011 und 18012 (1967), die Kölner

Empfehlungen für den Wohnungsbau, Ständiger Ausschuß Miete und Familieneinkommen des internationalen Verbandes für Wohnungswesen, Städtebau und Raumordnung (1957, Neufassung 1971), das Gutachten Familie und Wohnen des Wissenschaftlichen Beirats für Familienfragen beim Bundesministerium für Jugend, Familie und Gesundheit (1974), Förderungsbestimmungen des Bundes (zum Beispiel Wohngeldgesetz) und der Bundesländer. Hinzu kommen Ergebnisse wissenschaftlicher Einzeluntersuchungen (zum Beispiel *Meyer-Ehlers*) *(vergleiche Tabelle 1).*

Tabelle 1: **Wohnungsstandards für Haushalte nach der Personenzahl in qm**

Haushaltstyp	„Kölner Empfehlungen" a)		Meyer-Ehlers b) Typ I (1-Bett-Zimmer: 7,5 qm)	Typ II (1-Bett-Zimmer: 9 qm)	2. Wohngeldgesetz c)	Beiratsvorschlag
	1957	1971				
Einzelperson	–	35,5	–	–	41	35,5
Ehepaar ohne Kind	35,5	51,0	55,0	57,0	55	51
Ehepaar mit 1 Kind	51,4	64,5	70,0	75,0	68	64,5
Ehepaar mit 2 Kindern	56,5	69,5	80,0	88,5	82	80,0
Ehepaar mit 3 Kindern	69,2	92,0	100,0	109,5	92	97,0
Ehepaar mit 4 Kindern	80,2	107,0	110,0	120,0	102	112,0
Ehepaar mit 5 Kindern	86,7	115,0	117,5	130,5	112	125,0

Quelle:
a) Neufassung der Kölner Empfehlungen 1971, Ständiger Ausschuß Miete und Familieneinkommen IVWSR (Internationaler Verband für Wohnungswesen, Städtebau und Raumordnung), Luxemburg 1971, S. 50.
b) *Meyer-Ehlers, Grete:* Raumprogramme und Bewohnererfahrungen. Planungsgrundlagen für den Wohnungsbau, Stuttgart und Berlin 1971.
c) Errechnet aufgrund der im 2. Wohngeldgesetz vom 14. 12. 1970 festgelegten Förderbestimmungen.
Aus: Familien und Wohnen. Gutachten des Wissenschftlichen Beirats für Familienfragen beim Bundesministerium für Jugend, Familie und Gesundheit. 2. Auflage Stuttgart, Berlin, Köln, Mainz 1976 (Schriftenreihe des Bundesministers für Jugend, Familie und Gesundheit, Bd. 20) S. 29.

Wohnstandards werden in der Regel als Mindestanforderungen formuliert; sie zielten bisher vorrangig auf Geschoßwohnungen. Sie lassen deutlich die jeweiligen Rahmenbedingungen und die zeitbedingten Wohnvorstellungen erkennen, die ihrer Erarbeitung zugrunde lagen. Der empfohlene Wohnflächenstandard (reine Wohnfläche) für ein Ehepaar mit drei Kindern entwickelte sich zum Beispiel von 69 qm (1957) auf 92 qm (1971).

Die individuellen und gesellschaftlichen Vorstellungen über familiengerechte Wohnstandards entwickeln sich von Jahr zu Jahr weiter. Dies wird deutlich an den durchschnittlichen Wohnflächen der Wohnungen, für die Baugenehmigungen erteilt werden und am Wandel der dominierenden Hausform, der am Übergang vom Geschoßwohnungsbau zum Ein- und Zweifamilienhausbau abgelesen werden kann. Hinzu kommt, daß beim Erwerb von Wohnungseigentum ein höherer Wohnflächenstandard gewünscht bzw. akzeptiert und bezahlt wird als beim Abschluß eines Mietvertrages über eine Geschoßwohnung.

Die genannten Wohnflächenstandards eignen sich erfahrungsgemäß eher für die Beurteilung der jeweiligen Wohungsversorgung unter gegenwartsbezogenen Maßstäben, sie eignen sich weniger als in die Zukunft gerichtete Planungskriterien. Letztere hätten den Wandel der Bedürfnisse und Rahmenbedingungen abzuschätzen und in Bandbreiten so zu quantifizieren, daß sie sowohl der Wohnungs- als auch der Wohnsiedlungsplanung zugrunde gelegt werden können.

Dafür wären die absehbaren Trends des Wohnstandards der Familien zu analysieren. Zusätzlich zur Größenbestimmung der Gesamtfläche einer Wohnung kommt es auch auf die Anzahl und Größe der Räume in den verschiedenen Funktionsbereichen der Wohnungen an.

Im folgenden werden – sehr gerafft – Werte von idealtypischen Flächen- und Raumprogrammen wiedergegeben, deren Grundlage die Ergebnisse einer Trendanalyse und -prognose sind.

Für ein Ehepaar mit drei Kindern werden in den Kölner Empfehlungen vorgegeben: Einbettkinderzimmer (9 qm), Zweibettkinderzimmer (13 qm), Elternzimmer (16 qm); ab fünf Personen ein zweites WC und einen zweiten oder dritten Waschtisch; der wohnungsbezogene Freiraum wird nicht erwähnt. So ergeben sich überhaupt nur bei Mindestmöblierung der Kinderzimmer Spielflächen von 2,16 qm, zusätzliche Möbel würden die Spielfläche noch mehr verringern.

An diesem Beispiel wird deutlich, daß die in die Zukunft gerichteten Standards an anderen Werten orientiert sein müssen. Größer angenommen werden daher der Individualbereich, der technische Bereich, der Abstell- und Vorratsbereich und der wohnungsbezogene Freiraum. Für diese Bereiche ist nicht nur eine Vergrößerung der Flächen absehbar, sondern auch eine Erhöhung der Anzahl der Räume, zum Beispiel für jedes Kind ein Kinderzimmer, ein zusätzliches Mehrzweck- oder Spielzimmer bei kinderreichen Familien. Für die Neutralzone wird eine gewisse Flächenvergrößerung angenommen und in relativ geringem Maß auch für den Gemeinschaftsbereich. Wichtig ist, daß der Gemeinschaftsbereich nicht auf Kosten des Individualbereichs überdimensioniert wird.

Am Beispiel verschiedener Familienkonstellationen läßt sich zeigen, von welchen Größenordnungen der Wohnflächen bei den Planungen ausgegangen werden sollte, die den Wandel berücksichtigen wollen. Demnach wird bei einer 3-Kindfamilie nach heutigen Erkenntnissen von einer Nettowohnfläche von 150 bis 160 qm und 9 bis 10 Räumen/Raumteilen auszugehen sein. Die Mindestanforderungen der Kölner Empfehlungen von 1971 liegen bereits knapp über 100 qm Nettowohnfläche (reine Wohnfläche 92 qm), obwohl noch ein Kinderdoppelzimmer angenommen wird *(Tabelle 2)*.

Tabelle 2: Wohnflächenstandard für ein Ehepaar mit drei Kindern nach Kölner Empfehlungen und Hannoverschen Empfehlungen – Tendenzabschätzung

Funktionsbereich		Nettowohnfläche je Funktionsbereich Kölner Empfehlungen zu Mindestwohn- flächen 1971 (in qm)	Tendenz der quantitativen Veränderung der Wohnflächenstandards im Funktionsbereich		Nettowohnfläche je Funktions- bereich Hannoversche Empfehlungen zu städtebaulichen Wohnstandards 1979 (in qm)
Insgesamt	Teilbereich		Insgesamt	Teilbereich	
1	2	3	4	5	6
Individual- bereich	Kinderzimmer	46		Keine Zweibett-Kinderzimmer, für jedes Kind ein eigenes Zimmer, zu- sätzlich ein von den Kindern gemein- sam zu nutzender Raum (z. B. Spiel- zimmer)	60
	Elternzimmer				
	zusätzliche Räume für weitere Aktivitäten				
Gemein- schafts- bereich	Wohnzimmer	22		Vergrößerung des Eßplatzes inner- halb des Wohnzimmers zu einem formal eigenständig ausgebildeten Eßbereich	32 bis 30
	Eßraum/-platz				
Techn. Bereich	Küche	19,5		Bei Zuordnung des Eßbereichs zur Küche Verdoppelung der Küchenflä- che zur Wohnküche bei geringfügiger Flächenreduzierung im Gemein- schaftsbereich. Zusätzlich Hauswirt- schaftsraum. Zweites vollwertiges Bad, beide Bä- der ohne WC, zwei separate WC je- weils mit Waschtisch.	34 bis 42
	Haus- wirtschafts- raum				
	Bad				
	WC				
Abstell- und Vorrats- bereich	Raum für Vorräte	3		Erhöhter Flächenanspruch für Vor- ratshaltung sowie für häufig und ge- legentlich benötigtes Abstellgut	9
	Raum für Abstellgut				
Neutral- zone	Flur Windfang	10,5		Zusätzlicher Windfang als Wind- und Wärmeschleuse sowie als Distanzzone	19
Nettowohnfläche insgesamt		101		Vergrößerung des Flächenprogramms insbesondere durch die erhöhte An- zahl an zusätzl. Räumen	134 bis 160
Wohnungs- bezogener Freibereich	Garten	—		Wunsch nach wohnungsbezogenem Freibereich ist eines der Hauptmotive für die aus der Stadt in das Umland abwandernden Familien mit Kindern. Wohnungsbezogener Freiraum für ruhige und aktive Erholung.	50 bis 100
	Terrasse				

Für eine Familie mit zwei Kindern ergeben sich 120 bis 130 qm und 7 Räume/Raumteile, für eine Familie mit vier Kindern 175 bis 185 qm mit 9 bis 10 Räumen/Raumteilen, für eine Dreigenerationenwohnung mit Eltern, drei Kindern und einem Großelternteil 190 bis 200 qm mit 12 bis 14 Räumen/Raumteilen. Der wohnungsbezogene Freiraum erfordert Flächen zwischen 50 und 150 qm. Die Ergebnisse der Tendenzabschätzung können derzeit als Orientierungswerte für die Berücksichtigung familiengerechter Wohnstandards angesehen werden.

Wenig sinnvoll sind Annahmen, die davon ausgehen, daß die durchschnittliche Wohnfläche je Person, so wie in den vergangenen Jahren auch zukünftig, fortlaufend um ein oder zwei Prozent jährlich zunehmen wird. Die wirtschaftliche Belastbarkeit der Bewohner und der Arbeitsaufwand für die Unterhaltung der Wohnung setzen Grenzen. Die Tendenzabschätzung ergibt eine Nettowohnfläche je Person von 29 bis 32 qm bei Familien mit zwei oder drei Kindern und von 29 bis 30 qm bei Familien mit vier Kindern.

3.4 Hausform und Grundstücksfläche

Familiengerechte Wohnverhältnisse sind nicht allein durch ausreichende Wohnflächen, sondern nur in Verbindung mit geeigneten Hausformen und Grundstücksflächen zu schaffen.

Die Bauleitplanung setzt mit Flächennutzungsplänen, städtebaulichen Rahmenplänen und Beobachtungsplänen dem Wohnungswesen einen Bindungsrahmen, in den sich die Maßnahmen auch noch nach Jahren, unter Beobachtung der dann gültigen Wohnstandards, einordnen können. Wenn das Risiko städtebaulicher Fehlplanung möglichst gering sein soll, muß dieser Zusammenhang beim Grundstückszuschnitt, bei der Bestimmung des Maßes der baulichen Nutzung und bei anderen Festlegungen beachtet werden.

Es ist leicht vorstellbar, daß Baurechte eine bestimmte Größe der erreichbaren Wohnfläche auf einem Grundstück determinieren und daß das Ergebnis nicht zwangsläufig eine familiengerechte Wohnfläche und Grundstücksfläche ist. Insofern muß der Baulandbedarf von familiengerechten Wohnflächen ausgehend ermittelt werden.

Dieser Wohnfläche müssen je nach Hausform, Flächen für Erschließung (zum Beispiel Treppen, Aufzüge) und für Konstruktion (zum Beispiel Wände) zuge-

---

Stärkere Tendenz zur Flächen- bzw. Raumzunahme

Geringere Tendenz zur Flächen- bzw. Raumzunahme

Quelle: Institut für Regionale Bildungsplanung – Arbeitsgrupppe Standortforschung-GmbH Institut an der Universität Hannover, 1979.

rechnet werden. Dadurch ergeben sich unterschiedlich große Bruttogrundrißflächen. Der Anteil der Wohnfläche schwankt daher zwischen 85% bei Eigenheimen und 72% bei 8- und mehrgeschossigen Wohngebäuden. Die Grundrißfläche und die nicht überbauten Freiflächen bilden das Nettowohnbauland, das Grundstück. Die Freiflächen ergeben sich aus baurechtlichen Vorschriften (zum Beispiel Grenzabstände und Vorgaben über Breite und Tiefe des Gebäudes) und aus der Garten- und Zugangsfläche.

Das Bruttobauland schließt neben dem Grundstück die anteiligen Flächen für Erschließung, Spiel und Sport, Versorgungseinrichtungen und sonstigen Gemeinbedarf ein.

Gemeinhin wird behauptet, daß Einfamilienhäuser einen so großen Baulandbedarf haben, daß der Geschoßwohnungsbau bevorzugt werden müsse. Diese Konsequenz ist nicht vertretbar, wenn der Baulandbedarf für flächensparende Einfamilienhauskonzepte einem Vergleich mit dem Baulandbedarf für Geschoßbauten zugrunde gelegt wird.

Ein derartiger Vergleich, der für eine Familie mit drei Kindern vorgenommen wurde, ergab einen Bruttowohnbaulandbedarf von 313 qm bei einem dreigeschossigen Reihenhaus mit ausgebautem Dachgeschoß, von 365 qm bei einem zweigeschossigen Reihenhaus, von 415 qm beim Gartenhofhaus, von 453 qm beim freistehenden Haus mit Dachausbau und von 285 qm in einem achtgeschossigen Wohnhaus.

Bezogen auf die Bruttowohnungsdichte, die 32 (achtgeschossiges Wohnhaus) bzw. 35 (dreigeschossiges Reihenhaus) Wohnungseinheiten je Hektar beträgt, ist also um den Preis von 3 WE/ha das familiengerechte Wohnen im Einfamilienhaus zu gewinnen. Der Unterschied schrumpft noch weiter zusammen, wenn eine anteilige Kleingartenfläche bei jeder Geschoßwohnung berücksichtigt wird. Kleingärten werden als Kompensation des fehlenden wohnungsbezogenen Freiraums angesehen; sie müssen deshalb auch Bestandteil einer vergleichenden Flächenbilanz sein. Für die anderen Hausformen ergeben sich folgende Wohnungsdichten: zweigeschossiges Reihenhaus 28 WE/ha, Gartenhofhaus 24 WE/ha, freistehendes Einfamilienhaus 22 WE/ha.

Da bei dem großen Bestand an Geschoßwohnungen mit deren Nutzung durch Familien gerechnet werden muß, sollten auch dann, wenn bei der Hausform die zweitbeste Lösung akzeptiert werden muß, im übrigen dieselben Maßstäbe bei der Wohnfläche und beim Wohnumfeld angelegt werden. Diese Forderung ist für die Bestimmung der Ziele, die bei der Modernisierung und Erneuerung von Wohnungen und Wohnquartieren verfolgt werden sollen, und für den Maßnahmenkatalog von erheblicher Bedeutung.

3.5 *Wohnumfeld und Siedlung*

Nicht nur die Wohnung und ihr unmittelbares Umfeld, sondern die Siedlungsstruktur im Ganzen bestimmt die Wohnsituation der Familien.

Dies ist bedeutsam wegen des Einflusses, den die rechtlichen Festsetzungen zu Art und Maß der baulichen Nutzung von Siedlungsflächen, zu Größe, Zuschnitt und Erschließung der Grundstücke, zu Art und Anordnung der Gebäude auf die Wohnform, und die Qualität der Wohnung sowie auf Spielmöglichkeiten für die Kinder haben.

Im Rahmen der Stadterneuerung und Wohnungsmodernisierung müssen auch in Verdichtungsgebieten und Altbauvierteln familiengerechte Wohnverhältnisse geschaffen werden. Es besteht sonst die Gefahr von Fehlinvestitionen. Ein in vielen Fällen notwendiger Abbau hoher baulicher Dichten und wünschenswerter Vorrang familiengerechten Wohnungsbaus kann nur erreicht werden durch den Verzicht auf vielfache Stapelung von Wohnungen und durch die Sicherstellung familiengerechter Verfügbarkeit von Wohnung und wohnungsbezogenem Freiraum. Dies erfordert gegenüber dem erneuerungsbedürftigen Zustand der verdichteten Siedlungsteile eine durchgreifende Umstellung von Dichte-, Nutzungs- und Eigentumsverhältnissen im Blick auf die Bedürfnisse und die Investitionsbereitschaft einzelner Familien. Beschränkt man sich auf technische und ästhetische Erneuerung, werden kindergerechte und familiengerechte Wohnverhältnisse in der Regel nicht geschaffen.

Auf den Neubau von nicht familiengerechten Geschoßwohnungen wäre an den Orten zu verzichten, in denen es gerade an derartigen Wohnungen nicht mangelt.

Der Forderung, das Wohnen im familiengerechten Ein- und Zweifamilienhaus nachdrücklich zu fördern, wird neben den Kosten vor allem entgegengehalten, daß damit ein unvertretbarer Landverbrauch verbunden sei. Diese Ansicht wird in starkem Maße durch die Erfahrung genährt, die man über Generationen hinweg auf dem Hintergrund der Verstädterung und des Bevölkerungswachstums gewonnen hat. Es bestehen in der Regel falsche Vorstellungen über den Grad der Besiedlung. Rund 10% der Gesamtfläche der Bundesrepublik von 248.000 qkm, werden bei einer Bevölkerungszahl von rd. 60 Mill., darunter 25 Mill. Erwerbstätige, als Siedlungs- und Verkehrsfläche genutzt.

Gleichfalls falsche Vorstellungen bestehen über den Landbedarf bei einer entschiedenen Förderung des Baus von Ein- und Zweifamilienhäusern. Eine Modellrechnung kann den Umfang des Landverbrauchs verdeutlichen: Es wird angenommen, daß für 4 Mill. Familien derartige Wohnverhältnisse zu schaffen seien und daß davon jeweils die Hälfte ein Reihenhaus bzw. ein freistehendes Haus anstreben. Der Bruttoflächenbedarf betrüge 1.740 qkm, das wären 0,7% der Gesamtfläche der Bundesrepublik. Das Argument des Landverbrauchs kann somit entkräftet werden.

Der Gefahr einer sogenannten Zersiedelung kann durch geeignete Siedlungskonzepte, die für jede Gemeinde und jede Region aufzustellen sind, entgegengewirkt werden. Eine familiengerechte Verbesserung der Wohnstruktur würde sich zum Teil auf den bestehenden Siedlungsflächen (z. B. Modernisierung, Sanierung), zum Teil in Anbindung an sie (z. B. Baulücken) und schließlich auch durch Anlage neuer Baugebiete vollziehen. Sie ließe sich insgesamt im bestehenden Siedlungsmuster verwirklichen.

In Haufensiedlungsgebieten sind Entscheidungen über Wohnbauland in vielen Fällen verbunden mit Entscheidungen über flächenhafte Siedlungserweiterungen. Dies ist unter gegenwärtigen Bedingungen für den einzelnen im Netz der planerischen Vorgaben, der planungsrechtlichen Verfahren und des Grundstückserwerbs unter Umständen mit erheblich größeren Schwierigkeiten verbunden als die Entscheidung über das Einzelhaus im Streusiedlungsgebiet. Aber auch in den traditionellen Streusiedlungsgebieten muß familiengerechtes Bauen möglich sein und zwar so, daß sowohl den Bedürfnissen der Familien als auch den jeweils typischen Landschafts- und Siedlungsverhältnissen Rechnung getragen wird.

4. *Die Wohnverhältnisse der Familien mit Kindern*

Seit dem Ende des 2. Weltkrieges haben sich die Wohnverhältnisse in der Bundesrepublik erheblich verbessert. Die Überbelegung der vorhandenen Wohnungen, in denen in der Regel jeweils mehrere Familien wohnen mußten, war so groß, daß es zunächst darauf ankam, möglichst viele Wohnungen zu bauen. Das Hauptziel war, jeder Familie eine abgeschlossene, und sei es eine noch so kleine, Wohnung zu verschaffen. Die Diskussion der wohnungspolitischen Ziele erreichte inzwischen den Stand, der im vorstehenden Abschnitt dargelegt wurde. In die Zukunft gerichtete Planung sollte sich an den Trendwerten orientieren; einer Beurteilung der derzeitigen Wohnungsversorgung sind dagegen die Richtwerte zugrunde zu legen, die gegenwärtig als wohnungspolitische Standards gelten.

Für zahlreiche Familien ergibt sich nach wie vor eine unzureichende Wohnsituation. Dies verdeutlichen die vorliegenden einschlägigen Untersuchungen, insbesondere das bereits erwähnte Gutachten „Familie und Wohnen" des Wissenschaftlichen Beirats für Familienfragen beim Bundesministerium für Jugend, Familie und Gesundheit, der Zweite Familienbericht, die vom Statistischen Bundesamt vorgelegten Daten und zahlreiche Einzeluntersuchungen. Parallel zur wohlstandsbedingten Verbesserung der Wohnverhältnisse, die im wesentlichen auf der Wohnungsbautätigkeit beruht, vollzog sich eine ebenso bedeutsame Veränderung der Nutzungsanforderungen, die durch die Veränderung der Familienstruktur hervorgerufen wurde. Einige hervorstechende Merkmale sind: die Auflösung der Großfamilie und in ihrem Gefolge die soziale und räumliche Isolierung der Generationen; die Vergrößerung der Anzahl der Einpersonen-Haushalte; die Verringerung der durchschnittlichen Anzahl der Kinder je Ehe; eine Verlangsamung des Wohnungsumschlages durch die Zunahme der Lebenserwartung; die Veränderungen des Lebens- und Familienzyklus durch Heiratsalter, Alter der Mutter bei der Geburt der Kinder, Ausbildungszeiten der Kinder, außerhäusliche Erwerbstätigkeit der Frauen und Mütter, Alter der Kinder bei ihrem Ausscheiden aus dem elterlichen Familienverband, Alter der Eltern bei Beendigung der Erwerbstätigkeit.

Einer Bewertung der Wohnverhältnisse müssen daher neben den nicht wandelbaren Grundbedürfnissen die jeweils zeitbedingte Ausprägung der Anforderungen und der Ziele zugrunde gelegt werden. Dies ist beim Zeitvergleich zu beachten.

4.1 Quantitative Wohnungsversorgung

Von 1949 bis 1975 wurden 14.5 Mill. Wohnungen neu gebaut. Während noch 1961 auf 85 Wohnungen 100 Haushalte entfielen, ist inzwischen ein Gleichstand zwischen der Zahl der Haushalte und der Zahl der Wohnungen erreicht.

Nicht erfüllt ist dagegen die Anforderung, daß jeder Person eines Haushalts neben dem Wohnraum ein Raum zur Verfügung stehen sollte. Mit zunehmender Kinderzahl nimmt der Anteil der unterversorgten Familien zu, mit abnehmender Kinderzahl nimmt dagegen der Anteil der unterbelegten Wohnungen zu. Von den Familien mit fünf und mehr Personen hatten 1972 noch 54% zu wenig Räume zur Verfügung, bei den Einpersonenhaushalten waren es nur 5%.

Die Größe der Wohnungen nach der Zahl der Räume nimmt ständig zu. Der Anteil der Wohnungen mit fünf und mehr Räumen erhöhte sich in den Jahren 1965 bis 1972 von 27% auf 34%; der Anteil der Wohnungen mit drei und vier Räumen sank von 62% auf 56%; die kleinen Wohnungen hielten einen Anteil von 10% bis 11%. Der Trend zu größeren Wohnungen ist an der Entwicklung der Wohnfläche noch klarer abzulesen als an der Zahl der Räume. Die 1954 fertiggestellten Wohnungen hatten eine durchschnittliche Wohnfläche von 58 qm, die 1975 gebauten Wohnungen dagegen 91 qm; das ist eine Zunahme um 57% in 11 Jahren. Die durchschnittliche Wohnfläche je Person hat sich von 15 qm (1951) auf 28 qm (1975) erhöht.

Für Familien mit Kindern sind ausreichende Wohnflächen und Raumzahl einer Wohnung allein nicht ausschlaggebend, denn die Wohnform hat herausragende Bedeutung.

In der Bundesrepublik Deutschland sind relativ viele Familien auf Geschoßwohnungen angewiesen, da der Anteil dieser Wohnform am Wohnungsbestand besonders hoch ist. Beim Vergleich des Anteils der Wohnungen in Ein- und Zweifamilienhäusern zwischen den EG-Mitgliedsstaaten liegt nur die Bundesrepublik unter 50%, alle anderen Länder darüber (zum Beispiel Frankreich und Dänemark bei 60%, Niederlande bei 70%, Belgien bei 80%). 1977 wohnten von insgesamt 8,8 Mill. Familien mit einem Kind oder mehr Kindern 4,3 Mill. zur Miete in Geschoßwohnungen. Im Durchschnitt aller Familien steigt der Anteil der Familien, die im eigenen Haus wohnen, je höher die Zahl der Kinder in der Familie ist. Für 1977 ergeben sich bei einem Kind 40%, bei zwei Kindern 48%, bei drei Kindern 55%, bei vier oder mehr Kindern 63%.

Vergleicht man die vom Beirat für Familienfragen im Gutachten „Familie und Wohnen" als Mindestbedarf angesehene Wohnfläche mit den Wohnflächen, die den Familien tatsächlich zur Verfügung stehen (1972), ergibt sich, daß die Mindeststandards nur von 53% der zur Miete wohnenden Familien und dagegen von 80% der im eigenen Haus wohnenden Familien erreicht werden. Im Vergleich mit den Standards der Kölner Empfehlungen zeigt sich, daß 45% aller Kinder unter 18 Jahren in Wohnungen lebten, die der Mindestnorm nicht entsprachen. Diese Zahl verdeutlicht, in welchem Umfang die nachwachsende Generation in nicht familiengerechten Wohnungen lebt.

Die mögliche Verbesserung dieser Situation, die an den nicht mehr erneuerungswürdigen Wohnungen ansetzen könnte, wird noch zu wenig gesehen. Die Zahl der Wohnungen, die wegen ihrer baulichen Substanz und technischen Ausstattung als nicht mehr erneuerungswürdig angesehen werden können, wird auf 3 bis 5 Mill. geschätzt. Rechtzeitig wäre dafür zu sorgen, daß die im Abriß liegenden Möglichkeiten der Verbesserung von Wohn- und Wohnumfeldbedingungen im Blick auf die Wohnbedürfnisse von Familien mit Kindern tatsächlich genutzt werden.

4.2 *Die Wohnverhältnisse als Belastungssituation*

Als besonders ungünstig erweisen sich die Wohnverhältnisse bei den Familien, in denen niedriges Einkommen, hohe Kinderzahl und Mietwohnung zusammentreffen.

Die Unterversorgung steigt in jeder Einkommensstufe mit wachsender Kinderzahl. 92% der Familien mit vier und mehr Kindern in der untersten Einkommenstufe – unter DM 800 – waren (Einkommen- und Verbrauchsstichprobe 1969), gemessen an den Kölner Empfehlungen, unterversorgt. Bei den Haushalten ohne Kinder und mit hohem Einkommen – über DM 2500 – waren es nur noch 3%.

Der Anteil der Unterversorgten ist bei Arbeiterfamilien höher als bei Angestellten, Beamten und Selbständigen. Bei den kinderreichen Arbeiterfamilien ist auch der Anteil der zur Miete Wohnenden am höchsten, er betrug bei drei Kindern 48% und bei vier und mehr Kindern 41% (1977), zusammen 480.000 Familien von insgesamt 870.000 kinderreichen Arbeiterfamilien. Die Anteile bei den Selbständigen (außerhalb der Landwirtschaft) betrugen 25% und 23%, zusammen 50.000 Familien von insgesamt 200.000 kinderreichen Selbständigen.

In den ersten Ehejahren ist der Anteil der Familien in Eigentumswohnungen (Haus oder Wohnung) stark abhängig vom Einkommen. In den späteren Ehejahren verwischen sich die Unterschiede. Die Unterschiede zwischen den Einkommensgruppen verwischen sich auch bei größerwerdender Kinderzahl. Junge Paare mit kleinen Kindern und geringem verfügbarem Einkommen sind oft auf kleine, relativ teure Mietwohnungen angewiesen, weil größere und billigere Wohnungen durch andere Bevölkerungsgruppen belegt sind. Wenn sie kinderreich werden, bleibt ihnen in der Regel keine Wahl; sie müssen die hohen Lasten zum Erwerb einer geeigneten Wohnung auf sich nehmen. Dennoch brauchen die schlechter verdienenden Schichten zum Erwerb einer eigenen Wohnung oder eines eigenen Hauses längere Zeit als die besser verdienenden. In vielen Fällen kommt daher das Wohnen im eigenen Haus im Blick auf die Kinder in der nachwachsenden Generation zu spät. Die höchste Eigentümerquote von über 70% haben die Ehen mit vier und mehr Kindern, die schon seit mehr als 20 Jahren bestehen.

In den Familien der Haus- und Wohnungseigentümer sind die Mütter häufiger erwerbstätig als in den zur Miete wohnenden Familien. Das zusätzliche Einkommen wird zur Finanzierung des Wohnens in einer Zeit gebraucht, in der die Kinder beide Elternteile zugleich nicht entbehren dürften.

Bei der Wohnsituation alleinerziehender Mütter oder Väter fällt auf, daß sie mit ihren Kindern in einem überdurchschnittlichen Anteil Untermieter sind, viel seltener als die anderen Familien über Wohnungseigentum verfügen und überdurchschnittlich in Dreigenerationenhaushalten leben; die Kinder verfügen seltener über ein eigenes Zimmer als die anderen Kinder.

Für die ausländischen Familien ergeben sich Wohnverhältnisse, die denjenigen der deutschen Familien nicht vergleichbar sind. Sie wohnen in kleineren und teureren Wohnungen, die außerdem in der Regel hinsichtlich der Ausstattung und des Wohnumfeldes den Ansprüchen deutscher Familien nicht mehr genügen. 1972 lebten ein Drittel der ausländischen Familien mit vier und mehr Kindern noch in Wohnungen mit nur ein bis zwei Räumen.

4.3 *Die Einkommensbelastung*

Nicht nur die Unterversorgung der Familien mit Wohnraum beeinträchtigt die Lebenslage vieler Kinder, sondern auch die unverhältnismäßig hohe Mietbelastung eines erheblichen Teils der Familien, weil dadurch die Befriedigung anderer Grundbedürfnisse beeinträchtigt werden kann. Vor allem Familien in den untersten Einkommensklassen haben erhebliche Mietbelastungen zu tragen.

Von 1965 bis 1972 (Wohnungsstichproben) hat sich die Belastung des Einkommens durch Miete erhöht, das gilt für alle Haushalte zusammen, ebenso wie für diejenigen Haushalte, die in den geförderten Wohnungen wohnen. Die Miete in geförderten Wohnungen hängt direkt von den jeweiligen Baukosten ab. Je nach Baujahr handelt es sich um unterschiedliche Mieten für vergleichbare Wohnungen. Die Erwartung, daß die allgemeine Steigerung des Einkommens die zukünftigen Mieterhöhungen ausgleichen könne und die Mietbelastung konstant bleibe, hat sich als Trugschluß erwiesen. Insbesondere die extrem hohen Baupreissteigerungen Anfang und Ende der siebziger Jahre und die Förderung in Form von degressiv gestalteten Aufwendungszuschüssen sind sich gegenseitig in ihrer Wirkung verstärkende Ursachen der erhöhten Mietbelastungen.

Die Kosten des Baus von Einfamilienhäusern werden ebenfalls von den steigenden Baukosten bestimmt, allerdings sind die Grundstückskosten erheblich stärker gestiegen. Je größer die Gemeinde ist, desto höher sind die Baulandpreise. In Gemeinden von 500 bis unter 20.000 Einwohner betrug der Kaufwert für baureifes Land 1977 rd. 50 DM/qm, in Gemeinden über 100.000 Einwohner dagegen rd. 120 DM/qm. (München 400 DM/qm, 1976). Es braucht daher nicht zu überraschen, daß Familien mit mehreren Kindern in großen Städten ein familiengerechtes Haus in der Regel nicht finanzieren können. Es ist daher erforderlich, die Baurechte so auszugestalten, daß Familien ihren Grundbedürfnissen entsprechend wohnen können. Dies ist einerseits eine Frage der Festsetzung von Art und Maß der baulichen Nutzung in den Bebauungsplänen, es ist andererseits auch eine Frage einer ausreichenden Quantität der rechtzeitigen Produktion von Baurechten. An knappem und damit teurem Bauland darf die familiengerechte Wohnungsversorgung, vor allem außerhalb der städtischen Kernbereiche, nicht scheitern.

4.4 *Städtische und ländliche Wohnverhältnisse*

Geschoßwohnungen, insbesondere in Hochhäusern, werden von Familien mit Kindern nach Möglichkeit gemieden, Wohnungen im Ein- und Zweifamilienhaus bevorzugt gesucht. Die für Familien und Kinder überwiegend ungünstige Wohnstruktur vieler Stadtteile (Wohnungsgröße, Hausform, Wohnumfeld) gehört zu den wesentlichen Ursachen der Abwanderung von Familien aus den großen Städten. Insbesondere der mit möglichst wenig Gefahren verbundene wohnungsnahe Bewegungsfreiraum für Kinder wird vermißt, oftmals auch die Sonne (Schattenlage gerade der freiraumbezogenen Erdgeschoßwohnungen in Mietblocks).

Es überrascht nicht, daß der Anteil der kinderreichen Familien an der Gesamtzahl der Familien dort hoch ist, wo auch das kindgerechte Ein- und Zweifamilienhaus stark vertreten ist. Die Kinderzahl je Ehe ist in Gebieten mit relativ geringem Anteil von Geschoßwohnungen höher als in den dichter besiedelten Gebieten mit relativ hohem Anteil an Geschoßwohnungen. Zum Beispiel entfielen auf eine Familie mit fünf oder mehr Personen 1970 in Hannover (südliches Niedersachsen) 23 kleinere Familien, im Emsland (nördliches Niedersachsen) dagegen nur 3; die entsprechenden Werte für Familien mit sechs und mehr Personen sind 76 und 6. Die Chance, daß eine kinderreiche Familie in der Nähe wohnt, ist demnach in Hannover zwölffach geringer als im Emsland. Diese Verhältnisse dürften sich inzwischen noch weiter zu ungunsten der dicht besiedelten Gebiete verschoben haben, denn der Zugang an neuerbauten Ein- und Zweifamilienhäusern im Land Niedersachsen ist in den letzten zehn Jahren – bezogen auf die Einwohnerzahl – in den nördlichen Landesteilen hoch, in den südlichen gering. Das Wohnen außerhalb der Verdichtungsgebiete wird durch Grundstückseigentum der Familie oder billige Baulandpreise einerseits, ausgeprägte Selbst- und Nachbarschaftshilfe und vergleichsweise niedriges Baupreisniveau andererseits, geprägt.

Junge Leute und junge Familien haben daher im ländlichen Raum eher eine Chance zum familiengerechten Bauen und Wohnen, das in Verdichtungsgebieten selbst bei höherem Einkommen in den meisten Fällen nicht erreichbar wäre. Weil Erwerbstätige die Wohnbedingungen höher bewerten als die Nähe zum Arbeitsplatz, nehmen sie die Pendelbelastung auf sich. Diese verliert angesichts der verkürzten Lebens-, Jahres-, Wochen- und Tagesarbeitszeit bei günstiger Verkehrslage der Wohnung objektiv an Gewicht. Während früher Pendler aus dem Umland als unterprivilegiert galten, wird mehr und mehr der Arbeitnehmer mit Familie, der in einer städtischen ungünstigen Geschoßwohnung zur Miete wohnt, als Benachteiligter angesehen werden.

In der Wohnkultur hat die Großstadt keinen Wettbewerbsvorteil mehr gegenüber den Städten und Dörfern im ländlichen Raum oder gegenüber dem Stadtumland. Wenn mehrere Kinder in einer kleinen Wohnung ohne eigenes Zimmer im vierten Obergeschoß eines Miethausblocks der Gründerzeit aufwachsen müssen, der an einer stark befahrenen Straße liegt, und dessen Hofraum durch Kleingewerbe, Garagen und eingezäunte Gartenflecken genutzt wird, werden sie den angeblichen Vorzug derartiger urbaner Wohnformen ebensowenig erkennen können, wie Kinder im 9. Obergeschoß eines Wohnhochhauses, die auf solche Flächen schauen können, die ihnen am Erdboden wegen vielfältiger Gefährdung oder aus anderen Gründen nicht zugänglich sind.

Wenn Kinderfreundlichkeit ein unverzichtbarer immaterieller Maßstab für Urbanität ist, wird man sie dort weniger finden, wo man sie bisher suchte und dort eher finden, wo man sie nicht vermutete. Die Kleinstadt kann selbstbewußt neben die Großstadt treten.

Es wird oft behauptet, daß sich der ländliche Raum beim Rückgang der Bevölkerung überproportional entleeren werde, daß der Bevölkerungsrückgang in den Ballungsgebieten genügend Wohnungen frei mache und daß zukunftssichere und anspruchsvolle Arbeitsplätze dort eher anzutreffen oder zu schaffen seien. Man nimmt an, daß die verbesserte Bildungsbeteiligung der Landbevölkerung diese auf entsprechende Arbeitsplätze in die Ballungszentren ziehen und deshalb zur Abwanderung führen werde.

Die Wahrscheinlichkeit des Eintreffens derartiger Prognosen wird gegenwärtig hoch eingeschätzt. Sie könnte aber auch erheblich geringer sein, denn der Wohnwert ländlicher Räume wird zu gering und zumindest ein Teil der gewerblichen und dienstleistenden Arbeitsplätze in den Ballungsgebieten zu hoch bewertet. Es wird voreilig der weitere Abbau der Wohnungsnähe von Infrastruktur in ländlichen Räumen als unausweichlich angesehen. Auch die Analyse der Wanderungsbewegungen nach Herkunft, Ziel und Alter der Wanderungen in den letzten Jahren spricht nicht dafür, daß der ländliche Raum überwiegend die Folgen der Geburtenarmut zu tragen haben wird. Es ist denkbar, daß beim Rückgang der Zahl der Erwerbsfähigen nach 1990 im ländlichen Raum ausreichende Arbeitsplätze für die dortige Erwerbsbevölkerung vorhanden sind und dazu auch familiengerechte Wohnungen.

Im übrigen ist auch die Stadtflucht von Betrieben und Arbeitsplätzen zu beobachten. Im Interesse familiengerechter Wohnungspolitik in Stadt und Land ist es daher unumgänglich, das eingleisige Denken im Blick auf die angenommenen Vorzüge der Ballungsgebiete zu verlassen.

Das psychosoziale Wohlbefinden der Familie ist insbesondere in den dichtbewohnten städtischen Gebieten in besonderer Weise auch vom Wohnungsumfeld abhängig. Im Blick auf die Sozialisationsphasen der Kinder nimmt das Spiel eine zentrale Position ein. Die Wirklichkeit der Spielplätze, auf die die Stadtkinder mehr angewiesen sind als die Landkinder, läßt aber sehr zu wünschen übrig. Sofern Spielplätze überhaupt vorhanden sind, fehlt ihnen oftmals der Anregungsgehalt, der für abwechslungsreiche Spielerfahrung unentbehrlich ist. Sie sind nicht selten ungepflegt und erfordern oft wegen der ungenügenden Abgrenzung von Verkehrswegen dauernde Aufsicht. Einen Ausgleich für beengte und gestapelte Wohnungen können viele Spielplätze daher nicht bieten.

In den dünner besiedelten Gebieten erweist sich die Vorstellung, daß die wachsende Größe von Versorgungseinrichtungen und die Zusammenfassung verschiedener Einrichtungen in Zentren die Leistungsfähigkeit erhöhen, als fragwürdig. Vor allem Familien und Kinder leiden an den Folgen der Konzentration altersbedingter Wohnfolgeeinrichtungen. Das Ausmaß der Ausdehnung des Schülertransports, die damit verbundenen zusätzlichen Beanspruchungen und Gefährdungen der Schüler und der Verlust der Möglichkeiten, die sozialräumliche Umwelt schrittweise von der Wohnung aus erobern zu können, kennzeichnen beispielhaft die Nachteile. Deshalb suchen Eltern wohnsitznahe Schulen.

5. Schlußbemerkung

Die Einsicht, daß die Lebenslage der Familie mit Kindern auch durch das Wohnen entscheidend bestimmt wird, ist nicht neu; es mangelt aber an Konsequenzen.

Zöge man verstärkt Konsequenzen, wäre das Wohnen im Zusammenhang mit den weiteren bedeutsamen Dimensionen der Lebenslage der Familien zu sehen. Das Familieneinkommen, die zur Erfüllung der Familienfunktionen aufgewendete Zeit und das Wissen um die Folge von Handlungen und Unterlassungen bestimmen zusammen mit dem Wohnen die familiäre Lebenslage. Sie stehen untereinander in engen Wechselbeziehungen.

Die Wohnbedingungen der Familien werden nur zum Teil durch unabhängige Entscheidungen der einzelnen Familie beeinflußt. Sie werden zum erheblichen Teil durch die Entscheidungen des Staates und der Kommunen sowie der Wohnungs- und Kreditwirtschaft bestimmt, konkret heißt das, durch die beteiligten Fachleute und Mandatsträger.

Es kommt somit darauf an, einerseits die wohnungspolitischen Entscheidungen an den Bedürfnissen der Familien mit Kindern zu orientieren und dabei an der ungeschminkten Wirklichkeit der Wohnverhältnisse nicht vorbei zu sehen und andererseits bei den Eltern das Wissen um die Bedeutung der Wohnverhältnisse für die Sozialisation der Kinder und für die Erfüllung der anderen Familienfunktionen so zu verarbeiten und zu vertiefen, daß sie ungeeignete Wohnungen möglichst als solche erkennen und meiden und in geeigneten Wohnungen keine falsche Ausstattungs- und Nutzungsentscheidungen treffen.

Kinderfreundliche Wohn- und Wohnumfeldbedingungen werden nicht geschaffen, indem bei prinzipiell familienfeindlichen Wohn- und Siedlungsverhältnissen zweit- und drittrangige Details verändert werden. Solche Details wären zum Beispiel eine kindgerechte Höhe von Klingelknopf oder Briefkasten im Wohnhochhaus oder sauberer Sand im Sandkasten eines Spielplatzes, der inmitten von Geschoßwohnungen so angelegt ist, daß die Kinder zwar eine stark befahrene Straße und einen Parkplatz sehen und erreichen können, nicht aber ihre Wohnung.

Familiengerechte Wohnverhältnisse werden nur zu erreichen sein durch Konzentration der Bemühungen auf erstrangige Strukturmerkmale wie zum Beispiel ausreichende Größe der Wohnung und Zahl ihrer Räume sowie geeignete Hausformen und Grundrisse. Schließlich wird es ohne einen familiengerechten Städtebau keine kinderfreundlichen Wohn- und Wohnumfeldbedingungen geben.

Auch wenn bisher noch nicht geklärt werden konnte, welche Wechselwirkungen zwischen den Wohnverhältnissen des einzelnen Paares und seiner Bereitschaft zur Weitergabe des Lebens bestehen, so erfordert allein schon das Vorhandensein derartiger Wechselbeziehungen und die nachweisbare Bedeutung der Wohnverhältnisse für das Heranwachsen der vorhandenen Kinder eine kindbezogene Verbesserung der Wohnbaukonzepte und des Wohnungsbestandes.

Die Rolle der Frau in bezug auf das generative Verhalten: Doppelbelastung durch Kindererziehung und Beruf

CHARLOTTE HÖHN, WIESBADEN

Auf der Suche nach einschlägigen Erklärungen des Geburtenrückgangs wird gern auf die Erwerbstätigkeit der Frauen hingewiesen. Einerseits kann dabei auf eine Reihe von statistischen „Belegen" verwiesen werden, sei es daß es sich dabei um die langfristige Entwicklung handelt oder um Ergebnisse von Volkszählungen und anderen Erhebungen, andererseits handelt es sich um einen ungemein einleuchtenden Grund. Jeder wird sofort einsehen, daß eine erwerbstätige Frau unter den modernen Arbeitsbedingungen nur in beschränktem Umfang in der Lage ist, mehrere Kinder angemessen groß zu ziehen.

So verlockend diese Erklärungen auch sind, so sehr können sie auch zu Fehleinschätzungen führen. In der Politikberatung könnte sich daher die Gleichung „Weniger Frauenerwerbstätigkeit = mehr Kinder" als Handlungsstrategie anbieten. Es besteht das Risiko, eine offenbar einfache und naheliegende Entwicklung nicht mehr weiter zu analysieren und auch nicht den Versuch zu machen, diese Entwicklung im Zusammenhang mit anderen „Gründen" des Geburtenrückgangs zu sehen. Auf Veranstaltungen dieser und ähnlicher Art wird den einzelnen Referenten ein Teilaspekt zur Behandlung zugewiesen, über das dieser dann isoliert vorträgt. Organisatorisch läßt sich das auch kaum anders bewältigen. Dies birgt jedoch gerade im vorliegenden Zusammenhang Risiken, weil es sich beim Geburtenrückgang um ein äußerst komplexes Geflecht von Bedingungen und Wechselwirkungen handelt, die im Grunde eine Aufsplitterung in einzelne „Gründe" verbieten.

Um diese Sackgasse zu vermeiden, wird im folgenden versucht, die Rolle der Frau und den Geburtenrückgang weitgehend im Zusammenhang des sozialen Wandels zu betrachten. Es soll gezeigt werden, daß Erwerbstätigkeit der Frau eine der Strömungen ist, Geburtenrückgang ein weiterer Entwicklungsstrang und daß es außerdem verstärkende Interdependenzen zwischen beiden Phänomenen gibt. Es wird darum gehen, darzulegen, daß es sich nicht um eine stringente determinierende Beziehung von Frauenerwerbstätigkeit auf die Kinderzahl (als abhängige Variable) handelt, sondern um eine weitgehend parallele Entwicklung mit einer Reihe von Wechselwirkungen.

Beginnen wir mit einigen Überlegungen zum Begriff der Erwerbstätigkeit von Frauen. Das im allgemeinen Gemeinte sind Marktleistungen, d. h. bezahlte Tätigkeiten. Soweit Hausarbeit und Mithilfe von Familienangehörigen nicht bezahlt werden, handelt es sich dabei nach genereller Auffassung nicht um Erwerbstätigkeit und konsequenterweise erscheinen diese Leistungen in den Statistiken nicht. Sie finden auch keinen Eingang in die volkswirtschaftliche Gesamtrechnung. Diese Einschätzung ist keineswegs neu und erschwert unsere Betrachtungen ungemein. Zwar wird den Mithelfenden Familienangehörigen mittlerweile mehr Interesse geschenkt, aber der Begriff und die Erfassung haben sich gewandelt, so daß Vergleiche kaum möglich sind. Hausarbeit und Mithilfe im Betrieb haben sich in den vergangenen 100 Jahren in Umfang und Wesen so deutlich verändert, daß ein Vergleich hierzu aber durchaus angebracht wäre. Nur wird die Statistik dazu nur in begrenztem Maße beitragen können. Die *Tabelle 1* macht uns glauben, daß die „Erwerbstätigkeit" der Frau erst in den 20er Jahren dieses Jahrhunderts bedeutende Ausmaße annahm. Besonders augenfällig ist, daß der Anteil der Mithelfenden Familienangehörigen erst um 1939 seinen relativen Höhepunkt erreichte. Die entsprechende Fußnote in *Tabelle 1* mahnt aber daran, daß der Begriff nicht vergleichbar ist. Eine mithelfende Ehefrau wurde erst dann gezählt, wenn sie entlohnt wurde. Hätte man unter Erwerbstätigkeit Produktion von Gütern und Leistungen verstanden, wäre die Zahl der „erwerbstätigen" Frauen schon früher größer gewesen.

Tabelle 1: Erwerbstätige nach Wirtschaftsbereichen und Stellung im Beruf

Gebietsstand Erhebung	Erwerbstätige insgesamt	Nach Wirtschaftsbereichen			Nach der Stellung im Beruf			
		Land- und Forstwirtschaft	Industrie Handwerk (Produz. Gewerbe)	Handel, Verkehr, Öff. Dienst (Dienstleistungen)	Selbständige	Mith.[6] Familienangehörige	Beamte (einschl. Sold.) und Angestellte	Arbeiter
	1.000	%						
		insgesamt						
Reichsgebiet[1][2]								
5. 6. 1882	17.005	42,2	35,6	22,2	25,6	10,0	7,0	57,4
19. 6. 1895	19.909	36,2	38,9	24,9	23,3	9,1	10,7	56,9
12. 6. 1907	25.378	33,9	39,9	26,2	18,8	15,0	13,1	53,1
16. 6. 1925	32.329	30,3	42,3	27,4	15,9	16,9	17,0	50,2
16. 6. 1933	32.622	28,8	40,5	30,5	16,4	16,4	17,1	50,1
17. 5. 1939	35.732	25,0	40,8	34,2	13,4	15,8	21,7	49,1
Bundesgebiet[3]								
17. 5. 1939[4]	20.338	62,1	40,0	33,9	14,4	17,8	21,0	46,8
13. 9. 1930[4]	22.074	23,2	44,5	32,3	14,7	14,4	20,0	50,9
Okt. 1957[5]	24.149	16,8	47,2	35,9	13,1	12,4	22,3	52,2
Okt. 1958[5]	24.367	16,2	47,8	35,9	13,6	11,2	25,2	50,0
Okt. 1961	26.532	13,4	48,8	37,8	12,6	9,9	28,1	49,4
Mai 1965	26.629	11,1	48,9	40,0	11,6	8,4	31,4	48,6
April 1970	26.343	9,1	49,4	41,5	10,7	6,8	35,2	47,3
Mai 1975	25.960	6,7	46,5	46,9	9,2	5,0	42,9	42,9
April 1978	26.021	5,8	45,4	48,8	8,8	4,0	44,9	42,3

Gebietsstand Erhebung	Erwerbs-tätige ins-gesamt	Nach Wirtschaftsbereichen			Nach der Stellung im Beruf			
		Land- und Forst-wirtschaft	Industrie Handwerk (Produz. Gewerbe)	Handel, Verkehr, Öff. Dienst (Dienstleistungen)	Selbständige	Mith.[6] Familien-angehörige	Beamte (einschl. Sold.) und Angestellte	Arbeiter
	1.000	%						
Männer								
Reichsgebiet[1][2]								
3. 6. 1882	12.025	41,2	41,2	17,6	29,7	7,3	9,2	53,8
14. 6. 1895	13.979	34,4	45,0	20,6	27,0	5,6	13,7	53,7
12. 6. 1907	16.830	27,2	48,5	24,3	23,3	5,8	16,9	54,0
16. 6. 1925	20.773	23,1	51,3	25,6	20,3	6,3	19,5	53,9
16. 6. 1933	21.055	22,4	49,7	27,9	20,9	5,5	18,3	55,3
17. 5. 1939	22.934	17,6	49,1	33,3	17,4	4,4	24,8	53,4
Bundesgebiet[3]								
17. 5. 1939[4]	13.091	17,6	49,8	32,6	18,6	5,2	24,0	52,2
13. 9. 1950[4]	14.125	16,4	53,8	29,8	18,8	4,5	19,8	56,9
Okt. 1957[5]	15.153	12,1	56,0	31,8	16,4	4,4	21,8	57,4
Okt. 1958[5]	15.248	11,7	57,5	30,8	16,9	3,4	23,0	56,7
Okt. 1961	16.640	9,9	58,2	31,9	15,6	3,0	25,2	56,2
Mai 1965	16.796	8,2	58,2	35,6	14,6	2,2	27,9	55,3
April 1970	16.741	6,8	58,4	34,8	15,7	1,7	30,9	53,7
Mai 1975	16.321	5,0	55,5	39,5	11,7	1,2	38,0	49,1
April 1978	16.326	4,6	54,5	40,9	11,1	0,9	39,3	48,7
Frauen								
Reichsgebiet[1][2]								
3. 6. 1882	4.980	44,5	22,1	33,4	15,8	16,3	1,7	66,2
14. 6. 1895	5.930	40,5	24,5	35,0	14,8	17,2	3,7	64,3
12. 6. 1907	8.548	47,0	23,0	30,0	10,0	32,9	5,8	51,3
16. 6. 1925	11.556	43,3	26,0	30,7	7,8	36,1	12,6	43,5
16. 6. 1933	11.567	40,5	24,0	35,5	8,2	36,2	14,7	40,9
17. 5. 1939	12.798	38,3	26,0	35,7	6,4	36,2	16,0	41,1
Bundesgebiet[3]								
17. 5. 1939[4]	7.247	41,5	22,4	36,1	6,8	40,7	15,6	36,9
13. 9. 1950[5]	7.949	35,2	28,0	36,8	7,6	32,0	20,2	40,2
Okt. 1957[5]	8.996	24,8	32,3	42,9	7,5	25,9	23,3	43,3
Okt. 1958[5]	9.118	23,6	31,9	44,5	8,0	24,2	29,1	38,7
Okt. 1961	9.891	19,4	33,0	47,6	7,4	21,5	33,0	38,1
Mai 1965	9.834	16,2	32,9	50,9	6,5	19,0	37,3	37,2
April 1970	9.602	31,1	33,6	53,3	6,0	16,0	41,7	36,3
Mai 1975	9.639	9,5	31,2	59,3	5,1	11,5	51,0	32,4
April 1978	9.695	8,0	30,0	62,0	5,0	9,3	54,1	31,6

[1] Stand 31. 12. 1937. – [2] Wirtschaftszweigsystematik 1939. – [3] Wirtschaftszweigsystematik 1950. – [4] Ohne Saarland. – [5] Ohne Saarland und Berlin (W.). – [6] Ergebnisse nicht über gesamten Zeitraum vergleichbar.

Es empfiehlt sich für unsere Zwecke, die Aufgaben der Frau in produktionsorientierte und familiäre gedanklich aufzuteilen. Daran anknüpfend wird die These aufgestellt, daß in der vorindustriellen Gesellschaft die Frau in etwa in gleichem Umfang wie heute (unter Umständen sogar stärker) produktiv tätig war. Ihre Produktionstätigkeit war allerdings *anders*. Sie spielte sich im Familienbetrieb ab und war räumlich und zeitlich mit den familiären Aufgaben kombiniert. Zuarbeit im Handwerksbetrieb, im Einzelhandel, in der Manufaktur und auf dem Bauernhof sind die charakteristischen Tätigkeiten. Daneben werden im Haushalt, den man als Selbstversorgerhaushalt charakterisieren kann, Leistungen erbracht, die allmählich im Laufe der Zeit zu Marktleistungen wurden. Beispielhaft zu erwähnen sind Schlachten, Einkochen, Backen, Nähen usw. Daß die Damen des gehobenen Bürgertums und des Adels unter Umständen nur familiäre Pflichten hatten, soll hier nicht verwirren, weil sie damals nicht die Masse ausmachten. (Nur als Randbemerkung sei notiert, daß gerade im gehobenen Bürgertum der Geburtenrückgang beginnt!) Unter familiären Pflichten im engeren Sinn sollen dabei Betreuung und Erziehung von Kindern, Essensversorgung, Wäschepflege, Aufräumen und Putzen verstanden werden.

Zusammenfassend kann man die Situation der Frau in der vorindustriellen Gesellschaft wie folgt charakterisieren: Sie war durchaus produzierend tätig, freilich in der Regel nicht außerhäuslich und nicht lohnabhängig. Ihre Erwerbsabhängigkeit bestand in der Erstellung von Natural- und Dienstleistungen, die noch keine Marktleistungen waren. Ihre Familienpflichten waren breit gefächert, zeit- und arbeitsaufwendig.

Stellen wir nun den Familienzusammenhang her und beziehen die Rolle von Kindern und Männern ein. Es läßt sich festhalten, daß die Familie Produktions- und Konsumeinheit war. Die familiären Pflichten im engeren Sinn oblagen der Frau und ihren weiblichen Verwandten. Die produzierenden Tätigkeiten wurden von allen Familienmitgliedern, soweit sie alt genug oder noch nicht zu alt waren, wahrgenommen, wobei die Männer weitgehend nur als Produzenten tätig waren. Die Familie war auch Ausbildungsstätte der Kinder. Kinder waren außerdem Arbeitskräfte im Rahmen des Familienverbandes, der oft (nicht immer) drei Generationen und weitere Verwandte, oft auch noch Gesinde umfaßte. Kinder waren auch, ja nahezu ausschließlich, für die Alterssicherung der Familienmitglieder erforderlich. Eine größere Zahl von Kindern wurde also zu Recht als Segen empfunden. Die Rollen von Mann, Frau und Kindern waren klar umrissen und voneinander getrennt. Es handelte sich um starre, von religiösen Überzeugungen getragene, weitgehend akzeptierte Rollenzuweisungen.

Im Zuge der Industrialisierung kommt es nun zu einer Reihe von Entwicklungen, die zum Teil gleichzeitig – quasi unabhängig voneinander – in Gang kommen, die zum Teil gegensätzlich sind und die nicht ohne Wechselwirkungen und gegenseitige Korrekturen bzw. Verstärkungen bleiben konnten. Unter unserem Blickwinkel sind die folgenden Entwicklungen besonders wichtig.

Die steigenden Anforderungen der industriellen Produktion erforderten mehr und besser ausgebildete Arbeitskräfte. Es kommt zur Einführung der allgemeinen Schulpflicht, zur industriellen Arbeitsteilung, zur Zurückdrängung des primären Sektors (Agrarwirtschaft), zur Frauen- und Kinderarbeit. Im Zusammenhang mit der dabei bewußt werdenden sozialen Frage entstehen Bemühungen um Sozialgesetze, wovon in unserem Zusammenhang die Einführung der Renten- und Krankenversicherung besonders relevant ist. Diese Kennzeichen und Strömungen der modernen Industrialisierung muß man zwar im Zusammenhang sehen, was aber nicht davon entbindet, die aufgezeigten Einzelentwicklungen auf ihre Bedeutung für die Rolle der Frau und die Kinderzahl zu hinterfragen.

Die Einführung der allgemeinen Schulpflicht entband die Mütter zu einem großen Teil von ihrer Erziehungsaufgabe. Die Vermittlung von Wissen und zum Teil von Verhaltensweisen übernahmen die Schulen. Dabei wurde der Lehrerberuf schon relativ früh zu einem typisch weiblichen Betätigungsfeld. Den Müttern oblag allerdings weiterhin die Versorgung und Betreuung der Kinder (auch die Beaufsichtigung von Hausaufgaben). Die allgemeine Schulpflicht führte aber auch dazu, daß die Kinder mehr und mehr als Arbeitskräfte den Familien nicht mehr zur Verfügung standen.

Die industrielle Arbeitsteilung ermöglichte die kostengünstige Massenproduktion, die sich schon bald auf Produkte erstreckte, die vorher in den Selbstversorgerhaushalten produziert wurden und nun allmählich gekauft, d. h. nur noch konsumiert wurden. Die Familie und vor allem ihre weiblichen Mitglieder verloren damit Teile ihrer Produktionsfunktion. Auf der anderen Seite wurde die Hausarbeit leichter. Die Familie wandelt sich von einer Produktions- und Konsumeinheit allmählich zur ausschließlichen Konsumeinheit.

Die industrielle Arbeitsteilung bedeutete auch eine zunehmende räumliche Trennung von Arbeits- und Wohnstätte. Mithin fielen berufstätige Familienmitglieder für die Zeit ihrer Abwesenheit als Aufsichts- und Betreuungsperson für Kinder aus.

Eine der Interdependenzen der Industrialisierung ist auch die Zurückdrängung der Landwirtschaft (siehe *Tabelle 1*). Einerseits wurden die bisher im Agrarsektor tätigen Arbeitskräfte bei der industriellen Produktion benötigt und somit gewissermaßen „abgezogen", andererseits wurde auch die Landwirtschaft technisiert, so daß Arbeitskräfte ohnehin freigesetzt wurden. Die Abnahme der Zahl der in der Landwirtschaft Tätigen ist also das Ergebnis einer wechselseitigen Korrektur des Arbeitsmarkts aufgrund der sich wandelnden Wirtschaftsstruktur. Eine wichtige Entwicklung in diesem Zusammenhang ist auch die Verstädterung. Was für Folgen hat dieser Prozeß für die Familie, die Frauen und die Kinderzahl? Generell gesagt, eine Ablösung vorindustrieller familiärer Lebensbedingungen, im einzelnen eine Dezimierung der Selbstversorgerhaushalte, eine Verkleinerung der Haushalte, weil unter städtischen Wohnverhältnissen für Drei-Generationenhaushalte kaum Raum zu finden ist. Weiterhin sind die in der Landwirtschaft tätigen Frauen nicht mehr in so großer Zahl erforderlich. Das gleiche gilt für Kinder. Es spricht manches dafür, daß der „Nutzen" von Kindern aufgrund dieses Industrialisierungsprozesses sinkt, weil sie als Familienarbeitskräfte in der Landwirtschaft nicht mehr benötigt werden.

Beim Stichwort „Frauen- und Kinderarbeit" kommen wir zu einem Punkt, der besonders sorgfältiger Analyse bedarf. Scheinbar handelt es sich hierbei um etwas Neues, um ein charakteristisches Phänomen der Anfangsphase der Industrialisierung, bevor Sozialgesetze einem offensichtlichen sozialen Mißstand abgeholfen haben. Nach dem bisher Ausgeführten ist Frauen- und Kinderarbeit keineswegs etwas Neues. Statt im landwirtschaftlichen oder handwerklichen oder gewerblichen Familienbetrieb arbeiten Frauen und Kinder mehr und mehr in Manufakturen und Industriebetrieben. Der Unterschied besteht demzufolge nicht in der Tatsache des Arbeitens an sich, sondern eher in der Art und den Begleitumständen der Arbeit. Frühindustrielle Frauen- und Kinderarbeit gehört zu den klassischen und unbestrittenen Beispielen kapitalistischer Ausbeutung, da für maximale Leistungen minimale Löhne gezahlt wurden. Kinderarbeit wurde schließlich verboten, weil Kinder noch ausgebildet werden müssen, weil Arbeitsbedingungen, Entlohnung und Trennung von der Familie als für Kinder unzumutbar – und das mit Recht – empfunden wurden. Damit war in modernen Industriegesellschaften mit der Kinderarbeit Schluß.

Die Frauenarbeit aber blieb. Sie hatte ihren Charakter geändert, kaum jedoch ihr Ausmaß, selbst wenn Statistiken dies scheinbar widerlegen *(Tabelle 1)*. Lediglich die Auffassung, was Frauenarbeit sei, hat sich geändert. Da Statistik das zu erfragen bestrebt ist, was dem historisch jeweils Gemeinten entspricht (sogenanntes Adäquationsproblem der Statistik), spiegeln die Statistiken notwendigerweise nur die jeweils gültigen Auffassungen von Problemen. Solange Erwerbstätigkeit nur Marktleistung war, wurden nicht entlohnte mithelfende Familienangehörige nicht erfaßt. Als die Bedeutung der Landwirtschaft für die Volkswirtschaft wieder hervorgestrichen werden sollte, wurde nun gerade diesem Personenkreis besondere Beachtung zuteil. Mittlerweile, in der postindustriellen Gesellschaft, ist der Anteil der Landwirtschaft und damit auch der Anteil der Mithelfenden Familienangehörigen minimal. Frauenarbeit wurde zunehmend lohnabhängige, außerhäusliche Erwerbstätigkeit.

Nachdem wir nun die Entwicklung und das Wesen der Frauenerwerbstätigkeit im Verlauf der Industrialisierung beleuchtet und auch die Kinderzahl gleichzeitig mit in die Betrachtung einbezogen haben, wollen wir uns nun das Ganze nochmals unter den Stichworten „Doppelbelastung", „Rollenverständnis der Frau" sowie „Motivation zur Erwerbstätigkeit" ansehen.

Wir gehen dabei von folgendem Zwischenresümee aus: Die Industrialisierung führte einerseits zum Funktionsverlust der Familie (Verlust der Ausbildungs- und Produktionsfunktion), andererseits zu einer Abnahme des wirtschaftlichen

Nutzens von Kindern (Einführung der Schulpflicht, der Renten- und Krankenversicherung, Verbot der Kinderarbeit) und gewissermaßen als gleichzeitige Resultante zu einer Zunahme der außerhäuslichen Erwerbstätigkeit der Frauen. Wir neigen also dazu, die außerhäusliche Erwerbstätigkeit der Frauen als Folge des Funktionsverlustes der Familie *und* der abgenommenen Kinderzahl anzusehen, ohne dabei zu ignorieren, daß die abnehmende Kinderzahl einen weiteren Funktionsverlust der Familie impliziert und ohne zu verkennen, daß außerhäusliche Erwerbstätigkeit sich mit mehreren kleinen Kindern kaum vereinbaren läßt. Conditio sine qua non ist – unter Eingeständnis einer großen Allgemeinheit des Begriffs – die Industrialisierung.

Kommen wir nun zu drei Kernfragen: Warum erwähnt man erst neuerdings die Doppelbelastung der Frau? Warum führt das gewandelte Rollenverständnis der Frau zu einem Rollenkonflikt? Wollen die Frauen wirklich erwerbstätig sein? Das sind schwierige Fragen – und es wäre vermessen zu glauben, sie erschöpfend beantworten zu können –, aber es sind diejenigen Fragen, die uns allein zu einer Klärung führen können, ob die Frauenerwerbstätigkeit der Hauptgrund des Geburtenrückgangs bzw. ein Aktionsparameter für die Bevölkerungspolitik ist.

Nach dem bisher kurz Skizzierten über Frauenerwerbstätigkeit und sozialen Wandel ist wohl deutlich geworden, daß eine Doppelbelastung der Frau durch Produktionstätigkeit und Familienaufgaben eigentlich immer gegeben war. Diese generelle Feststellung ist natürlich für soziale Gruppen und im historischen Verlauf zu differenzieren. Es erscheint auch sinnvoll, die Familienaufgaben in kindbezogene und nicht kindbezogene aufzuspalten.

In der vorindustriellen Phase war die Masse der Frauen (von Landwirten, Handwerkern, Einzelhändlern usw.) sowohl durch Produktion als auch durch Haushaltsführung und zahlreiche Kinder stark belastet. Auch ihre Männer hatten sicherlich genau wie die Frauen eine 80-Stunden-Woche zu bewältigen. Die Frauen des gehobenen Bürgertums und des Adels hatten dank einer kleineren Kinderzahl und des Dienstpersonals eine geringere Belastung (in den Romanen des ausgehenden 19. Jahrhunderts sind sie oft von Langeweile geplagt). Möglicherweise waren sie sogar geringer belastet als ihre Männer. Das Gros der Frauen war aber wohl genauso – und gleichzeitig sehr stark – belastet wie ihre Männer.

In der Phase der Industrialisierung wird man von einer im Vergleich zu den Männern stärkeren Belastung der berufstätigen Frauen ausgehen können. Außerhäusliche Berufstätigkeit mit Wegzeiten plus Haushaltsführung und Kindererziehung waren sicherlich sehr zeitaufwendig. Es wird allerdings bezweifelt, ob die verheirateten Industriearbeiterinnen mit Kindern weniger Freizeit hatten als die verheirateten Bäuerinnen der vorindustriellen Zeit. Der Begriff der Freizeit ist wohl recht neu und war bis vor ca. 40–50 Jahren dem Adel und den höheren Bürgern vorbehalten. Immerhin zeichnet sich eine neue Struktur des weiblichen Zeitbudgets ab. Durch den Funktionsverlust der Familie und die geringere zu betreuende Kinderzahl wird der Zeitanteil für familiäre Aufgaben kleiner, während derjenige für außerhäusliche Erwerbstätigkeit größer geworden sein dürfte.

Für die Gegenwart gibt es einige interessante Resultate über Zeitbudgets von Frauen in der Bundesrepublik Deutschland, die der Einfachheit halber zitiert werden sollen: „Danach sind die nichterwerbstätigen Ehefrauen mit einem Kind oder mit zwei Kindern am günstigsten gestellt. Sie haben eine wöchentliche Arbeitszeit von etwa 60 Stunden. Fast genauso gut ist die Situation der kinderlosen unverheirateten Arbeitnehmerinnen. ... Zu ihnen kann man auch die kinderlosen, in einem Vollzeit-Beruf beschäftigten erwerbstätigen Ehefrauen rechnen. Obwohl auf sie, und nicht auf ihre Männer, der Hauptteil der Arbeiten im gemeinsamen Haushalt entfällt, sieht ihr Zeitbudget ebenfalls günstig aus. Den nächsten Platz auf der Skala der zeitlichen Beanspruchungen nehmen Ehefrauen mit Kindern ein, die eine bezahlte Teilzeitarbeit verrichten. Sie sind stärker eingespannt als die große Masse der Frauen, weil sie für Haushalt und Familie fast ebenso viel Zeit aufbringen wie die nicht-erwerbstätigen Frauen mit gleich großen Haushalten. ... Es bleiben die Frauen, die einem Vier- oder Mehr-Personen-Haushalt vorstehen und zugleich voll erwerbstätig sind. ... Ihre Bürden sind außerordentlich groß – größer als die der meisten Frauen und größer als die fast sämtlicher Männer in der Bundesrepublik. Ihr Gesamtarbeitstag: Erwerbsarbeit plus Hausarbeit ist sehr lang, das Wochenende ebenfalls vorwiegend durch Arbeit ausgefüllt, die Zeit für die physische und psychische Regeneration äußerst knapp."[1]

Während es also in früheren Zeiten eher die Schichtzugehörigkeit war, die das Zeitbudget der Frauen bestimmte, ist es heute Kinderzahl und Umfang der Berufstätigkeit. Wichtig ist auch festzuhalten, daß die zeitliche Belastung der Männer aufgrund der Arbeitszeitverkürzungen im Zeitablauf deutlich abgenommen hat, was für die Frauen generell so nicht gesagt werden kann. Erwerbstätige Mütter haben vermutlich noch eine ähnlich hohe Belastung wie die Frauen der vorindustriellen Zeit. Somit steht der Doppelbelastung erwerbstätiger Mütter keine entsprechende Belastung der Väter gegenüber. Weiterhin muß man sich fragen, warum die Erwerbstätigkeit der Mütter trotz dieser offensichtlichen Nachteile dennoch in den vergangenen Jahren kräftig gestiegen ist. *Tabelle 2* zeigt uns, daß diese steigende Tendenz neuerdings insbesondere bei nicht getrennt lebenden Ehefrauen zu beobachten ist. Die alleinstehenden Mütter haben allerdings eine deutlich höhere Erwerbsbeteiligung als die verheirateten Mütter, und Mütter mit noch sehr kleinen Kindern haben eine niedrigere als solche mit größeren Kindern.

---

[1] *Pross /v. Schweitzer*, 1976, S. 430f.

Tabelle 2: Erwerbstätigenquote von Müttern nach Familienstand und Altersgruppen der Kinder in der Familie

Zeitpunkt	Insgesamt	Ehefrauen	Alleinstehende				
			zusammen	verwitwet	geschieden	verheir. getrenntlebend	ledig
Prozent							
Mit Kindern unter 15 Jahren							
6. 6. 1961	34,6	32,6	58,5	35,5	71,4	52,4	84,1
27. 5. 1970	34,8	33,1	58,9	35,7	71,4	53,6	84,1
April 1974	40,2	38,6	63,0	43,4	70,2	62,4	79,7
Mai 1976	40,0	38,4	59,6	39,5	66,9	55,8	73,6
April 1977	40,6	39,1	59,2	40,2	65,1	55,5	74,0
Mit Kindern unter 6 Jahren							
6. 6. 1961	31,3	29,7	60,6	29,0	62,3	49,9	83,6
27. 5. 1970	30,4	29,0	58,4	28,8	63,4	51,9	82,1
April 1974	34,8	33,6	58,6	34,8	56,1	58,6	75,7
Mai 1976	34,0	32,9	52,4	30,3	51,8	52,2	63,8
April 1977	34,5	33,5	51,6	26,8	48,7	50,6	66,1
Mit Kindern unter 3 Jahren							
6. 6. 1961	29,7	28,0	60,3	/	53,7	47,8	82,2
27. 5. 1970	27,8	26,6	55,3	/	53,3	50,7	79,3
April 1974	32,2	31,2	53,8	/	44,7	55,1	69,9
Mai 1976	31,5	30,7	48,1	/	40,4	54,1	56,6
April 1977	31,3	30,5	47,2	/	38,4	/	59,0

1961 und 1970: Ergebnis der Volkszählung; 1974 bis 1977: Ergebnis des Mikrozensus.
Quelle: Statistisches Bundesamt.

Wir wollen nun einige Überlegungen zum Rollenwandel anstellen und uns fragen, ob hier Erklärungen für die offenbar vorhandene Bereitschaft der Frauen zu finden sind, die Doppelbelastung einer erwerbstätigen Mutter auf sich zu nehmen.

Die Frau der vorindustriellen Gesellschaft kannte nur die Rolle der Hausfrau und Mutter und verstand sie als Schicksal und Erfüllung. Sie erfüllte damit die herrschenden gesellschaftlichen Normen. Der Funktionsverlust der Familie führte zu einer Reduzierung ihrer Familienaufgaben als Hausfrau und Mutter. Die Übernahme der Rolle der Erwerbstätigen eröffnete sich und war attraktiver, da sie aus der häuslichen Isolierung in den nunmehr außerhäuslichen Produktionsprozeß führte. Berufstätigkeit ist längst kein trauriger Zwang mehr für Ledige und Arme. Berufstätigkeit verschafft vielmehr neuerdings Ansehen und Unabhängigkeit. Seitdem gibt es allerdings auch keine eindeutigen Rollendefinitionen mehr. Durch gesellschaftlichen Wandel entstand ein zwiespältiges

Bild: Die Frau als Hausfrau und Mutter – die Frau als Berufstätige, die auch für Haushalt und Kinder zuständig ist. Gleichzeitig wird dabei eine Art „freie Wahl" vorausgesetzt, die sich jedoch in der Realität so nicht anbietet. Die einzelne Frau hat sich vielmehr mit den verschiedenartigen Anforderungen auseinanderzusetzen, hat gewissermaßen ihren Weg zu finden und unterliegt dabei der permanenten Gefahr, gesellschaftlichen Normen nur zum Teil genügen zu können. Sie nimmt bei der Entscheidung für eine Rolle in Kauf, eine andere Rolle zu vernachlässigen und ferner auch eigene Bedürfnisse nur zum Teil erfüllen zu können. Einen Ausweg stellt die Form der Doppelbelastung dar, mit der beide Bereiche – Mutterschaft und Beruf – wenigstens halb und halb abgedeckt werden können. Dieser Kompromiß macht die Frauen allerdings auch angreifbar: Sie vernachlässigen immer einen Teilaspekt ihrer zwiespältigen Rolle und haben sich neben diesen gesellschaftlichen Normen noch mit ihren eigenen Ambivalenzen auseinanderzusetzen, was aufgrund weiblicher Sozialisation (und damit durch die Erziehung ihrer Mütter) zumeist in Schuld- und Unzulänglichkeitsgefühlen endet. Weil die Männer keinen gesellschaftlichen oder „natürlichen" Anlaß sahen, Familienpflichten in Haushalt und Kindererziehung zu übernehmen, weil dies ja nie zu ihren Aufgaben gehört hatte, entsteht dadurch der Rollenkonflikt der *Frauen*.

Auf der einen Seite verschafft die Erwerbstätigkeit der Frau mehr Ansehen als die Hausfrauenrolle, auf der anderen Seite wird die Mutterrolle – übrigens auch von den Frauen – mystifiziert und ideologisch untermauert. Die Mutterrolle wird in der Regel in der Sozialisationsphase gelernt. Andererseits glaubt heute keiner mehr fest und unerschütterlich daran, daß Frauen ausschließlich in den Haushalt gehören. Zudem ist Hausarbeit unbezahlt und damit in einer materiell orientierten Welt nahezu wertlos. Zumindest ist die soziale Einschätzung der Hausfrau niedrig. Da der Frau die Erwerbstätigkeit Anerkennung, Kontakte, Beweglichkeit und – nicht zu vergessen – Unabhängigkeit in den denkbaren Wechsellagen des Lebens (Scheidung, Verwitwung) garantiert, nehmen die Frauen die Doppelrolle und die Doppelbelastung auf sich. Wie sonst wäre die zunehmende Erwerbsbeteiligung der Mütter zu interpretieren?

Nur die ununterbrochene Erwerbstätigkeit scheint allerdings geeignet zu sein, einen langfristigen Lebensplan der Frau zu sichern. Der Lebenszyklus einer verheirateten Frau sieht seit 50–75 Jahren etwa wie folgt aus:

6–20/25   Ausbildung
∅ 22   Heirat
25–40   Erziehung von 1–3 Kindern
ab 40   „leeres Nest"
ab 60   Ruhestand

Bis zur Geburt des ersten Kindes ist die Erwerbstätigkeit der Frau konfliktfrei möglich und sogar gemäß den geltenden Normen erwünscht. Nachdem das jüngste Kind den Haushalt verlassen hat, könnte dies auch sein und es sollte auch erwünscht sein. Der Wiedereintritt ins Erwerbsleben nach längerer Unterbrechung für die Familienphase entsprechend dem 3-Phasen-Modell von *Myrdal/Klein* (Ausbildung und Berufstätigkeit — Familienphase ohne Berufstätigkeit — Wiederaufnahme der Berufstätigkeit), das hat sich herumgesprochen, ist äußerst schwer und in der Regel mit einem Abstieg verbunden. 20 Jahre Erwerbsfähigkeit und 35–40 Jahre Lebenserwartung liegen vor einer ca. 40jährigen Mutter, deren Kinder ihrer Betreuung nicht mehr bedürfen. An dieser Stelle im Lebenslauf verblaßt auch die Mystifizierung der Mutterrolle. Die ältere Frau leidet stärker als ihre jüngeren Geschlechtsgenossinnen unter der generellen Minderschätzung der Frauen. Man traut es ihr nicht zu, nach längerer Unterbrechung im Beruf erneut erfolgreich tätig zu sein. Da die Frauen es selber nicht glauben, kommt es dabei zu einem sich selbst erfüllenden Regelkreis. Darüber hinaus wird von der älteren Frau erwartet, daß die Gattenbeziehung erneut gefestigt werden muß. Zunehmend mehr Frauen verlangen aber noch mehr von sich: Nämlich permanente gute Partnerbeziehungen, optimale Betreuung der Kinder und das alles bei gleichzeitiger ununterbrochener Erwerbstätigkeit. Nur damit entfallen gesellschaftliche und alle individuellen Probleme des Lebensplanes, wenn auch unter Inkaufnahme einer ca. 15jährigen Doppelbelastung. Die Frau in der Doppelbelastung steht sich mit möglichst wenigen Kindern am besten. Auch die Ehemänner dürften dies gut finden, weil für die Familie mehr Haushaltseinkommen, mehr Freizeit und weniger häusliche Pflichten anfallen.

In der Tat haben niemals erwerbstätige Ehefrauen deutlich mehr Kinder als jemals erwerbstätige, wie *Tabelle 3* für deutsche Ehefrauen nachweist[2]).

Tabelle 3: Durchschnittliche Kinderzahl je 1 000 Ehen von Frauen in erster Ehe nach Erwerbstätigkeit/Nichterwerbstätigkeit und dem Heiratsalter der Frauen
(Ergebnis der Volkszählung am 27. 5. 1970)

Erwerbstätigkeit der Frauen	Durchschnittliche Kinderzahl je 1 000 Ehen					
	insgesamt	bei einem Heiratsalter der Frauen von ... Jahren				
		unter 21	21–24	25–29	30–34	35 und mehr
Überhaupt jemals erwerbstätig gewesene Frauen	1 869	1 962	1 936	1 842	1 563	864
Nie erwerbstätig gewesene Frauen	2 248	2 364	2 418	2 175	1 748	1 017
Insgesamt	1 921	2 015	1 998	1 892	1 592	890

---

[2]) *Linke / Rückert*, 1974, S. 636.

Mißlich ist nur, daß der Anteil niemals erwerbstätiger Ehefrauen bereits sehr klein ist und wohl noch kleiner als 8,4% der 15- bis unter 65jährigen Frauen[3]) werden dürfte, wenn man die Prozentsätze nach dem Alter der Frauen betrachtet *(Abbildung 1)*.

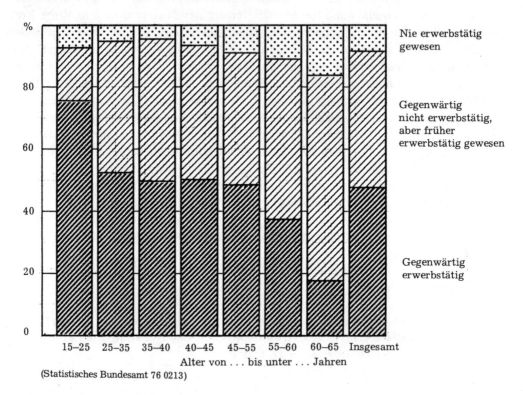

Abbildung 1: 15- bis unter 65jährige Frauen im Juli 1974 nach Altersgruppen und Abschnitten der Erwerbsbeteiligung

(Statistisches Bundesamt 76 0213)

Die Erwerbstätigkeit der Frau, wenn auch oft noch mit Unterbrechungen, ist auf dem Vormarsch. Die geringe Bewertung der Nur-Hausfrauenrolle ist sicherlich ein gewichtiger Grund dafür. Ein weiterer, daß man sich ohnehin nur 2 Kinder wünscht. Die meisten jungen Frauen glauben, dies trotz Berufstätigkeit meistern zu können. Es soll allerdings nicht bestritten werden, daß die Doppelbelastung schließlich die Realisierung der zweiten Geburt oder der dritten Geburt hinausschieben oder aufheben kann. *Waite* und *Stolzenberg* berichten, daß junge Frauen, die mit 35 Jahren erwerbstätig sein wollen, deutlich niedrigere Kinderwünsche haben als Frauen, die offenbar eine längere Familienphase ohne Erwerbstätigkeit anstreben.

Andererseits ist Erwerbstätigkeit nicht gleich Erwerbstätigkeit, weshalb ein weiteres Beispiel nützlich erscheint, in dem nach Ganztags- und Halbtagstätigkeit unterschieden wird.[4] Der Nachteil des verwendeten Materials (und ein sehr wichtiger) ist, daß nur der aktuelle Erwerbsstatus, nicht jedoch die Erwerbsbiographie der Frau festgestellt werden konnte. In *Abbildung 2* wurde versucht, die Zusammenhänge zwischen Kinderzahl und Stellung im Beruf sowie Nettoeinkommen des Mannes und der Art der Erwerbstätigkeit der Frau darzustellen. Diese vierfache Kombination führt zu einem uneinheitlichen, nicht leicht zu interpretierenden Bild.

Abbildung 2: Durchschnittliche Kinderzahl und Stellung im Beruf sowie Nettoeinkommen des Mannes

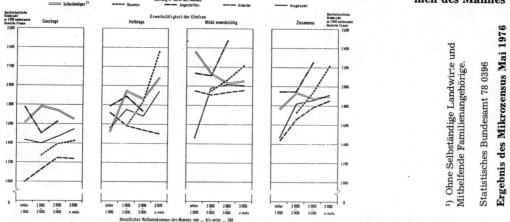

Bei ganztags arbeitenden Frauen ergeben sich global betrachtet niedrige durchschnittliche Kinderzahlen, sie steigen mit zunehmendem Nettoeinkommen des Mannes an. Ausnahmen bilden jedoch die Familien, in denen der Mann Selbständiger (ohne Landwirte) ist.

Bei Teilzeitarbeit der Frau steigt die Kinderzahl mit dem Einkommen des Gatten, wenn der Mann Beamter oder Selbständiger ist, sie sinkt dagegen, wenn der Mann im Angestelltenverhältnis steht.

Nicht erwerbstätige Frauen von Arbeitern und Beamten haben mit steigendem Einkommen ihres Mannes mehr Kinder. Dagegen ist kein Einfluß bei den Ehen festzustellen, in denen der Mann Angestellter ist. Ist der Mann selbständig und die Frau nicht erwerbstätig, so sinkt die Kinderzahl mit steigendem Einkommen des Mannes. Auf alle Fälle verdeutlicht das Material die unterschiedliche Relevanz von Frauenerwerbstätigkeit und Kinderzahl in den verschiedenen sozioökonomischen Gruppen.

Nach allem bisher Ausgeführten drängt sich dennoch die Skepsis auf, ob Frauen wirklich berufstätig sind, weil sie dadurch freier und unabhängiger

---
[3] Mikrozensus Juli 1974; *Steiger*, 1976, S. 237.
[4] *Höhn*, 1978, S. 278 ff.

werden. Würden sie vielleicht nicht doch gerne die Rolle der Hausfrau und Mutter übernehmen, wenn man sie dafür angemessen honoriert, sei es durch gute Worte, sei es durch Geld?

Es läßt sich nicht bestreiten, daß ökonomische Gründe in den zahlreichen Befragungen erwerbstätiger Frauen als Grund für die Erwerbstätigkeit dominieren. Vergleiche dazu das Beispiel in *Tabelle 4*.[5]) Aber arbeiten die Männer ausschließlich, weil es Spaß macht? Das eigene Einkommen ist ein starker Grund, die Erreichung eines eigenen, von Familienmitgliedern unabhängigen Status ist ein zumindest genauso starker Grund. Diese Einschätzung ist für Männer offenbar voll und ganz selbstverständlich, während bei Frauen Idealismus in der Form von Freude am Beruf (also auch ohne Bezahlung!) erwartet wird. Solange der Beruf die zentrale Determinante für sozialen Status ist und Hausarbeit nicht als berufliche Arbeit gilt, werden Frauen berufstätig sein wollen. Da die Meinung der Männer nach wie vor ausschlaggebend ist, wird nur eine positive Bewertung der Hausarbeit durch die Männer hier eine Wendung bringen. Wie weit wir davon entfernt sind, zeigt sich bei einer Befragung von Männern: „Hausarbeit wurde als niedrige Tätigkeit dargestellt, als langweilig und unproduktiv. ... Männer haben zwar die Fähigkeit dazu und trauen es sich auch zu, alle Arbeiten, die in einem Haushalt anfallen, über einen längeren Zeitraum allein zu erledigen. ... Sie wären damit aber so unterfordert wie durch die Tätigkeit als Schreibkraft oder als Putzhilfe. Hausarbeit ist unter ihrer Würde. Die Würde bleibt nur gewahrt, wenn sich die Beteiligung auf Kavaliersdienste beschränkt."[6])

Nicht zu unterschätzen ist auch, daß sich einer neuen Befragung[7]) zufolge 40% der nicht erwerbstätigen Hausfrauen wünschen, berufstätig zu sein. Bevorzugt werden Teilzeitbeschäftigungen angestrebt. Auf der anderen Seite würden nur 5% der teilzeitbeschäftigten Frauen gerne ganztags arbeiten, wohingegen fast 40% der vollzeitbeschäftigten Frauen lieber halbtags arbeiten würden. Hier scheint sich ein Indiz abzuzeichnen, die Belastung lieber abzubauen, allerdings ohne dabei auf Berufstätigkeit voll und ganz zu verzichten.

Am Ende unserer Betrachtungen kommen wir zu dem Schluß, daß Frauenarbeit, Doppelbelastung und Kinderwunsch im gesellschaftlichen Kontext zu sehen sind, daß heute der ohnehin nicht mehr sehr große Kinderwunsch durch die derzeitige Gestaltung der Frauenerwerbstätigkeit eher zusätzlich behindert wird, daß aber andererseits Strategien zur Reduzierung weiblicher Berufstätigkeit kaum aussichtsreich sein dürften. Vielmehr gilt es zur Kenntnis zu nehmen, daß das Hausfrauenmodell vom Modell der doppelt belasteten Mutter bereits im Ablösen begriffen ist und kaum reversibel zu sein scheint. Mit einem Abbau des Rollenkonflikts der Frauen, der es zum Ziel hat, Beruf und Elternschaft gleich-

---
[5]) *Steiger*, 1976, S. 238.
[6]) Pross, 1978, S. 95.
[7]) *Noll*, 1978.

zeitig in Einklang zu bringen, könnten sich positive Auswirkungen auf das generative Verhalten einstellen.

Tabelle 4: **Erwerbstätige 15- bis unter 65jährige Frauen im Juli 1974, die ihre Erwerbstätigkeit unterbrochen hatten, nach Altersgruppen, Schulabschluß, Stellung im Beruf vor der Unterbrechung, Kinderzahl und Gründen für die Wiederaufnahme der Erwerbstätigkeit**
(Ergebnis einer Mikrozensus-Zusatzbefragung Juli 1974)

Prozent

Altersgruppe von ... bis unter ... Jahren Schulabschluß Stellung im Beruf vor Unterbrechung Kinderzahl	Von 100 im Juli 1974 erwerbstätigen Frauen mit Unterbrechung der Erwerbstätigkeit gaben als Grund für die Wiederaufnahme der Erwerbstätigkeit an ...			
	Hausarbeit befriedigt nicht	finanzielle Gründe	Freude am Beruf	andere Gründe
Insgesamt ..	4,8	64,6	9,2	21,4
nach dem Alter				
15–25	/	62,9	/	/
25–35	/	62,4	11,6	20,2
35–40	/	63,3	11,5	20,2
40–45	/	61,5	/	22,4
45–55	4,9	67,4	7,6	20,1
55–60	/	67,1	/	21,7
60–65	/	63,8	/	27,9
nach dem Schulabschluß				
Volks-(Haupt-)schulabschluß	4,5	69,0	6,1	20,4
Realschulabschluß (Mittlere Reife)	/	50,9	17,9	23,0
Hoch-/Fachhochschulreife (Abitur)	/	/	/	/
Berufsfach-/Fachschulabschluß, Hochschulabschluß einschl. Lehrerausbildung/Fachhochschulabschluß	/	44,5	27,5	24,6
nach der Stellung im Beruf vor der Unterbrechung				
Selbständige und Mithelfende Familienangehörige	/	61,5	/	27,0
Beamtin/Richterin und Angestellte	6,1	54,5	16,6	22,8
Angelernte/Gelernte Facharbeiterin	/	68,1	/	21,4
Ungelernte Arbeiterin	/	78,6	/	17,8
nach der Zahl der Kinder				
Kein Kind	/	59,3	11,6	25,1
1 Kind	6,9	66,4	9,0	17,6
2 Kinder	4,7	63,2	9,6	22,5
3 Kinder und mehr	/	68,8	/	22,1

LITERATUR

Brandt, Gisela / Kootz, Johanna / Steppke, Gisela, Zur Frauenfrage im Kapitalismus, Suhrkamp, Frankfurt am Main 1973.
Claessens, Dieter, Familie und Wertsystem, Soziologische Abhandlungen, Heft 4, Duncker & Humbolt, Berlin 1072.
Claessens, Dieter / Menne, Ferdinand W., Zur Dynamik der bürgerlichen Familie und ihrer möglichen Alternativen, in: *Claessens, Dieter* und *Milhoffer, Petra* (Hrsg.), Familiensoziologie, Athenäum Fischer, Frankfurt am Main 1973.
Erler, Ursula, Mütter in der BRD, Ideologie und Wirklichkeit, Raith, Starnberg 1973.
Fawcett, James T., Psychology and Population, New York 1970.
Fawcett, James T., Psychological Perspectives on Population, New York 1975.
Goode, W. J., Soziologie der Familie, Juventa, München 1967.
Heinsohn, Gunnar / Knieper, Rolf, Theorie des Familienrechts: Geschlechtsrollenaufhebung, Kindesvernachlässigung, Geburtenrückgang, Suhrkamp, Frankfurt am Main 1974.
Held, Thomas / Levy, René, Die Stellung der Frau in Familie und Gesellschaft, Huber, Frauenfeld und Stuttgart 1974.
Höhn, Charlotte, Kinderzahl ausgewählter Bevölkerungsgruppen, in: Wirtschaft und Statistik, Heft 5/1978.
Höhn, Charlotte, Kinderzahl ausgewählter Bevölkerungsgruppen in der Bundesrepublik Deutschland: Gibt es gruppenspezifische Determinanten?, Beitrag zur IUSSP-Konferenz im August 1978 in Helsinki, unveröffentlichtes Manuskript.
INFAS, Die „Rolle des Mannes" und ihr Einfluß auf die Wahlmöglichkeiten der Frau, Schriftenreihe des Bundesministers für Jugend, Familie und Gesundheit, Band 41, Kohlhammer, Bonn 1976.
König, René, Materialien zur Soziologie der Familie, Kiepenheuer und Witsch, Köln 1974.
König, René, Soziologie der Familie, in: *R. König* (Hrsg.), Handbuch der Empirischen Sozialforschung, Bd. II, 2. Auflage, Enke, Stuttgart 1969.
Lehr, Ursula, Die Frau im Beruf, Athenäum, Frankfurt am Main 1969.
Linke, Wilfried / Rückert, Gerd-Rüdiger, Kinderzahl der Frauen in erster Ehe, in: Wirtschaft und Statistik, Heft 9/74.
McRae, Verena, Frauen – eine Mehrheit als Minderheit, Burckhardthaus, Gelnhausen/Berlin 1975.
Menschik, Jutte, Gleichberechtigung oder Emanzipation?, Suhrkamp, Frankfurt am Main 1971.
Myrdal, Alva / Klein, Viola, Die Doppelrolle der Frau in Familie und Beruf, Kiepenheuer & Witsch, Köln 1960.
Noll, Heinz-Herbert, Die individuelle Betroffenheit und subjektive Wahrnehmung von Beschäftigungsproblemen, in: Mitteilungen für Arbeitsmarkt- und Berufsforschung, Heft 4/78.
Pohlmann, E. und *Pohlmann, J. M.,* The Psychology of Birth Planning, Cambridge Mass. 1969.
Prokop, Ulrike, Weiblicher Lebenszusammenhang. Von der Beschränktheit der Strategien und der Unangemessenheit der Wünsche, Suhrkamp, Frankfurt am Main 1976.
Pross, Helge, Gleichberechtigung im Beruf?, Athenäum, Frankfurt am Main 1975.
Pross, Helge, Die Wirklichkeit der Hausfrau, Rowohlt, Reinbek bei Hamburg 1975.
Pross, Helge, Die Männer, Rowohlt, Reinbek bei Hamburg 1978.
Pross, Helge (Hrsg.), Familie – wohin?, Rowohlt, Reinbeck bei Hamburg 1979.
Rosenbaum, Heidi, Familie als Gegenstruktur zur Gesellschaft, Enke, Stuttgart 1973.
Rosenmayr, Leopold und *Hilde,* Der alte Mensch in der Gesellschaft, Rowohlt, Reinbek bei Hamburg 1978.
Rückert, Gert-Rüdiger, Geburtenrückgang und Erwerbstätigkeit der Frauen und Mütter in der Bundesrepublik Deutschland im internationalen Vergleich, Expertise im Auftrag der Sachverständigenkommission für den 3. Familienbericht der Bundesregierung.
Schubnell, Hermann, Der Geburtenrückgang in der Bundesrepublik Deutschland, Schriftenreihe des Bundesministers für Jugend, Familie und Gesundheit, Band 6, Kohlhammer, Bonn 1973.
Schwarz, Karl, Erwerbstätigkeit verheirateter Frauen, in: Wirtschaft und Statistik, Heft 8/78.
Schweitzer, Rosemarie von / Pross, Helge, Die Familienhaushalte im wirtschaftlichen und sozialen Wandel, Schriften der Kommission für wirtschaftlichen und sozialen Wandel, Band 98, Schwartz, Göttingen 1976.

Steiger, Horst, Unterbrechung und Wiederaufnahme der Erwerbstätigkeit von Frauen, in: Wirtschaft und Statistik, Heft 4/76.
Tegtmeyer, Heinrich, Die berufliche Stellung der Frau: Ehe und Karriere, in: Zeitschrift für Bevölkerungswissenschaft, Heft 2, 1976.
Urdze, A. / Rerrich, M. S., Ein Kind – und was nun?, Campus (in Vorbereitung).
Waite, L. J. / Stolzenberg, R. M., Intended Childbearing and Labour Force Participation of Young Women, in: American Sociological Review, 41, 1976.
Weller, Robert H., Demographic correlates of woman's participation in economic activities, in: International Union for the Scientific Study of Population (Hrsg.), International Population Conference Mexico 1977, Vol. 3, Liege 1977.

Psychologische Untersuchungen zum Geburtenrückgang in der Bundesrepublik Deutschland

Lutz v. Rosenstiel, München

1. *Der Beitrag der Psychologie zur Analyse des generativen Verhaltens*

Wenn man sich als Psychologe Fragen der Bevölkerungsentwicklung zuwendet, so steht man im Kreise der Fachkollegen als Außenseiter da. Psychologen haben sich bislang bevölkerungswissenschaftlichen Fragestellungen kaum gestellt, sondern dieses Feld anderen Wissenschaftlern – etwa Ökonomen, Soziologen und Anthropologen – überlassen. Dies überrascht ein wenig, wenn man spezifisch an das in den letzten Jahren so viel diskutierte Phänomen des Geburtenrückgangs denkt. Der Geburtenrückgang ist zwar zum Teil durch die Bevölkerungsstruktur bedingt: es fehlen, als Folge des Geburtenausfalles im 2. Weltkrieg, in erheblichem Umfang Mitglieder der älteren Generation, die erforderlich wären, um jene Anzahl an Geburten zu gewährleisten, die wir aus der ersten Hälfte der sechziger Jahre kannten. Hier ist die Psychologie kaum zuständig. Auf der anderen Seite ist jedoch der derzeitig zu beobachtende Geburtenrückgang eine Folge davon, daß die jungen Paare weniger Kinder bekommen als noch vor 15 Jahren. Die sogenannte Netto-Reproduktionsziffer ist von über 1,0 auf ca. 0,6 abgesunken. Ein Wert von 1,0 wäre erforderlich, wenn der Bevölkerungsbestand langfristig gewährleistet sein sollte. Konkret heißt dies, daß Paare, die überhaupt in der Lage waren, Kinder zu bekommen, vor 1965 2, 3 oder mehr Kinder bekamen, während heute die 1- oder 2-Kinderfamilie zum Regelfall wird. Es sind also nicht nur weniger Paare im reproduktionsfähigen Alter da, sondern es haben die verbleibenden Paare auch hier ihr Verhalten geändert. Bedenkt man nun, daß die Psychologie sich als die Wissenschaft vom Erleben und Verhalten des Menschen definiert, so wäre sie aufgerufen, sich auch mit dem generativen Verhalten auseinanderzusetzen, das als Zeugung, Gebären und Aufziehen von Kindern bzw. der Verhinderung dieser Aktivitäten umschrieben werden könnte.

Sieht man nun die Aufgabe der Psychologie darin, menschliches Erleben und Verhalten zu beschreiben und zu erklären, zu prognostizieren und gegebenenfalls zu kontrollieren (oder aber doch zumindest Wege zur Kontrolle aufzuzeigen)[1], so wird man allerdings erkennen, daß die Psychologie in unterschiedli-

---

[1] *Ruch* und *Zimbardo*, 1975.

chem Maße dazu geeignet ist, auf den vier soeben genannten Ebenen zu Aussagen zu gelangen. Das sei am Beispiel verdeutlicht: Es ist der Psychologie bei bestimmten Verhaltensstörungen aufgrund von Beobachtungskategorien in der Regel leicht möglich, diese Störung zu beschreiben; auch zur Erklärung kann einiges, wenn auch keineswegs Zureichendes gesagt werden; Versuche zur Prognose oder gar zur Verhaltenskontrolle (im Sinne von Therapiebemühungen) scheitern nicht selten fast völlig.

Will man ein Verhalten – etwa das generative Verhalten – nicht nur beschreiben sondern auch prognostizieren und – was etwa für den Planer oder Politiker noch bedeutsamer wäre – Wege zur Verhaltenskontrolle aufzeigen, so wird in der Regel eine Erklärung des beobachtbaren Verhaltens vonnöten sein. (Es sei hier das Phänomen nicht weiter diskutiert, daß Verhaltensweisen gelegentlich auch ohne zureichende Erklärung prognostiziert werden können – z. B. durch einfache Trend-Fortschreibung.)

Bei der Analyse des Verhaltens (V) wird man, wenn man einfache Verursachungskategorien bildet, in der Regel drei Bereiche voneinander abheben:

1. die objektiv gegebenen situativen Bedingungen (S), die das Verhalten ermöglichen oder behindern
2. die am Individuum feststellbaren Fähigkeiten und Fertigkeiten (F), die es instand setzen, das Verhalten zu realisieren
3. die Motivation (M) zu diesem Verhalten.

Es wäre somit $V = f(S, F, M)$[2].

Es sei hier darauf verzichtet, die Frage zu diskutieren, ob die drei genannten, das Verhalten bestimmenden Größen additiv, multiplikativ oder auf andere Weise kombiniert werden müssen oder wie die vielfältigen Interaktionen zwischen ihnen dargestellt werden sollen. Wichtig dagegen ist es zu sehen, daß je nach historischer Entwicklung, nach sozio-kultureller Einordnung etc. einzelne Verhaltensweisen in unterschiedlichem Maß in ihrer beobachtbaren Ausprägung durch die Situation, die Fähigkeiten und Fertigkeiten und die Motivation determiniert werden.

Auch das sei am Beispiel verdeutlicht. Das menschliche Konsumverhalten war über lange Zeit – da die Menschen kaum über das Minimum dessen verfügten, was zum Leben erforderlich ist – in seinen Veränderungen von außerpsychologischen situativen Umständen abhängig, insbesondere vom Einkommen. So verwundert es denn auch nicht, daß in vielen volkswirtschaftlichen Theorien[3] das Einkommen zur praktisch einzigen Determinante des Konsumverhaltens wird. Es sind dies eben – wie es *Schmölders* (1962) für die Volkswirtschaftslehre insgesamt formulierte – „Theorien der armen Leute". Mit steigen-

---

[2] *Vroom*, 1964; *Camppbell* und *Pritchard*, 1976; *v. Rosenstiel*, 1978.
[3] *Keynes*, 1936; *Duesenberry*, 1949; *Friedman*, 1957.

dem Wohlstand[4]) verloren diese äußeren situativen Komponenten ihre unmittelbar determinierende Wirkung; dagegen gewann die Motivation der Konsumenten zunehmend Einfluß auf Schwankungen des Konsums; es entwickelte sich so etwas wie die „Macht des Verbrauchers"[5]), was wiederum implizierte, daß es lohnend erschien, eine Psychologie des Konsumverhaltens zu installieren[6]).

Läßt sich möglicherweise für das Feld des generativen Verhaltens in unserer Gesellschaft ein vergleichbarer Anstieg der Bedeutung psychologischer Variablen feststellen? Mir scheint, daß dies der Fall ist. Während in früheren Zeiten – auf der Basis der naturgesetzlich wirkenden biologischen Antriebe der Sexualität – außerpsychologische Einflußgrößen wie kriegsbedingte Abwesenheit der Männer, (kurze) Dauer der Ehen in Folge des frühen Todes eines der Ehepartner (meist der Frau im Kindbett), soziale Normen oder gesetzliche Regelungen, die den Zeitpunkt der Eheschließung bestimmten, die Kinderzahl determinierten, gewinnt heute die Motivation der Partner, – die in ihrer Entstehung selbstverständlich von sozialen Einflußgrößen und situativen Anreizbedingungen abhängig ist – eine zunehmende Bedeutung. Sichere Verhütungsmittel und die Fähigkeit und Fertigkeit im Umgang mit ihnen gewährleisten, daß die biologischen Grundtriebe der Sexualität vom Zeugungsakt weitgehend abgekoppelt werden können. Politische Umstände, wirtschaftliche Gegebenheiten und soziale Normen erlauben es, daß Paare in der gesamten reproduktiven Phase zusammen sein und Kinder bekommen können, falls sie dies wünschen. Die Frage des Kinderwunsches und somit nach der Motivation des generativen Verhaltens wird also zentral, wobei hier die Frage außer acht bleiben kann, ob dieser Kinderwunsch über die Zeit stabil bleibt, oder aber – in Abhängigkeit von gravierenden Ereignissen, etwa der Geburt des ersten Kindes – tiefgreifende Modifikationen erfährt.[7])

Aufgrund von Überlegungen, wie sie hier soeben etwas vereinfacht angedeutet wurden, gelangten wir in unserem Forschungsteam[8]) zu der Auffassung, daß es für Psychologen besonders lohnend erscheinen muß, gerade die Motivation des generativen Verhaltens in der heutigen Zeit in der Bundesrepublik Deutschland zu untersuchen.

Entschließt man sich, ein gesellschaftlich bedeutsames Phänomen wie den Geburtenrückgang psychologisch, insbesondere motivationspsychologisch, zu analysieren, so setzt man sich leicht dem Mißverständnis aus, das Individuum als Insel sehen zu wollen, d. h. nur den einzelnen und nicht die Gesellschaft zu sehen. Diesem Mißverständnis kann man, zumindest zum Teil, vorbeugen, wenn

---

[4]) *Galbraith*, 1963.
[5]) *Katona*, 1962.
[6]) *Katona*, 1960; *Engel*, *Kollat* und *Blackwell*, 1968; *Kroeber-Riel*, 1975.
[7]) *Jürgens* und *Pohl*, 1975.
[8]) *Fritz* und *Oppitz*, 1977; *Molt*, 1978; *v. Rosenstiel*, 1978; *Oppitz*, 1978; *v. Rosenstiel*, *Oppitz* und *Fitz*, 1979; *Büchl*, *v. Rosenstiel* und *Stengel*, 1979.

man die moderne Fassung des Motivationskonzepts vor Augen hat. Motivation, als eine wesentliche Determinante menschlichen Verhaltens, die geeignet ist, Richtung, Intensität und Dauer dieses Verhaltens zu erklären[9]), ist stets als ein Interaktionsphänomen zwischen Person und Situation zu verstehen. Nicht inhaltlich bestimmte Listen verschiedener Antriebe[10]) bestimmen heute die Motivationsforschung, sondern weit mehr die Frage, wie sich aus der Auseinandersetzung des Menschen mit seiner Umwelt spezifische Verhaltenstendenzen ergeben. Diese Frage weist dabei zwei zentrale Schwerpunkte auf:

a) Unter sozialisationspsychologischem Aspekt läßt sich fragen, wie durch die Introjektion gesellschaftlicher Normen sich Motive als überdauernde Verhaltensbereitschaften herausbilden, die dann als Persönlichkeitsmerkmale bezeichnet werden können. Beispielsweise weisen empirische Daten darauf hin, daß eine Haltung, die menschliche Sinnerfüllung im Arbeitsinhalt und den vom Leben gestellten Aufgaben sucht, mehr und mehr zurückweicht gegenüber einer solchen, die Erfüllung und Glück in individuellen Freizeitaktivitäten sucht.[11]) Eine derartige Haltung bringt es nicht nur mit sich, daß die Arbeit selbst zunehmend instrumentellen Charakter (Mittel zum Zweck, um sich Freizeit leisten zu können) gewinnt, sie könnte auch dazu führen, daß der Umgang mit Kindern, der ja für Eltern durchaus den Charakter der Aufgabe hat, seinen Eigenwert verliert, sodaß Kinder vornehmlich als Behinderungen (negative Instrumentalität) bei der Realisierung der Freizeitintentionen erlebt werden.

b) Unter kurzfristig-situationsspezifischem Aspekt stellt sich die Frage, wie sich die Wahrnehmung bestimmter Situationsgegebenheiten auf die Aktivierung bereits bestehender Motive auswirkt. Im Kontext des generativen Verhaltens kann dies bei der Überlegung von bevölkerungspolitischen Maßnahmen relevant werden. Ist beispielsweise das Kindergeld oder aber das Darlehen für junge Familien, das ab einer bestimmten Kinderzahl nicht mehr zurückgezahlt werden muß, lediglich als Familienlastenausgleich zu interpretieren, der im Sinne sozialer Gerechtigkeit die ökonomische Benachteiligung der Kinderreichen zu kompensieren sucht, oder wirken die Maßnahmen zugleich als Anreize, durch die Motive aktiviert werden, mehr Kinder zu bekommen?

Sowohl bei langfristig als auch bei kurzfristig gesetzter Perspektive kann sich Motivationspsychologie nicht darauf beschränken, Verhaltenstendenzen im Individuum zu erfassen; die Umwelt muß mitanalysiert werden, wobei allerdings die Umwelt primär unter dem Gesichtspunkt interessiert, wie sie von den Men-

---
[9]) *Thomae*, 1965.
[10]) *McDougall*, 1947; *Lersch*, 1956.
[11]) *Richter*, 1977.

schen wahrgenommen wird. Sollen allerdings aus den motivationspsychologischen Untersuchungsergebnissen Maßnahmen abgeleitet werden, die verhaltensmodifizierend wirken, so ist die erlebte Umwelt, die durch die Untersuchungen erfaßt wurde, durch kritische Analyse der Daten in Veränderungsvorschläge umzusetzen, die strukturelle Veränderungen in der objektiven Umwelt zur Folge haben.

2. Entwicklung eines theoretischen Konzepts und eines empirischen Untersuchungsansatzes

Nachfolgend sei über die Entwicklung des Untersuchungskonzepts unserer Forschungsgruppe berichtet. Ich möchte mich dabei nicht auf Endergebnisse, „runde" Interpretationen und umfassende Überblicke beschränken, sondern schwerpunktmäßig auf die Überlegungen, Enttäuschungen und Neukonzeptionen innerhalb unserer Arbeit eingehen, um dadurch ein wenig den Alltag empirischer Forschung auf einem inhaltlich neuen Gebiet zu veranschaulichen, der es nicht selten mit sich bringt, daß der Forscher sich mit Steinen statt Brot zwar nicht zufrieden geben darf, jedoch kurz- oder mittelfristig abfinden muß.

Bei der Suche nach einem motivationspsychologischen Konzept unserer Arbeit diskutierten wir zunächst homöostatische Ansätze[12], die nicht selten auch als bedürfnistheoretisch[13] bezeichnet werden und nicht nur für den engeren Bereich der Sexualität bedeutsam erscheinen, auf deren vermutlich nur geringe Relevanz für den Geburtenrückgang bereits hingewiesen worden war, sondern möglicherweise auch auf Bedürfnisse, die sich auf die Schwangerschaft, die Geburt und die Aufzucht von Kindern („Bemuttern") selbst beziehen.[14] Hier könnten im Sinne der Freudschen Theorie „Partialtriebe" vorliegen, die homöostatisch, also im Sinne eines gleichgewichtstheoretischen Triebmodells interpretierbar sind. Daß wir diesen Überlegungen nicht weiter folgten, lag nicht nur daran, daß wir tatsächlich der Auffassung sind, daß der homöostatische Ansatz für das generative Verhalten, wie es sich unter den heutigen gesellschaftlichen Bedingungen und beim derzeitigen Bewußtseinsstand der entscheidenden und handelnden Paare zeigt, als theoretische Basis ungeeignet ist, sondern auch deshalb, weil wir annehmen, daß darauf gegründete Hypothesen sich kaum in Methoden der empirischen Sozialforschung übersetzen lassen und daß die Ergebnisse als Hinweise für Ansätze zur Verhaltensmodifikation wenig brauchbar sind. Wir wandten uns daher einem anderen theoretischen Konzept zu, das den kognitiven Motivationstheorien zugerechnet werden kann und in deren Tradi-

---

[12] *Cannon,* 1932.
[13] *Madsen,* 1973; *Neuberger,* 1974.
[14] *Molt,* 1978; *Néun / Molt,* 1979.

tion steht.[15]) Die entsprechenden theoretischen Ansätze werden häufig zusammenfassend als VIE-Theorien bezeichnet. Dabei gilt:

V = die Valenz d. h. der Wert des Zieles, das durch die motivierte Handlung realisiert werden soll

I = Instrumentalität, die die Handlung bei der Realisierung des bewerteten Zieles hat

E = die Erwartung, d. h. gleich der subjektiven Wahrscheinlichkeit, das Verhalten auch zeigen zu können, von dem man annimmt, daß es mit einer bestimmten Wahrscheinlichkeit zur Realisierung führt.

Innerhalb unseres Untersuchungsansatzes verzichteten wir auf die Operationalisierung des E, weil wir davon ausgingen, daß die meisten Befragten die subjektive Wahrscheinlichkeit, das Handeln auch zeigen zu können, das zur Geburt eines Kindes führt, mit 1 einschätzen oder aber, falls dies faktisch anders aussehen würde, keine wahrheitsgemäßen Aussagen machen würden. Dies wiederum bedeutet, daß sich unser Konzept auf einen V I-Ansatz reduzierte. Konkret wiederum bedeutet dies, daß wir Eltern bzw. potentielle Eltern mit entsprechend zu entwickelnden Meßinstrumenten danach fragen wollten, welche Ziele sie im Leben wie bewerten und ob sie glauben, daß ein bzw. mehrere Kinder hinderlich oder förderlich bei der Realisierung dieser Ziele sind. Ähnlich konzipiert sind die berühmten Value of Children (VOC) Studien,[16]) in denen kulturvergleichend nach den Vorteilen und Nachteilen von Kindern gefragt wird.

Selbstverständlich war es uns von vornherein klar, daß wir mit dem gewählten Ansatz, der von einem rational entscheidenden und handelnden Menschen ausgeht, keinen umfassenden psychologischen Erklärungsansatz des generativen Verhaltens liefern können, ja nicht einmal die motivationale Komponente annähernd umfassend würden abbilden können. Gerade auf dem Gebiet des generativen Verhaltens müssen ja viele irrationale und unreflektierte Handlungselemente in Rechnung gestellt werden. Wir glaubten aber doch, daß wir Werte in ihrer Ausprägung ermitteln können, die für das generative Verhalten relevant sind und daß wir erkennen können, in welcher Beziehung Kinder im Bewußtsein der Befragten zu diesen Werten stehen. Diese Informationen erscheinen uns relevant, wenn man sich zum einen Gedanken zu den Sozialisationsbedingungen (langfristige Motivprägung) in unserer Gesellschaft macht oder wenn man – etwa unter bevölkerungspolitischem Aspekt – fragt, wie bestehende Motive aktiviert werden können. Sowohl auf Wertorientierung als auch auf Instrumentalitätswahrnehmungen kann ja Einfluß genommen werden, wie die tägliche Praxis elterlicher Erziehung, schulischer Einflußnahme, werblicher Kommunikation etc. zeigt.

---

[15]) *Lewin*, 1938; *Tolman*, 1952; *Rotter*, 1955; *Atkinson*, 1958; *Fishbein*, 1963; *Vroom*, 1964; *v. Rosenstiel*, 1975.
[16]) *Arnold*, u. a. 1975.

3. *Untersuchungen an Frauen*

Wenn nachfolgend auf einige unserer empirischen Untersuchungen eingegangen wird, so kann dies selbstverständlich nur ausschnittsweise erfolgen. Aus der Vielzahl der Ergebnisse seien also nur die herausgegriffen, die besonders interessant und im hier zu besprechenden Zusammenhang informationsreich erscheinen.

Unsere ersten Untersuchungen beschränkten wir auf Frauen. Der Grund dafür lag darin, daß wir zum einen der gängigen Forschungspraxis auf diesem Gebiet folgten[17]) und zunächst selbst davon überzeugt waren, daß den Frauen bei der Entscheidung für oder gegen ein (weiteres) Kind die größte Bedeutung zukommt. In unserer ersten Studie[18]) beschränkten wir uns auf eine kleine homogene Untersuchungsgruppe: bayrisch-schwäbische Vollerwerbsbäuerinnen, alle römisch-katholisch, alle Mütter eines ersten Kindes, alle in der reproduktiven Phase ihres Lebens stehend. 35 Bäuerinnen wurden im Rahmen eines Intensiv-Interviews befragt (auf die dabei inhaltsanalytisch ermittelten Ergebnisse sei hier nicht eingegangen) und sodann mit einem strukturierten Fragebogen konfrontiert. Für diesen zweiten Teil der Untersuchungen waren die Bäuerinnen in zwei Gruppen nach dem Zufallsprinzip aufgeteilt worden. Die Bäuerinnen in beiden Gruppen bekamen zunächst die Aufgabe, 14 Lebensziele, die sich in Voruntersuchungen als relevant für diese Bevölkerungsgruppe herausgestellt hatten, auf einer Skala zwischen 1 und 5 zu bewerten. Hinsichtlich der Bewertung dieser Lebensziele unterschieden sich die Mitglieder der beiden Gruppen nicht. Sodann wurden die Mitglieder der einen Gruppe gebeten anzugeben, ob zwei Kinder hinderlich oder förderlich für das Realisieren dieser Lebensziele seien. Dafür stand eine Skala zwischen –5 (sehr hinderlich) und +5 (sehr förderlich) zur Verfügung. Den Mitgliedern der anderen Gruppe wurde die entsprechende Aufgabe gestellt, allerdings bei Vorgabe von fünf Kindern. In beiden Gruppen wurden die jeweiligen Instrumentalitätswerte mit den Wertskalierungen multipliziert und die so errechneten 14 Werte danach addiert. Insgesamt zeigte es sich, daß sich der so errechnete Produktsummenwert bei Vorgabe von 2 Kindern deutlich von dem bei der Vorgabe von 5 Kindern unterschied. Die durchschnittlichen Instrumentalitätsskalierungen sind aus der nachfolgeden *Abbildung 1*[19]) ersichtlich.

Man darf also folgern, daß selbst für katholische, bayrisch-schwäbische Vollerwerbsbäuerinnen 5 Kinder (und das war, wie die Befragung zeigte, die durchschnittliche Kinderzahl der Eltern der Befragten) keine positive Instrumentalität mehr haben. Das soeben geschilderte Ergebnis wird noch dadurch unterstri-

---

[17]) *Jürgens* und *Pohl*, 1975; *Urdze*, 1978.
[18]) *Fitz* und *Oppitz*, 1977; *Oppitz*, 1978.
[19]) *Fitz* und *Oppitz*, 1977.

Abbildung 1: Die Instrumentalität von 2 und 5 Kindern zur Erreichung von Lebenszielen

1. Zu wissen, daß man im Ruhestand von niemandem finanziell abhängig ist.
2. Den Hof auszubauen und das Haus zu modernisieren.
3. Auch außerhalb von Haus und Hof einer Beschäftigung nachgehen.
4. Sich ein geräumiges Auto zu leisten, wie z. B. Mercedes, BMW usw.
5. Zeit dafür zu haben, um gemeinsam mit dem Ehemann etwas zu unternehmen, wie z. B. ins Kino zu gehen.
6. Sich zeitgemäß zu kleiden.
7. Eine glückliche Ehe zu führen.
8. Die Familie und deren Namen in der nächsten Generation zu erhalten.
9. Menschen um sich zu haben.
10. Das Gefühl zu haben, von der eigenen Familie gebraucht zu werden.
11. Den eigenen Kindern eine möglichst gute Ausbildung zukommen zu lassen.
12. Im Alter jemand zu haben, der sich um einen kümmert.
13. Bei den Menschen Anerkennung zu finden.
14. Urlaub von Haus und Hof zu machen.

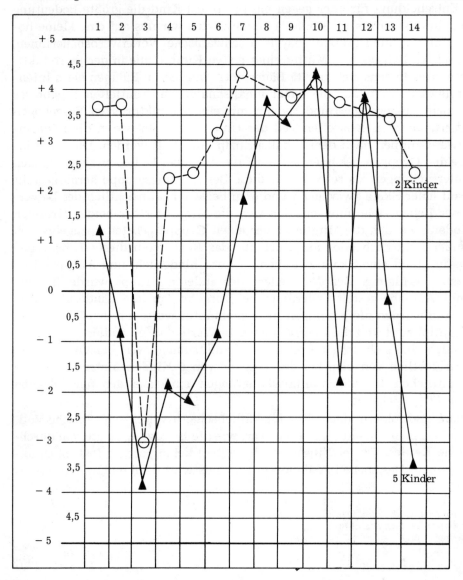

chen, daß der Produktsummenwert bei Vorgabe von 2 Kindern bei jenen Frauen am größten war, die zuvor innerhalb des Interviews gesagt hatten, daß sie sich zwei Kinder wünschen. Die entsprechende Prüfung für die Vorgabe von 5 Kindern konnte nicht durchgeführt werden, weil sich keine einzige (!) der befragten Bäuerinnen 5 Kinder wünschte. Die vielfach ermittelte Idealkinderzahl bzw. gewünschte Kinderzahl von 2 bzw. höchstens 3 Kindern[20]) gilt inzwischen offensichtlich auch für eine Bevölkerungsgruppe, bei der man bislang meist noch annahm, daß sie einem traditionellen generativen Verhaltensstil anhängt, d. h. eine größere Kinderzahl für selbstverständlich hält.

Nach der Untersuchung an Frauen aus dem bäuerlichen Kontext, die Erfahrungen mit einem Kind hatten, führten wir eine zweite Studie an 50 Frauen durch, die aus der Großstadt stammten und jeweils 2 Kinder hatten, nach Alter und Ehedauer als homogen bezeichnet werden konnten und in der reproduktiven Phase ihres Lebens standen. Innerhalb dieser genannten Kriterien erfolgte die Auswahl nach dem Zufallsprinzip. Es wurden Frauen mit 2 Kindern untersucht, weil angesichts von ca. 10% Paaren, die aus physiologischen Gründen keine Kinder bekommen können und der freiwilligen Beschränkung relativ vieler Personen auf Ehelosigkeit und/oder Kinderlosigkeit für den Erhalt des Bevölkerungsbestandes gerade solche Paare von besonderem Interesse sind, die über die „Normzahl" hinaus bereit sind, 3 oder mehr Kinder zu bekommen.[21]) Methodisch wählten wir, obwohl von theoretisch ähnlichen Konzepten ausgehend, einen anderen Weg als zuvor beschrieben: Die Frauen wurden einem umfangreichen Interview unterzogen, das unter anderem die Frage enthielt, ob sie noch ein weiteres Kind zu bekommen beabsichtigten oder nicht. Je nach dem, ob diese Frage bejaht oder verneint wurde, wurden die Frauen der „Ja-Gruppe" oder der „Nein-Gruppe" zugeordnet (7 der 50 Frauen konnten keiner der beiden Gruppen zugeordnet werden, da vier von ihnen aus physiologischen Gründen keine Kinder mehr bekommen konnten und drei zum Zeitpunkt der Befragung ein klares Ja oder Nein nicht aussprechen konnten oder wollten. Die Analyse beschränkte sich somit auf 43 Frauen).

Die Validität des „Ja" bzw. „Nein" erwies sich als recht stabil und valide. Aus der „Ja-Gruppe" hatten inzwischen 4 Frauen ein weiteres Kind (bzw. waren schwanger). Von den übrigen wollten allerdings ca. die Hälfte kein drittes Kind mehr. Das „Ja" war also offensichtlich weniger stabil als das „Nein".

Man darf hypothetisch vermuten, daß zu Beginn einer Beziehung das „Nein" allmählich „aufgeweicht" wird; d. h. man bekommt schließlich ohne explizite Entscheidung doch das erste Kind. Bei einer Beziehung, die schon mehrere Kinder hervorgebracht hat, wird eher das evtl. bestehende „Ja" „aufgeweicht". Aus dem „Ja" wird schließlich ein „Nein", weil es jetzt ohnehin zu spät ist.

---

[20]) *Jürgens* und *Pohl,* 1975.
[21]) *Wingen,* 1975; *Schmidt-Kaler,* 1977.

Neben einer Vielzahl interessanter Teilergebnisse[22]) verdienen insbesondere zwei Hinweise ein besonderes Interesse. Die Ja- und die Nein-Gruppe unterschieden sich sehr wesentlich in den Motiven voneinander, die sie ganz allgemein (also nicht bezogen auf das mögliche dritte Kind) als Beweggründe für (die eigenen) Kinder angegeben hatten. *Abbildung 2* verdeutlicht das.[23])

Abbildung 2: Gründe für eigene Kinder und Kinderwunsch

Erstnennung bzw. wichtigster Grund / Kinderwunsch	Ja	Nein
Freude an Kindern	9	7
Sinn fürs Leben	5	0
gehören zur Ehe	2	11
ohne Kinder langweilig	0	3
wollten eigentlich keine	0	2
keine Antwort	2	2

Es zeigte sich also, daß insbesondere solche Motive, die nicht an soziale Selbstverständlichkeiten oder Instrumentalitätswahrnehmungen gebunden sind, sondern sich auf das Kind selbst beziehen, mit der Bereitschaft verbunden sind, ein drittes Kind zu bekommen, wie „Freude an Kindern" und „Kinder sind der Sinn des Lebens". Es überrascht demgegenüber wenig, daß Frauen die angeben, daß Kinder „einfach zur Ehe gehören" oder daß es ihnen „ohne Kinder langweilig" sei, nicht bereit sind, ein drittes Kind zu bekommen; daß auch Frauen, die eigentlich ohnehin keines wollten, auf ein drittes verzichten, versteht sich von selbst.

Diese Information weist auf ein grundsätzliches Problem hin: Forschung, die sich mit der Motivation des generativen Verhaltens beschäftigt, darf keinesfalls allgemein nach den Beweggründen für Kinder in einem sehr konkreten Kontext fragen. Ganz offensichtlich unterscheiden sich die Beweggründe, die dafür sprechen, ein erstes Kind zu bekommen sehr entscheidend von denen, die für ein zweites Kind sprechen und die wiederum stark von denen, die für ein drittes oder weiteres Kind sprechen.[24]) Mit dem ersten Kind erfüllt die Frau ihre sozial und biologisch vorgegebene Rolle: sie ist Mutter; mit dem zweiten Kind paßt sie sich sozialen Selbstverständlichkeiten an: zwei Kinder sind das Durchschnittliche, Selbstverständliche, Erwartete; mit dem dritten Kind – falls es

---

[22]) Büchl, 1979.
[23]) *Büchl, v. Rosenstiel, Stengel,* 1979.
[24]) *Jürgens* und *Pohl,* 1975.

aufgrund einer bewußten Entscheidung gezeugt und geboren wird – sucht die Frau sehr spezifisch Motivbefriedigungen, die mit dem Kind verbunden sind. Die *Abbildung 2* verdeutlicht das.

Ein weiteres Ergebnis der soeben zitierten Studie verdient Interesse. Dies Interesse dürfte dadurch noch unterstrichen werden, daß derzeit die Wohnverhältnisse der Familien häufig als Ursache des Geburtenrückgangs genannt werden und in Verbesserung der Wohnstruktur denkbare pronatalistische bevölkerungspolitische Wege gesehen werden.[25] Tatsächlich unterschieden sich die Frauen der Ja- von den Frauen der Nein-Gruppe auch in unserer Studie bezüglich ihrer Wohnsituation sehr deutlich voneinander, wie die nachfolgende *Abbildung 3* zeigt.[26]

Abbildung 3: Beziehung zwischen Haustyp, Besitzform und Kinderwunsch

Haus-typ	Besitz-form	Miete		Eigentum	
		Wunsch nach weiterem Kind		Wunsch nach weiterem Kind	
		Ja	Nein	Ja	Nein
Einfamilienhaus		8	0	1	2
Reihenhaus		1	2	3	7
Wohnblock		5	10	0	4

Bedeutsam waren auf der einen Seite die Wohnform (freistehendes Einzelhaus, Reihenhaus oder Wohnung in einem Wohnblock) und die Besitzform (Miete oder Eigenheim, das wegen der hohen Zins- und Tilgungsraten in München die Familie finanziell stark belastete). Es zeigte sich, daß Familien in einem freistehenden Haus, das sie gemietet hatten, in besonderem Maße bereit sind, ein drittes Kind zu bekommen, während solche Familien, die eine Eigentumswohnung in einem Wohnblock erworben hatten, am ausgeprägtesten darauf verzichteten.

Wir neigen nicht dazu, diese Ergebnisse im Sinne eines Ursache–Wirkung-Zusammenhanges zu interpretieren, d. h. wir glauben weder, daß die Wohnform Ursache des Wunsches nach einem dritten Kind ist noch der Wunsch nach drei Kindern die Art des Wohnens determiniert, sondern wir nehmen an, daß die Art des Wohnens und der Wunsch nach einem weiteren Kind in einer gemeinsamen psychischen Haltung wurzeln. Das freistehende Haus ermöglicht Bewegungsfreiraum; es hat Platz, es ermöglicht dem einzelnen über Stockwerke verteilte Freiräume; es bietet Auslaufmöglichkeiten im Garten; es erlaubt wärmeerzeu-

---

[25] *Toman, Höltzl* und *Koreny*, 1977; *Hatzold*, 1979; *Geißler*, 1979.
[26] *Büchl, v. Rosenstiel, Stengel*, 1979.

gende Aktivitäten, ohne daß Nachbarn daran Anstoß nehmen. Die Miete bindet weniger Geld als der Kauf; der finanzielle Bewegungsraum bleibt größer und damit zusammenhängend auch die Mobilität. Beides in Kombination könnte Ausruck einer Seins-Orientierung sein, die *Fromm* (1976) als die des „Seins" bezeichnet und der des „Habens" gegenübergestellt hat. *Schneewind* (1978) hat versucht, diese Orientierung auch im Kontext des generativen Verhaltens zu sehen. Das Anhäufen von Besitz und die damit verbundenen Verhaltensweisen dürften in der Regel hier zu einer Beschränkung der Kinderzahl führen, während die Werthaltungen des Seins in stärkendem Maße auch zum Erlebnis der Freude und Sinnerfüllung führen, wenn man andere Personen – auch Kinder – heranwachsen, leben und sich verwirklichen sieht. Dies allerdings ist eine Interpretation; es steht dem Leser selbstverständlich frei, die Daten in ganz anderem Sinne zu deuten. Interessant erscheinen sie uns auf jeden Fall.

Obwohl wir durch unsere Untersuchungen an Frauen auf Informationen stießen, die für unsere Fragestellung bedeutsam erscheinen, ging uns gleichermaßen auf, daß wir den Untersuchungsansatz zu eng gewählt hatten. Vielfältige Korrektur an unserem Arbeitsansatz wurde erforderlich; auf zwei von diesen sei gezielt eingegangen.

Wir hatten bislang nur die Frauen untersucht. Sie stehen nicht allein, sondern sind eingegliedert in ein soziales Netzwerk. Haltungen und Einstellungen von Bezugspersonen gilt es mitzuuntersuchen. Obwohl dies aus untersuchungsökonomischen Gründen in der Regel unmöglich sein wird, wird zumindest der (Ehe)-Partner in die Untersuchung miteinbezogen werden. Die vielfältigen Hinweise der Frauen auf die Meinungen ihres Mannes legten dies nahe und zudem eine Studie von *Beach, Towns, Campbell* und *Wood* (1977), durch die wahrscheinlich gemacht werden konnte, daß keineswegs jeweils die Auffassung des weiblichen Partners den Ausschlag für oder gegen ein (weiteres) Kind gibt, sondern die Auffassung des Partners, der sich gegen ein (weiteres) Kind entscheidet: Das Nein wiegt schwerer als das Ja. Wir entschlossen uns daher, künftig neben den Frauen auch die Männer zu befragen. Das methodische Vorgehen dabei sieht so aus, daß ein weiblicher Interviewer die Frau, ein männlicher den Mann gleichzeitig befragt und sodann beide Interviewer mit dem Paar die gleichen Fragestellungen noch einmal durchsprechen. Daraus ergibt sich, graphisch veranschaulicht, das Bild eines „Y", wie die folgende *Abbildung 4* verdeutlicht.

Abbildung 4: Das „Y-Design" der Paar-Interviews

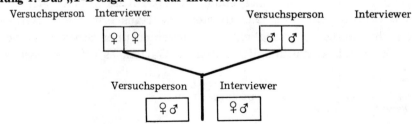

Das zweite Problem bezieht sich auf die Werte, die vom Individuum bzw. den Paaren angestrebt werden, und für die ein Kind positive oder negative Instrumentalität haben kann. Wir entschlossen uns, diese Werte nicht mehr so abstrakt wie bisher vorzugeben, sondern in so konkreter Weise zu formulieren, daß die Beziehung zum Kind offensichtlich wird. Aus diesem Grunde entschlossen wir uns, im Sinne der „critical incident technique" von *Flanagan* (1954) die interviewten Paare konkret nach jenen Situationen zu fragen, in denen sie sich der Entscheidung stellten, ein weiteres Kind zu bekommen oder nicht, um zu erfahren, welche konkreten Argumente dafür oder dagegen in dieser Situation gefallen sind. Eine Inhaltsanlyse dieser Aussagen sollte dann die Basis für einen neuen Wertekatalog abgeben, dessen Gütekriterien anschließend empirisch ermittelt werden sollten, um auf diese Weise zu einem standardisierten Meßinstrument im Sinne der Testtheorie zu gelangen[27]).

Obwohl wir weiterhin – und die geplante Entwicklung des Meßinstruments verdeutlicht dies – die Zielsetzung verfolgten, die Instrumentalität von Kindern für das Erreichen wesentlicher Lebensziele zu ermitteln, sahen wir doch an unseren bisherigen Untersuchungen, daß die Beschränkung auf diese Fragestellung einen zu engen Ansatz darstellt. So entschlossen wir uns, neben der Instrumentalität als wichtige motivationale Determinante des Kinderwunsches, die auf diesem Feld vorherrschenden Normvorstellungen und die intrinsische Motivation von Kindern (im Sinne des Eigenwertes von Kindern) zu berücksichtigen. Unser Konzept hielt sich somit an den Motivationsansatz von *Graen* (1969), den dieser für einen anderen Verhaltensbereich entwickelt hat.

Die Operationalisierung dieser drei Variablen erfolgte in der nachfolgend geschilderten Weise:

a) Die extrinsische Motivation wird mit einem Fragebogen gemessen, in dem 139 verhaltensnah formulierte Werte auf einer Skala zwischen 0 und 5 eingestuft werden. Die Instrumentalität bei einer bestimmten Kinderzahl für das Realisieren dieser Werte wird mit einer von minus 5 bis plus 5 reichenden Skala in einem nachträglichen Befragungsdurchgang gemessen. Die Stärke des extrinsischen Kinderwunsches erfolgt durch Berechnung der Produktsumme.

b) Die sozialen Normen werden wie folgt operationalisiert: Aus einer Vorgabe von 10 häufig genannten Bezugspersonen oder Bezugsgruppen wählt die befragte Person die 5 wichtigsten für sie heraus und gewichtet deren Bedeutung. Sodann gibt die befragte Person an, wie intensiv positiv oder negativ die Bezugspersonen auf eine bestimmte Kinderzahl bzw. auf ein weiteres Kind reagieren würden. Der Normdruck wird wiederum als Produktsumme berechnet.

---

[27]) *Lienert*, 1969.

c) Die intrinsische Motivation wird wie folgt gemessen: Verhaltensweisen, die jeweils den Feldern (1) Umgang mit Kindern, (2) Konsum, (3) Partnerschaft und Freizeit, (4) Beruf angehören, stehen als Mehrfachwahlfragen für die Befragten zur Entscheidung an. Aus der relativen Häufigkeit der Wahl „Umgang mit Kindern" ergibt sich die Stärke der intrinsischen Motivation.

Alle diese Verfahren wurden nach den Regeln der klassischen Testtheorie auf Reliabilität und gegebenenfalls auf Faktorenstruktur geprüft. Für den Wertekatalog liegt auch eine Kurzform vor.

Die abhängige Variable (Kinderzahl) wird auf drei verschiedene Arten – je nach Untersuchungsmöglichkeit – gemessen:

a) Verbalisierter Kinderwunsch.
b) Coombssche Kinderzahl – Präferenzskala in der deutschen Fassung von *Hubert Feger*. Die Validität dieser Skala (50% vorhergesagter Varianz) wurde für amerikanische Verhältnisse (Detroit) nachgewiesen.
c) Erfahrung der realisierten Kinderzahl nach Ablauf eines oder merherer Jahre (Langzeitstudie).

Schließlich wollten wir uns nicht damit begnügen, aus den Äußerungen von Eltern mit bestimmten Kinderzahlen darauf zu schließen, welche Lebensbedingungen wohl als kinderfreundlicher bzw. kinderfeindlicher zu sehen sind, sondern wir wollten erkunden, wie bestimmte äußere Lebensbedingungen das alltägliche Verhalten, insbesondere die Familiensituation und die Kinderzahl beeinflussen. Da man nun auf diesem Gebiet mit Menschen nicht experimentieren kann, verlegten wir die Experimentalsituation in die Phantasie der Betroffenen, indem wir ihnen bestimmte Lebenssituationen so konkret vorgaben, daß sie sie in ihrer Vorstellung realisieren konnten und fragten sie sodann, wie sie in dieser Situation wohl leben würden, wie sie ihre Familienbeziehungen gestalten würden und wieviele Kinder sie dann wohl hätten. Auch hier orientierten wir uns am zuvor beschriebenen „Y" Design.

4. *Erste Untersuchungen an Paaren*

An insgesamt 80 Paaren – je 40 aus einer Kleinstadt und je 40 aus der Großstadt – je 40 verheiratet noch ohne Kind, je 40 Eltern eines ersten Kindes von höchstens 8 Monaten – wurde eine Befragung durchgeführt, die – bei einer gewissen Vereinfachung – dem zuvor beschriebenen „Y" Design entspricht (vgl. *Abbildung 5*). Erst ein Teil dieser Untersuchung ist abgeschlossen. Auf die Vorgehensweise bei der Informationsgewinnung, -auswertung und -interpretation sei daher hier nicht gezielt eingegangen; die wichtigsten Ergebnisse lauten:

Abbildung 5: Das Versuchsdesign einer Intensivbefragung von Ehefrauen

Kinderzahl \ Wohnort	Großstadt mehr als 1.000.000 Einw.	Kleinstadt weniger als 50.000 Einw.
0	20 Paare	20 Paare
1	20 Paare	20 Paare

▓ Interviews: durchgeführt

☐ Interviews: geplant

Quelle: Institut für Psychologie der Universität München – Organisations- u. Wirtschaftspsychologie – Bauerstr. 28, 8000 München 40.

a) Das Feld des generativen Verhaltens scheint für verheiratete Paare eine Art „Tabu-thema" zu sein. Jedenfalls ist der wechselseitige Informationsstand gering, nicht selten wissen die Partner nicht, wieviel Kinder sich der jeweils andere wünscht. Man glaubt dies allerdings zu wissen, aus beiläufigen oder Nebenbemerkungen schließen zu können. Das aber sind, wie die Untersuchungsergebnisse zeigen, nicht selten (Selbst-)Täuschungen.

b) Ob man (jetzt) ein (weiteres) Kind bekommen möchte oder nicht, wird nur selten in einem klar kennzeichenbaren Zeitpunkt entschieden. Die „Entscheidung" ist über eine längere Zeit hinweg verteilt.

c) Obwohl man annehmen könnte, daß angesichts der üblichen Verhütungsmittel eine präzise Entscheidung über das Ja oder Nein gefällt werden muß (Absetzen der Mittel oder nicht), ist dies nur partiell der Fall. Relativ klar und eindeutig ist die Entscheidung für das Nein. Hierfür gibt es meist auch konkrete Argumente. Das Ja dagegen besteht häufig nur in einem „Aufweichen" des Nein. Man setzt etwa Verhütungsmittel ab, weil man „es einmal darauf ankommen lassen möchte", ist dann aber doch erschreckt oder gar schokkiert, wenn ein Kind unterwegs ist. Oder, in noch auffälligerer Weise schützt sich das Paar, wenn einer der beiden sich etwa noch in Ausbildung befindet, konsequent vor einer Schwangerschaft. Ist die äußere Situation so, daß man ein Kind bekommen möchte, wird einfach weniger sorgfältig aufgepaßt. Schwangerschaft tritt ein, ist der Grund zur Heirat. Ist das nun eine „ungewollte Schwangerschaft" oder nicht? Die klare und symmetrische Ja/Nein-Entscheidung besteht auf diesem Gebiete offensichtlich nicht.

d) Männer und Frauen reagieren auf die Geburt des ersten Kindes offensichtlich unterschiedlich. Die Frauen zeigen tatsächlich nicht selten die Symptome des Erstkind-Schocks [28]). Obwohl sie in den Interviews angeben, ihr Baby selbstverständlich zu lieben und sich darüber zu freuen, sagen sie dennoch – dies freilich meist zu einem späteren Zeitpunkt des Interviews –, daß sie die Situation als Hausfrau oder Mutter ablehnen, diese Situation schlimmer finden, als sie erwartet haben, möglichst bald wieder in den früheren Beruf zurückkehren wollen und zwar nicht, um Geld zu verdienen (obwohl dies eine angenehme Beigabe ist), sondern primär, um aus der sozialen Isolierung herauszukommen, in die man durch das Kind geraten ist, und die Abhängigkeit vom Ehepartner zu senken. Diese Abhängigkeit berührt wiederum nicht primär den finanziellen Bereich, sondern das Warten über den ganzen Tag auf den Mann. Die Männer dagegen freuen sich über das Kind und geben an, daß es ihrem Rollenverständnis entgegenkommt, abends zu Frau und Kind „heimzukommen". Man ist, obwohl finanziell stärker belastet, gern bereit, dafür wirtschaftliche Opfer zu bringen und empfindet dies geradezu als Selbstverständlichkeit und „Erfüllung".

e) Die Argumente, die von den Männern und Frauen für oder gegen ein weiteres Kind ins Feld geführt werden, sind – und das überrascht natürlich nicht – bei den Frauen sehr viel konkreter und realistischer als bei den Männern. Da bei den von den Frauen geäußerten Argumenten die negativen überwiegen, überrascht es denn auch nicht, daß in allen unseren Untersuchungen die von den Frauen gewünschten Kinderzahlen mehr oder weniger deutlich unter denen der Männer lagen. Dieser Unterschied ist vor der Geburt des ersten Kindes in aller Regel kleiner als nach der Geburt des ersten Kindes, was wiederum dafür spricht, daß es den Erstkind-Schock gibt und daß er bei der Frau intensiver als beim Mann wirkt.

5. *Untersuchungen in der Phantasiesituation*

Um zu erfahren, wie bestimmte äußere Lebensbedingungen möglicherweise auf die private Lebensführung und die gewünschte Kinderzahl wirken, gaben wir im Sinne des „Y" Designs Paaren in konkretisierten Vorgaben derartige, für das generative Verhalten vermutlich wesentliche Lebenssituationen vor, mit der Aufforderung, sich diese möglichst bildlich vorzustellen. Die Vorgaben wurden systematisch in bezug auf Wohnsituation und Berufstätigkeit der Frau variiert, wie die nachfolgende *Abbildung 6* verdeutlicht.

---

[28]) *Jürgens* und *Pohl*, 1975.

Abbildung 6: Der Einfluß der Wohnsituation und der Berufstätigkeit der Frau auf den Kinderwunsch

Berufstätigkeit der Frau \ Wohnsituation	Einfamilienhaus	Wohnung
Hausfrau		
Halbtagsbeschäftigung		
Ganztagsbeschäftigung		

Systematisch variiert wurden nicht nur die Vorgaben in bezug auf Wohnsituation und Berufstätigkeit der Frau, sondern es wurden zudem die befragten Paare systematisch danach ausgesucht, daß sie in ihrer realen Lebenssituation in einer der Situationen standen, die sich aus der *Darstellung 6* ergeben.

Auch hier sei auf die Details der Untersuchungen nicht differenziert eingegangen sondern nur zweierlei angemerkt:

a) Angesichts der derzeitigen Bewußtseinslage, die ganz offensichtlich durch reale Lebensbedingungen und Lebenserfahrungen geprägt ist, wirkt das Haus auf den Kinderwunsch positiver als die Wohnung. Männer und Frauen würden sich im Haus eher mehr Kinder wünschen als in einer Wohnung. Die berufliche Tätigkeit der Frau dagegen steht dem Kinderwunsch im Wege. Von der Hausfrauentätigkeit über die Halbtagstätigkeit zur ganztägigen beruflichen Tätigkeit sinkt der Kinderwunsch systematisch ab.

b) Auch in vorgestellten Situationen aber verhalten sich die Männer deutlich anders als die Frauen. Insgesamt ist in praktisch allen Vorstellungssituationen der Kinderwunsch bei den Männern höher als bei den Frauen (ein sicherlich kulturspezifisches Ergebnis; in Indien etwa liegen die Verhältnisse gerade umgekehrt, wie *George* 1978 zeigte). Insbesondere aber zeigten die Untersuchungen, daß die Männer bei der Imagination der wohl objektiv für die Kinderaufzucht ungünstigen Situationen nicht so konkret die Konsequenzen bedenken wie die Frauen. So bleibt beispielsweise in der Situation: „wohnen im Haus/Frau ganztägig berufstätig" der Kinderwunsch des Mannes bei etwa 2 Kindern, während der der Frauen auf deutlich weniger als 1 im Durchschnitt absinkt und als häufigste Nennung bei ihnen „0 Kinder" erfolgt. Auch hier dürften sich also die Frauen die konkreten Schwierigkeiten, die das Haben von Kindern für sie mit sich bringt, sehr viel besser vorstellen können als ihre Partner.

6. Abschlußbemerkung

Die empirische Erforschung des generativen Verhaltens unter psychologischem Aspekt macht – bei aller Mühsal im Detail – Freude. Der Grund dafür liegt vor allem darin, daß die befragten Personen die Fragestellung als relevant, bedeutsam und interessant empfinden. Man muß sie nicht zur Fragenbeantwortung motivieren; das Interesse an der Fragestellung ist spontan da und wird so intensiv, daß die Interviews manchmal statt der geplanten guten Stunde bis zu 5 Stunden dauern und – das gilt natürlich spezifisch für das „Y" Design – zur „Eheberatung" werden. Die Information, die wir erhalten, ist reichhaltig. Einiges von dem, was wir erfahren, erscheint uns auch neu und bedeutsam zu sein für das Verständnis von Familien mit Kindern bzw. ohne Kinder in unserer Gesellschaft; bedeutsam auch für jene, deren Aufgabe es ist, durch politische Entscheidungen die Situation von Familien von den äußeren Bedingungen her zu gestalten. Dennoch ist es unübersehbar, daß wir nach einer kurzen Zeit empirischen Forschens nicht weniger sondern mehr Fragen haben als zuvor.

LITERATUR

Arnold, F.; Bulatao, R. S.; Buripakdi, Kh.; Khung, B. J.; Fawcett, J. T.; Uritani, T.; Lee, S. J.; Wu, T. S.: The value of children, Band 1–7. Honolulu 1975.
Atkinson, H. W.: Motives in fantasy, action and society. Princeton, N. J. 1958.
Beach, L. R.; Townes, B. D.; Campbell, F. L.; Wood, R. J.: Wollen Sie ein Kind? Psychologie Heute, 4/10, 14–20, 197?.
Büchl, W.: Motivation des generativen Verhaltens. – Der Kinderwunsch und seine sozioökonomischen und sozialpsychologischen Einflußfaktoren. Diplomarbeit. München 1979.
Büchl, W.; v. Rosenstiel, L.; Stengel, M.: Wohnform und Kinderwunsch. In: Zeitschrift für Bevölkerungswissenschaft 1/79.
Cannon, W. B.: The wisdom of the body. New York 1932.
Campbell, J. P. & Pritchard, R. D.: Motivation theory in industrial and organizational psychology. In: *Dunnette, M. D.* (Hrsg.) Handbook of industrial and organizational psychology. Chicago 1976, 83–130.
Duesenberry, J. S.: Income, saving and the theory of consumer behavior. Cambridge 1949.
Engel, J. F.; Kollat, D. T. & Blackwell, R. D.: Consumer behavior. New York 1968.
Fishbein, M.: An investigation of the relationship between beliefs about an object and the attitude toward that object. Human. Rel. 1963, 16, 233–239.
Fritz, M.; Oppitz, G.: Das generative Verhalten – eine theoretische und empirische Untersuchung der ökonomisch-psychologischen Determinanten. Augsburg 1977 (Diplomarbeit).
Flanagan, J. G.: The critical incident technique. Psych. Bull. 51, 1954, 327–358.
Friedman, M.: A theory of the consumption function. Nat. Bur. Econ. Research. Princeton 1957.
Fromm, E.: Haben oder Sein. Stuttgart, 1976.
Galbraith, J. K.: Gesellschaft im Überfluß. München 1963.
Geißler, C.: Arbeitspapier für die Arbeitsgruppe „Wie kinderfreundlich sind die Wohn- und Wohnumfeldbedingungen?" anläßlich der Jahrestagung 1979 der Deutschen Gesellschaft für Bevölkerungswissenschaft. Veröffentlichung geplant in: Der Bundesminister für Jugend, Familie und Gesundheit (Hrsg.): Der Kinderwunsch in der modernen Industriegesellschaft. Stuttgart 1979.
George, E. J.: An experimental study of medical termination of pregnancy – psychological and economical aspects. Vortrag auf dem 3. europäischen Kolloquium der ökonomischen Psychologie. Augsburg 1978. Veröff. in Vorbereitung.

Graen, G. B.: Instrumentality theory of workmotivation: Some experimental results and suggested modifications. J. appl. Psych. 53, 1969, 1–2 (Monogr. Nr. 2, Part. 2).
Hatzold, O.: Anhaltender Geburtenrückgang durch marktwirtschaftliche Preismechanismen? In: Ifo-Schnelldienst 9/79. München 1979.
Jürgens, H. W.; Pohl, K.: Kinderwunsch und Wirklichkeit. Stuttgart 1975.
Katona, G.: Das Verhalten der Verbraucher und Unternehmer. Tübingen 1960.
Katona, G.: Die Macht des Verbrauchers. Düsseldorf 1962.
Keynes, J. M.: The general theory of employment, interest and money. New York 1936.
Kroebel-Riel, W.: Konsumentenverhalten. München 1975.
Lersch, Ph.: Aufbau der Person. München 1956.
Lewin, K.: A dynamic theory of personality. New York/London 1935.
Lienert, G. A.: Testaufbau und Testanalyse. 3. Aufl., Weinheim 1969.
Madsen, K. B.: Theories of motivation. In: Wolman, B. B. (Hrsg.): Handbook of General Psychology. New Jersey 1973, S. 673–706.
McDougall, W.: Aufbaukräfte der Seele. 2. Aufl. Leipzig 1947.
Molt, W.: Geburtenrückgang als Konsequenz des Wertwandels. In: BIB (Hrsg.): Ursachen des Geburtenrückgangs und seine Konsequenzen für die deutsche Wirtschaft und Gesellschaft. Materialien zur Bevölkerungswissenschaft Heft 9, Wiesbaden 1978.
Neuberger, O.: Theorien der Arbeitszufriedenheit. Stuttgart 1974.
Neun, G.; Molt, W.: Wertwandel als Erklärungsansatz für die Veränderung des generativen Verhaltens. In: *Machensen, R.* (Hrsg.): Empirische Untersuchungen zum generativen Verhalten. Soziologische Arbeitshefte. Heft 17, Berlin 1979.
Oppitz, G.: Eine empirisch-psychologische Untersuchung zum generativen Verhalten am Beispiel der bäuerlichen Bevölkerung. In: Zeitschrift f. Bevölkerungswissenschaft, Heft 3/78.
Richter, H. J.: Einführung in das Image-Marketing. Stuttgart 1977.
Rosenstiel, L. v.: Die motivationalen Grundlagen des Verhaltens in Organisationen. Leistung u. Zufriedenheit. Berlin 1975.
Rosenstiel, L. v.: Zur Motivation des generativen Verhaltens. Theoretische Konzepte und Untersuchungsansätze. In: Zeitschrift für Bevölkerungswissenschaft 3/78, 161–175.
Rosenstiel, L. v.; Oppitz, G.; Fitz, M.: Die Motivation des generativen Verhaltens. Eine soziökonomische Analyse unter dem Aspekt des Wandels der Werthaltungen. In: *Machensen, R.* (Hrsg.): Empirische Untersuchungen zum generativen Verhalten. Soziologsche Arbeitshefte, Heft 17, Berlin 1979, 89–102.
Rosenstiel, L. v.; Oppitz, G.; Fitz, M.; Stegel, M.: Motivationspsychologie des generativen Verhaltens. (Veröff. in Vorbereitung).
Rotter, J. B.: The role of the psychological situation in determining the direction of human behavior. In: *Jones, M. R.* (Hrsg.): Nebraska symposion of motivation. Nebraska 1955, 245–269.
Ruch, F. L. & Zimbardo, P. G.: Lehrbuch der Psychologie. Berlin 1975.
Schmidt-Kaler, T.: Kurskorrektur tut not – Ursachen und Folgen der Bevölkerungsentwicklung. Die politische Meinung, 1977, 29–38.
Schmölders, G.: Volkswirtschaftslehre und Psychologie. Berlin 1962.
Schneewind, K. A.: Eltern-Kind-Beziehungen als Determinanten des generativen Verhaltens. In: Zeitschrift für Bevölkerungswissenschaft 3/78, 265–283.
Thomae, H.: Die Motivation menschl. Handelns. Köln/Berlin 1965.
Tolman, E. C.: A cognition motivation model. Psych. Rev. 62, 315–326, 1952.
Toman, W.; Hölzl, S.; Koreny, V.: Faktoren der Bevölkerungsentwicklung – Ursachen und Beweggründe für den Kinderwunsch (Forschungsbericht). München 1977.
Urdze, A.: Bestimmungsfaktoren eingeschränkten Kinderwunsches untersucht an Ein-Kind-Familien in Bayern. In: BIB (Hrsg.) Ursachen des Geburtenrückgangs und seine Konsequenzen für die deutsche Wirtschaft und Gesellschaft. Materialien zur Bevölkerungswissenschaft. Heft 9, Wiesbaden 1978.
Vroom, V. H.: Work and motivation. New York 1964.
Wingen, M.: Grundfragen der Bevölkerungspolitik. Stuttgart 1975.

Wird generatives Verhalten durch Motive und Zielvorstellungen bestimmt?

Anmerkungen zu Ergebnissen der bevölkerungssoziologischen Forschung in Österreich

Rainer Münz, Wien

Von generativem Verhalten, Kinderwunsch, Geburtenzahl und Fruchtbarkeit war in diesem Jahrhundert häufig die Rede; nicht nur in statistischen oder soziologischen Seminaren, sondern öfters auch im Rahmen politischer Auseinandersetzungen. Dabei ging es freilich nicht immer um den besagten Gegenstand selber; vielfach wurde nach bewährter Methode das Thema „Geburtenentwicklung" auch bloß zufällig strapaziert: um des politischen Effektes willen, um diffuse Ängste vor der angeblich drohenden Über- und Entvölkerung anzusprechen, um die Betroffenen wahlweise des Mangels an rationaler Lebensplanung oder des Übermaßes an kalkulatorischem Abwägen zwischen Kindern und langlebigen Konsumgütern zu zeigen; manchmal auch nur um in positiver oder in negativer Hinsicht die „Verantwortlichkeit" der jeweiligen Regierung für die Fruchtbarkeitsentwicklung plakativ herauszustreichen – ganz so, als wären Geburten, allein durch die Ära in die sie fallen, Ausdruck einer bestimmten Couleur. Solche Vergröberungen stammen nicht nur von „terribles simplificateurs", aus der Feder von Boulevard-Kolumnisten und ghostwritern; ihnen wird auch von einem Teil der Experten ein gewisser Erklärungswert zugeschrieben[1]: ganz offensichtlich in Ermangelung stichhaltigerer, d. h. empirisch validerer Argumente.

Vorgefaßte, aus dem Alltagswissen übernommene Urteile über die Determinanten des Kinderwunsches und anderer, das generative Verhalten bestimmender oder auch nur begleitender „Motive" nicht unbefragt gelten zu lassen, ist Ziel dieses Diskussionsbeitrages zum Symposion „Geburtenrückgang in Österreich". Überlegt werden soll, was über die Motivlage der Österreicherinnen mit hinreichender Sicherheit vermutet werden kann, welchen Einflüssen die empirisch festgestellten Motive unterliegen und ob die bei Befragungen erhobenen Einstellungen und Meinungen das tatsächlich realisierte generative Verhalten der betroffenen Frauen hinreichend zu erklären vermögen.

---

[1] Vgl. ÖIR 1971.

1. Warum Motivforschung?

Zu fragen ist, warum sich die Bevölkerungswissenschaft in den letzten 35 Jahren überhaupt mit Motiven zum generativen Verhalten, insbesondere mit den Motiven im reproduktionsfähigen Alter stehender Frauen befaßt hat.

Zum einen ist diese Tendenz wissenschaftshistorisch aus der Rezeption von Methoden der empirischen Sozialforschung zu erklären: Das klassische Feld der Demographie – die Kompilation und Analyse amtlicher Matrikel- und Zensusdaten – wurde in Amerika schon in den späteren 30er, in Europa seit den 50er Jahren um Formen der Datenerhebung und -aufbereitung erweitert, die empirisch orientierte Soziologen und Psychologen ursprünglich für ihren eigenen Gegenstandsbereich entwickelt hatten. Analoges gilt auch für die Rezeption biologischer Modelle in der Demographie.

Zum zweiten ist die Konjunktur der Motivforschung zweifellos Index einer säkulären Emanzipation des Individuums, in deren Verlauf sich generatives Verhalten aus der naturwüchsigen Verschränkung von Sexualität und Fortpflanzung schrittweise als steuerbare Determinante der Fruchtbarkeit herausbildet. Jener historische Prozeß ist nicht auf das 20. Jahrhundert beschränkt; die Möglichkeit, die Zahl der eigenen Kinder und den Zeitpunkt ihrer Geburt selbst zu bestimmen, wurde in den entwickelten Gesellschaften der Alten und der Neuen Welt aber erst im Laufe dieses Jahrhunderts ubiquitär. Folglich trägt die verstärkte Berücksichtigung individueller Wünsche, Vorstellungen und Lebenspläne im Rahmen bevölkerungssoziologischer Fragestellungen dem wachsenden Erklärungswert dieser Komponenten Rechnung.

Faktische Bedeutung kommt der individuellen Motivlage somit zu:

a) weil soziale Normen und technisches (chemisches, psychologisches) Wissen die Steuerung des generativen Verhaltens heute für den einzelnen auch ohne sexuelle Enthaltsamkeit ermöglichen; und
b) weil die Lebenssituation der meisten Menschen zu individueller Kontrolle der Fruchtbarkeit nötigt.

Von Relevanz können Motive schon deshalb sein, weil Fruchtbarkeitskontrolle in der Regel nicht Resultat einer einmaligen Entscheidung, sondern Produkt mehrfacher, z. T. revidierbarer und auch revisionsbedürftiger Entschlüsse im Rahmen präventiver und nachsteuernder Kontrollstrategien ist. Unübersehbar ist hiebei freilich, daß sich generatives Verhalten nicht immer mit den bewußten, diskursiv vermittelbaren Vorstellungen und Lebensplänen deckt. Rationale Rekonstruktion des generativen Verhaltens und seiner Determinanten kann somit die individuelle Motivlage nicht als einzig relevantes Datum heranziehen. Zu rekurrieren ist ferner auf unbewußte Prozesse, soziale Zwänge, punktuelles Verhalten der Geburtenplanung und -kontrolle, psychische Dispositionen etc.

2. Erhobenen Motive: ein Konglomerat

Im Rahmen empirischer Erhebungen ermittelte Einstellungen reflektieren somit nicht nur:

a) handlungsrelevante Motive der Befragten, sondern auch
b) begleitende Deutungen und Rationalisierungen, sowie
c) nachträgliche Uminterpretationen, sofern das generative Verhalten einer zurückliegenden Periode rekonstruiert werden soll.
d) Darüber hinaus manifestieren sich in den protokollierten Äußerungen regelmäßig systematisches Verschweigen, Fehlinformationen, Mißverständnisse und andere Verzerrungen.
e) Schließlich darf der Umstand nicht vernachlässigt werden, daß Effekte des zur Anwendung kommenden Erhebungsinstruments nicht bloß eine „Abweichung" von einer an sich vorhandenen Realität darstellen: Subjektive Interpretationen sind z. T. auch Produkt einer Erhebungssituation, die jene vom Forscher nachträglich interpretierte „Motivlage" als manifestes Datum erst erzeugt.[2])

Die Auflistung dieser einander überlagernden Komponenten soll verdeutlichen, was die im Rahmen empirischer Erhebungen protokollierten „Motive" für oder gegen Kinder alles beinhalten können:

– weltanschauliche Orientierungen, Überzeugungen, Werte, subjektive Interessen,
– begleitende oder nachträgliche Rechtfertigungen des eigenen generativen Verhaltens,
– bloße Wiedergabe der herrschenden Meinung zu Kindern, Kontrazeption, Geburtenrückgang, Schwangerschaftsabbruch etc.
– ad hoc formulierte Probleme, die sich den Befragten vor Beginn der Erhebung so nicht gestellt hatten,
– Reaktionen auf bestehende situative und soziale Zwänge
– usf.

Unter Berücksichtigung dieser Kautelen sind die im folgenden referierten Untersuchungsergebnisse zu lesen.

3. Gründe für den Wunsch nach Kindern

Um es vorweg zu sagen: Die überwiegende Mehrheit der österreichischen Frauen (und wahrscheinlich auch der Männer) wünscht sich nach wie vor Kin-

---
[2]) Vgl. z. B. *Pawlowski* und *Steinert*, 1978.

der. Kinderlosigkeit wird in Österreich – im Gegensatz etwa zur Bundesrepublik Deutschland – nur von einer Minderheit von 3 bis 5% der Frauen angestrebt.[3]) Wie eine 1978 vom IFES im Auftrag des Instituts für Demographie der Österreichischen Akademie der Wissenschaften durchgeführte Repräsentativerhebung an 2.700 Frauen der Heiratskohorten 1974 und 1977 ergab, ist der Wunsch nach Kindern vor allem persönlich motiviert: Von allen befragten Frauen glauben 94%, der Umgang mit Kindern bedeute für jede Mutter eine Bereicherung ihres Lebens; 73% halten das Leben (vieler Leute) ohne Kinder für ziemlich leer; 75% meinen, der Grund Kinder zu haben, sei in der Erwartung zu suchen, diese brächten einem (später) Liebe und Zuneigung entgegen. Daneben sind auch soziale Normen ausschlaggebend: rund 78% glauben, Kinder „gehörten nun einmal" zur Ehe und stärkten auf Dauer die ehelichen Bande. Nur die Hälfte der Befragten glaubt, die Befürchtung, im Alter dereinst ein-

Tabelle 1: Meinungen über Kinder. Grad der Zustimmung (in %).

(Basis: 18- bis 34jährige Österreicherinnen; Erhebungsjahr: 1978; Quelle: *Haslinger* 1979, Tab. 7.1).

No.	Item	Zustimmung	neutral	Ablehnung	n
1	Der Umgang mit Kindern bedeutet für jede Mutter eine Bereicherung ihres Lebens	94,0	4,9	1,0	(2687)
2	Eine verheiratete Frau wird erst für voll genommen, wenn sie ein Kind hat	26,2	16,3	57,6	(2684)
3	Kinder gehören nun einmal zu einer Ehe	78,5	11,1	10,4	(2685)
4	Leute ohne Kinder müssen befürchten, im Alter einmal einsam zu sein........................	50,9	18,0	31,1	(2684)
5	Es ist wichtig Kinder zu haben, damit der Familienname nicht ausstirbt	18,4	10,5	71,1	(2685)
6	Es ist eine Verpflichtung gegenüber der Gesellschaft, Kinder zu haben........................	15,0	14,5	70,5	(2684)
7	Kinder garantieren Absicherung und Betreuung im Alter...	28,9	22,8	48,4	(2686)
8	Viele Ehen wären glücklicher, wenn sie kinderlos wären..	16,9	26,5	56,6	(2658)
9	Durch ein Kind wird die eheliche Bindung gestärkt	77,9	12,8	9,2	(2675)
10	Das Leben vieler Leute wäre ohne Kinder ziemlich leer	83,4	11,8	4,8	(2680)
11	Ein Grund Kinder zu haben liegt darin, daß einem diese Liebe und Zuneigung entgegenbringen .	74,7	14,7	10,5	(2683)
12	Allein das Gefühl, von jemandem gebraucht zu werden, ist Grund genug, Kinder zu haben	71,3	14,2	14,5	(2680)
13	Ein Mensch ohne Kinder wird nie glücklich sein .	25,6	23,3	51,1	(2683)
14	Erwarten Sie von Ihren Kindern praktische oder wirtschaftliche Hilfe, sobald diese groß genug und dazu in der Lage sind?.....................	41,2	9,1	49,7	(2682)

---

[3]) *Gisser* 1979.

sam sein zu müssen, motiviere dazu, Kinder zu haben; gar nur 41% erblicken in Kindern eine praktische Hilfe, sobald diese groß genug sind (vgl. Tabelle 1).
Andere traditionelle Gründe für den Wunsch nach Kindern spielen heute kaum noch eine Rolle: Nur 26% glauben, ohne Kinder werde ein Mensch nie glücklich sein, ebenfalls nur 26% halten das Argument für relevant, eine Frau werde erst für voll genommen, wenn sie ein Kind (zur Welt gebracht) habe; nur noch ca. 30% meinen, Kinder garantierten eine Absicherung und Betreuung im Alter. Gänzlich irrelevant scheinen gesamtgesellschaftliche Argumente zu sein: Nur 15% der befragten Österreicherinnen halten es für eine soziale Verpflichtung gegenüber der Gesellschaft, Kinder zu haben.[4]

Trotz zunehmender tagespolitischer Aktualität des Themas „Geburtenentwicklung" wird das Gebären und Aufziehen von Kindern heute offenbar mehr denn je, als Privatsache betrachtet; ganz so als gälte es, den Grundsatz zu verwirklichen, „Kinder: ja; aber wieviele und wann, bestimme ich selbst." Tatsächlich ist der Kinderwunsch jedoch in der Regel durch das soziale Leitbild der Zwei-Kind-Familie geprägt und somit gesellschaftlich normiert; drei Kinder werden als allenfalls tolerable Obergrenze angesehen. Symbolische Bedeutung kommt dieser Norm auch zu, weil zwei Kinder den Grenzfall des „Kinder-Habens" darstellen; nicht: „ein Kind haben"; auch nicht, was heute eben zumeist unrealistisch ist: „viele Kinder haben".

4. Kinderzahl: Zielvorstellungen

Insgesamt ist der Wunsch nach Kindern und die für ideal gehaltene Kinderzahl in Österreich – soweit sich dies aus der geringen Zahl empirischer Untersuchungen rekonstruieren läßt – relativ stabil. Schon 1955 hatte eine Umfrage des „Instituts für Markt- und Meinungsforschung" (später: Fessel) für die Bundeshauptstadt Wien einen durchschnittlichen Wunsch nach zwei Kindern ergeben.[5]

Im Jahre 1972 ergab eine Erhebung desselben Instituts, daß sich ca. drei Viertel der Wienerinnen und Wiener zwei Kinder wünschen; das Ideal lag in dieser Gruppe im Durchschnitt bei 1,8 Kindern.[6] Eine 1975 durchgeführte Erhebung an 248 Wienerinnen ergab eine 63%-Mehrheit für das Zwei-Kind-Ideal (Durchschnitt: 2,1).[7] Ähnliche Ergebnisse liegen auch für Gesamt-Österreich vor, allerdings nur aus den 70er Jahren. Ende 1974 ermittelte das IMAS-Meinungsforschungsinstitut (eine Allensbach-Tochter) bei 59% der Befragten die Idealvorstellung von der Zwei-Kinder-Familie (Durchschnitt: 2,2).[8] Fast in derselben

---

[4] *Haslinger*, 1979, S. 179 ff.
[5] *Jolles*, 1957, S. 217.
[6] Vgl. ÖIR 1973, S. 29.
[7] Vgl. *Münz* und *Pelikan*, 1978, S. 29.
[8] *Noelle-Neumann*, 1976, S. 311.

Höhe bewegt sich auch die individuell erwartete Kinderzahl (bereits geborene plus noch gewünschte Kinder) der verheirateten Österreicherinnen. Laut Mikrozensus vom Juni 1976 erwarten Frauen der Geburtsjahrgänge 1941–1945 durchschnittlich 2,2 Kinder (genau zwei Kinder: 41%), jene der Jahrgänge 1945–1950 durchschnittlich 2,1 Kinder (zwei Kinder: 50%) und jene der Jahrgänge 1951–1960 im Schnitt 1,9 Kinder (zwei Kinder: 51%). Wie in anderen vergleichbaren Gesellschaften ist die erwartete Kinderzahl nach Bildungsschichten bzw. sozio-ökonomischem Status kurvilinear (u-)verteilt, während sie mit steigender Größe des Wohnorts (und sinkender Agrarquote) sowie mit dem Grad der Erwerbstätigkeit monoton fällt; d. h. Frauen von Landwirten erwarten und bekommen im Schnitt mehr Kinder als Frauen von Nicht-Landwirten, Hochschul- und Pflichtschulabsolventinnen mehr als Frauen mit Berufsschul- oder Fachschulabschluß, Frauen von Selbständigen und von Hilfsarbeitern in der Regel mehr als Frauen von Angestellten, Beamten und Facharbeitern; Bewohnerinnen kleinerer Gemeinden mehr als Städterinnen; Nur-Hausfrauen mehr als ganztägig außer Haus Erwerbstätige (vgl. *Abbildung 1*).[9]

5. *Abschied vom Baby-Schock-Artefakt*

Besonders eingehend untersucht wurde der Zusammenhang zwischen generellen Idealen, zurückliegenden Vorstellungen und individuell gewünschter bzw. erwarteter Kinderzahl auch im Rahmen der bereits erwähnten Repräsentativerhebung, die das IFES 1978 im Auftrag des Institutes für Demographie bei Österreicherinnen der Heiratskohorten 1974 und 1977 durchführte.[10] Es zeigte sich, daß zumindest ein Teil der Befragten in der Lage ist, zwischen der gesamtgesellschaftlich als ideal anzusehenden Familiengröße (Durchschnitt hier: 2,26 Kinder), den persönlichen Idealvorstellungen (im Schnitt: 2,28 Kinder), der individuell gewünschten (2,15 Kinder) und der erwarteten Kinderzahl (2,19 Kinder) zu unterscheiden. Mit Ausnahme der beiden letztgenannten, nämlich der gewünschten und der erwarteten ($r = 0{,}85$) korrelieren die genannten Kinderzahlen nur zwischen $r = 0{,}31$ und $r = 0{,}64$ (vgl. *Tabelle* 2); der Anteil des Zwei-Kinder-Ideals schwankt zwischen ca. 73% bei der gesellschaftlich für richtig befundenen und ca. 56% bei der individuell erwarteten Kinderzahl. Keine Kinder wünscht sich in Österreich dagegen gegenwärtig fast niemand (unter 3%; vgl. *Tabelle* 3).

---

[9] *Gisser*, 1978; 1979.
[10] *Gisser*, 1979; S. 57 ff.

Abbildung 1: Durchschnittlich gewünschte Kinderzahl nach der Berufsschicht des Mannes.

(Basis: Mikrozensus Juni 1976 und Erhebung 1978; vgl. Tabelle 5; Quelle: *Findl* 1979, S. 72).

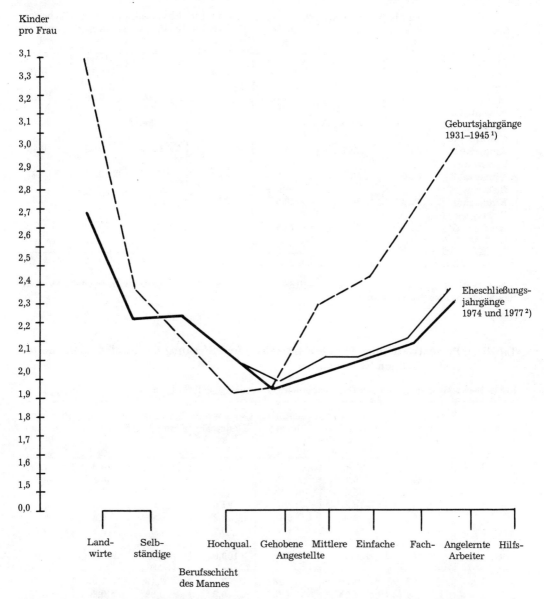

Anm.: Da die Landwirte und Selbständigen nicht in das Sozialschichtenschema der Unselbständigen einordenbar sind, wurde die Kurve nicht durchgehend gezeichnet.
[1] Ergebnisse des Mikrozensus Juni 1976.
[2] durchgezogene Linie = Nebenerwerbslandwirte als Landwirte gezählt; punktierte Linie = Nebenerwerbslandwirte, soweit im Hauptberuf unselbständig, gemäß Hauptberuf zugeordnet.

Tabelle 2: Stärke des Zusammenhanges zwischen den idealen, antizipierten und bisherigen Kinderzahlen

(vgl. Tabelle 3; Quelle: *Gisser* 1979, Tab. A.2.2).

Bezeichnung	Gesellsch. Ideal %	Voreheliches Ideal %	Persönliches Ideal %	Gewünschte Kinderzahl %	Erwartete Kinderzahl %	Bisherige Kinderzahl %	Bisherige*) Kinderzahl %
Gesellschaftliches Ideal		0,31	0,49	0,49	0,43	0,17	0,19
Voreheliches Ideal	65,9		0,46	0,37	0,36	0,16	0,17
Persönliches Ideal	71,3	67,0		0,64	0,56	0,25	0,27
Gewünschte Kinderzahl	65,1	59,7	75,9		0,85	0,39	0,45
Erwartete Kinderzahl	62,0	56,6	69,6	81,1		0,41	0,47
Bisherige Kinderzahl	17,0	20,4	18,0	26,7	24,7		0,93
Bisherhige Kinderzahl*)	21,1	23,4	24,4	31,0	28,5	88,8	

*) Einschließlich der gegenwärtigen Schwangerschaften.

Oberhalb der Hauptdiagonale: Korrelationskoeffizient. Unterhalb der Hauptdiagonale: Prozentanteile der jeweils übereinstimmenden Kinderzahlen.

Tabelle 3: Prozentverteilung, Durchschnittswerte und Streuung der idealen, antizipierten und bisherigen Kinderzahlen

(Basis: 18- bis 34jährige verheiratete Österreicherinnen; Erhebungsjahr: 1978; Quelle: *Gisser* 1979, Tab. A.2.1).

Anzahl der Kinder	Gesellschaftl. Ideal %	Voreheliches Ideal %	Persönliches Ideal %	Gewünschte Kinderzahl %	Erwartete Kinderzahl %	Bisherige Kinderzahl %	Bisherige*) Kinderzahl*) %
0	0,2	7,4	1,9	2,5	2,7	26,9	21,7
1	1,7	6,1	6,7	12,5	12,3	48,1	48,3
2	72,7	61,3	61,8	59,0	55,8	21,1	25,3
3	23,4	16,3	23,0	21,0	23,3	3,3	4,1
4	1,7	4,9	5,1	4,3	4,9	0,5	0,5
5+	0,3	4,0	1,5	0,7	1,0	0,1	0,2
Summe	100,0	100,0	100,0	100,0	100,0	100,0	100,0
⌀	2,26	2,20	2,28	2,15	2,19	1,03	1,14
σ	0,54	1,15	0,83	0,82	0,86	0,83	0,83
n	(2.677)	(2.656)	(2.684)	(2.681)	(2.544)	(2.688)	(2.688)

*) Einschließlich der gegenwärtigen Schwangerschaften.

⌀ = Arithmetisches Mittel, σ = Standardabweichung, n = Gesamtzahl der Fälle

Der – offensichtlich aus Mangel an aussagekräftigeren Erklärungen geborene – sogenannte „Baby-Schock", d. h. die plötzliche Reduktion des Kinderwunsches nach dem ersten Kind, konnte für Österreich empirisch nicht nachgewiesen werden.[11]) Befragte, deren Kinderwunsch vor der Eheschließung bei zwei, drei oder mehr Kindern gelegen ist und die bereits ein Kind zur Welt gebracht haben, unterscheiden sich hinsichtlich ihres Kinderwunsches nicht von den noch kinderlosen Befragten mit ähnlichem vorehelichem Ideal (vgl. *Tabelle 4*). Wahrscheinlich ist auch der für Deutschland konstatierte „Baby-Schock" nur ein Interpretationsartefakt: von Forschern in einer Tabelle[12]) entdeckt, ob seiner Plausibilität zu einer Determinante des generativen Verhaltens hochstilisiert[13]), von Familienpolitikern als Konzeption mit implizierter Handlungsweisung dankbar aufgegriffen.

Tabelle 4: Durchschnittlich gewünschte Kinderzahl nach dem Kinderwunsch vor der Ehe und der gegenwärtigen Parität

(vgl. Tabelle 3, Quelle: *Gisser* 1979, Tab. 2.1)

Voreheliches Ideal	Bisherige Kinderzahl			
	0	1	2+	Zusammen
	Insgesamt gewünschte Kinderzahl*)			
0 oder 1	1,17 (147)	1,66 (159)	2,46 (54)	1,58 (360)
2	1,87 (428)	1,97 (819)	2,39 (377)	2,04 (1624)
3+	2,54 (136)	2,59 (302)	2,98 (228)	2,71 (666)
Zusammen	1,86 (711)	2,08 (1280)	2,60 (659)	2,14 (2650)

6. *Differentielle Kinderwünsche – Tendenz abnehmend*

Die 1978 erhobenen Kinderwünsche variieren in derselben Weise nach Bildung, sozio-ökonomischem Status, Erwerbstätigkeit und regionaler Herkunft, wie die Ergebnisse des Mikrozensus vom Juni 1976 (vgl. *Tabelle 5*). Sowohl der Kohortenvergleich der Mikrozensus-Ergebnisse als auch die Gegenüberstellung mit den Ergebnissen der Repräsentativ-Erhebung von 1978 zeigt freilich, daß sich die Frauen aus unterschiedlichen Regionen und verschiedenen sozialen Schichten hinsichtlich der durchschnittlich gewünschten bzw. erwarteten Kinderzahl immer weniger voneinander unterscheiden.[14]) Tatsächlich ist seit den 60er Jahren bei Landwirten und Hilfsarbeitern der stärkste Geburtenrückgang zu verzeichnen gewesen; ein Umstand, der sich nun auch in geänderten Erwartungen

---

[11]) *Gisser*, 1979, S. 62.
[12]) *Jürgens und Pohl*, 1975, S. 36.
[13]) *Dessai*, 1978.
[14]) *Findl*, 1979, S. 82 und Abb. 1.

Tabelle 5: Durchschnittswerte der idealen, antizipierten und bisherigen Kinderzahlen (Stadt–Land, Bundesländer, Berufsschicht, Qualifikationsniveau des Mannes und der Frau, Erwerbsstatus der Frau, Einkommen)

(vgl. Tabelle 2, Quelle: *Gisser* 1979, Tab. 2.5).

Merkmale	n	Gesellschftl. Ideal	Voreheliches Ideal	Persönliches Ideal	Gewünschte Kinderzahl	Erwartete Kinderzahl	Bisherige Kinderzahl	Bisherige Kinderzahl*)
Insgesamt	(2688)	2,26	2,2	2,28	2,15	2,19	1,03	1,14
Stadt–Land (Wohnort/Herkunft):								
Städt. Wohnort/ städt. Herkunft	(465)	2,06	2,08	2,14	1,79	1,85	0,74	0,84
Städt. Wohnort/ ländl. Herkunft	(335)	2,17	2,19	2,22	1,98	2,00	0,86	0,95
Ländl. Wohnort/ städt. Herkunft	(430)	2,19	2,12	2,17	2,00	2,00	0,90	1,00
Ländl. Wohnort/ ländl. Herkunft	(1458)	2,36	2,27	2,37	2,34	2,40	1,20	1,32
Bundesländer(-gruppen):								
Wien	(403)	2,09	2,07	2,19	1,77	1,82	0,70	0,81
Niederösterreich	(476)	2,31	2,14	2,22	2,15	2,08	0,96	1,08
Burgenland	(120)	2,38	2,30	2,28	2,29	2,37	1,06	1,23
Steiermark	(485)	2,21	2,18	2,26	2,18	2,20	1,11	1,23
Kärnten	(196)	2,33	2,18	2,34	2,22	2,27	1,15	1,27
Oberösterreich	(579)	2,30	2,25	2,32	2,23	2,30	1,13	1,24
Salzburg	(154)	2,30	2,34	2,38	2,24	2,21	1,28	1,40
Tirol u. Vorarlberg	(275)	2,27	2,36	2,37	2,30	2,36	1,01	1,11
Österreich ohne Wien	(2285)	2,29	2,23	2,30	2,21	2,25	1,09	1,20
Berufsschicht des Mannes:								
Landwirte	(156)	2,56	2,43	2,65	2,71	2,78	1,54	1,67
Selbständige	(133)	2,32	2,26	2,40	2,28	2,31	1,11	1,20
Hochqualifizierte Angestellte	(103)	2,28	2,55	2,58	2,29	2,34	0,83	1,03
Gehobene Angestellte	(201)	2,25	2,23	2,41	2,09	2,06	0,75	0,87
Mittlere Angestellte	(430)	2,15	2,12	2,10	1,94	1,97	0,82	0,93
Einfache Angestellte	(315)	2,24	2,22	2,24	2,07	2,13	0,99	1,07
Facharbeiter	(785)	2,20	2,14	2,20	2,07	2,11	1,01	1,11
Angelernte Arbeiter	(165)	2,27	2,08	2,25	2,15	2,25	1,22	1,32
Hilfsarbeiter	(261)	2,38	2,32	2,34	2,39	2,41	1,33	1,45
Nichtberufstätige	(40)	2,41	2,41	2,53	2,18	2,28	0,58	0,63

*) Einschließlich der gegenwärtigen Schwangerschaften.

Merkmale	n	Gesellschftl. Ideal	Voreheliches Ideal	Persönliches Ideal	Gewünschte Kinderzahl	Erwartete Kinderzahl	Bisherige Kinderzahl	Bisherige Kinderzahl*)
Qualifikationsniveau des Mannes:								
Pflichtschule	(398)	2,42	2,33	2,43	2,46	2,49	1,39	1,51
Lehre	(1316)	2,23	2,15	2,21	2,07	2,14	1,02	1,13
Fachschule	(548)	2,22	2,19	2,23	2,09	2,11	0,97	1,09
Höhere Schule	(262)	2,19	2,11	2,34	2,05	2,01	0,74	0,87
Hochschule	(163)	2,33	2,53	2,59	2,33	2,37	0,86	1,01
Insgesamt	(2687)	2,26	2,20	2,28	2,15	2,19	1,03	1,14
Qualifikationsniveau der Frau:								
Pflichtschule	(808)	2,36	2,21	2,32	2,29	2,35	1,27	1,39
Lehre	(786)	2,18	2,13	2,18	2,06	2,12	1,03	1,14
Fachschule	(709)	2,29	2,23	2,29	2,11	2,10	0,90	1,01
Matura, Hochschule	(384)	2,26	2,30	2,39	2,11	2,14	0,74	0,87
Erwerbsstatus der Frau:								
Berufstätig in der Landwirtschaft	(205)	2,57	2,48	2,61	2,73	2,77	1,61	1,75
Berufstätig außerhalb der Landwirtschaft	(1103)	2,20	2,07	2,16	1,92	1,93	0,54	0,64
Vorübergehend nicht erwerbstätig	(504)	2,24	2,30	2,33	2,23	2,30	1,13	1,27
Hausfrau	(845)	2,27	2,23	2,32	2,25	2,31	1,47	1,58
Schülerin, Studentin	(25)	2,42	2,50	2,52	2,29	2,38	0,60	0,76
Haushaltseinkommen¹)								
Bis unter 8.000	(538)	2,37	2,28	2,	2,36	2,44	1,43	1,53
8.000 bis unter 11.000	(735)	2,27	2,25	2,29	2,17	2,23	1,24	1,33
11.000 bis unter 14.000	(599)	2,19	2,13	2,24	2,08	2,13	0,88	1,02
14.000 bis unter 17.000	(383)	2,19	2,11	2,21	2,03	2,04	0,61	0,74
17.000 und mehr	(270)	2,17	2,21	2,17	1,89	1,88	0,48	0,59
Keine Angabe	(163)	2,35	2,27	2,35	2,31	2,23	1,19	1,29
Einkommen des Mannes¹):								
Bis unter 7.000	(844)	2,31	2,17	2,32	2,18	2,26	1,04	1,15
7.000 bis unter 9.000	(747)	2,24	2,22	2,24	2,12	2,14	0,99	1,10
9.000 bis unter 11.000	(460)	2,20	2,18	2,24	2,06	2,12	1,04	1,15
11.000 bis unter 13.000	(207)	2,18	2,19	2,21	2,09	2,16	1,01	1,12
13.000 bis unter 15.000	(101)	2,17	2,07	2,31	2,07	2,06	0,77	0,98
15.000 und mehr	(113)	2,27	2,36	2,30	2,22	2,23	1,02	1,17
Keine Angabe	(216)	2,36	2,31	2,40	2,33	2,29	1,20	1,30

¹) Netto pro Monat, ohne Familienbeihilfe, in Schilling.
*) Einschließlich der gegenwärtigen Schwangerschaften.

der nachfolgenden Heiratskohorten niederschlägt. In mittleren Schichten haben sich Fruchtbarkeit und ideale Kinderzahl auf unverändert niedrigem Niveau stabilisiert. Als Ursache hiefür wurden häufig Aufstiegswille, Ängste vor sozialem Abstieg und die Orientierung an der Konsumnorm der Oberschicht verantwortlich gemacht. Zwar war bei den Befragten aus der Mittelschicht (Frauen von Facharbeitern und Angestellten) tatsächlich ein etwas höheres Karrierestreben als in den übrigen Schichten zu verzeichnen, sein Einfluß auf die Kinderzahl ist aber zu gering, um die niedrigere Fruchtbarkeit der Mittelschicht daraus erklären zu können. [15])

Keine aussagekräftigen Zusammenhänge fanden sich ferner zwischen dem Einkommen und der Kinderzahl. Zieht man nur das Einkommen des Mannes als Indikator heran, so läßt sich innerhalb der einzelnen Sozialschichten kein Einfluß auf die Kinderzahl nachweisen. Trotz der Verringerung der Fruchtbarkeitsunterschiede zwischen berufstätigen und nichtberufstätigen Frauen, welche auf einen besonders starken Geburtenrückgang bei den nichtberufstätigen Hausfrauen zurückzuführen ist, liegt hingegen der Kinderwunsch der ganztägigen und außerhäuslich berufstätigen Frauen noch immer unter jenem der Nichtberufstätigen. Die Unterschiede sind allerdings bei den niedrigeren Sozialschichten deutlich geringer als bei den höheren. Dies weist darauf hin, daß in den niedrigeren Schichten die Erwerbstätigkeit der Ehefrau in höherem Maß als finanzielle Notwendigkeit angesehen – und eher mit der Geburt von Kindern als vereinbar betrachtet – wird als in den höheren Schichten. Bemerkenswert ist das hohe Ausmaß an Berufsverbundenheit, das nicht nur – wie erwartet – in den höheren, sondern auch in den niedrigeren Berufskategorien erwerbstätiger Frauen auftrat: mehr als die Hälfte aller außer Haus arbeitenden Ehefrauen scheint nicht ausschließlich aus finanziellen Gründen berufstätig zu sein. [16]) Dieses Motiv wird, gemeinsam mit den finanziellen Gründen, zwar häufig zu einem Überwiegen der Berufswünsche der Frau über ihren Kinderwunsch führen, andererseits kann die negative Beziehung zwischen Berufstätigkeit und Fruchtbarkeit keinesfalls zur Gänze dadurch erklärt werden. Da umgekehrt auch die bisherige oder die gewünschte Kinderzahl einen Einfluß auf die Berufstätigkeit ausüben, muß eine Wechselwirkung zwischen Kinderzahl und Erwerbssituation angenommen werden. Falsch wäre es hingegen, die Berufstätigkeit der Frau als „Hauptursache" des Geburtenrückganges zu betrachten.

Fazit: die meisten herkömmlichen Deutungen der Entwicklung von Kinderwunsch und generativem Verhalten nach 1945 verlieren an Erklärungswert oder müssen aufgrund des zur Verfügung stehenden Datenmaterials überhaupt verworfen werden.

---

[15]) *Findl*, 1979, S. 89.
[16]) *Findl*, 1979, S. 107 ff.

7. *Ist der Kinderwunsch einkommenselastisch?*

Interessanterweise wird die Vorstellung über die ideale bzw. die individuell erwartete Familiengröße nicht nur immer unabhängiger von der jeweiligen sozialen Lage der Befragten; sondern der Kinderwunsch erscheint den Betroffenen heute auch als eine von situativen Bedingungen relativ „unbeeinflußte" Zielvorstellung. Nur 10% der 1978 befragten Frauen gaben beispielsweise an, wenn sich ihr Haushaltseinkommen verdoppelte, würden sie sich mehr Kinder wünschen als bisher. Tatsächlich dürfte jedoch unter bestimmten Bedingungen sehr wohl ein Zusammenhang zwischen Einkommen und Kinderwunsch bestehen; allerdings vor allem dann, wenn eine empfindliche Verminderung des Lebensstandards eintritt oder eine solche erwartet wird. Der Geburtenrückgang der 30er Jahre könnte hiefür ein Indiz darstellen.

8. *Empfängnisplanung, Empfängniskontrolle*

Zweifellos haben die geäußerten Gründe, die für Kinder sprechen, und der abstrakte Wunsch nach Kindern einen gewissen Einfluß auf das generative Verhalten. Dominierend ist zum einen der Wunsch, Kinder zu haben, zu gebären, großzuziehen; zum anderen die Zielvorstellung, eine bestimmte Kinderzahl nicht zu überschreiten. Dies bedingt Planung und Kontrolle, ein Umstand, der heute allgemein akzeptiert wird: Bei der referierten Repräsentativerhebung an Österreicherinnen der Heiratsjahrgänge 1974 und 1977 bejahten mehr als 90%, es sei heute nicht notwendig, daß eine Frau ungewollt schwanger werde.

In einem starken Gegensatz zu diesen Einstellungen steht allerdings die kontrazeptive Praxis, die trotz fehlenden Kinderwunsches durch hohe Anteile unzuverlässiger Verhütungsmethoden gekennzeichnet ist. Es mangelt somit vor allem an einer effizienten Umsetzung der vorhandenen Einstellung: Unzuverlässige Methoden der Empfängnisverhütung werden nach wie vor von einem konsiderablen Teil der Bevölkerung praktiziert.

Zwar dominiert heute fraglos die Pille: zum Zeitpunkt der Erhebung verwendeten 40% der Frauen dieses Verhütungsmittel. Danach aber folgen in der Häufigkeit der Anwendung die äußerst unsicheren Methoden des Coitus interruptus (19%) und der Beobachtung des Zyklus (Knaus-Ogino 11%). Diese drei Methoden wurden von fast zwei Drittel der Befragten angewendet. Verschiedene andere mechanische oder chemische Verhütungsmittel erreichen zusammen nur etwas über 10% der Nennungen. Fast 25% betrieben zur Zeit der Befragung keine systematische Empfängnisverhütung: teils weil sie gerade schwanger waren, knapp nach einer Entbindung standen oder zu nächster Zeit schwanger werden wollten. Nur 10% der befragten Frauen waren „risk-taker". [17]

---

[17] *Flaschberger*, 1979, S. 130.

Sowohl die Einstellung zur Familienplanung als auch die Praxis der Empfängnisverhütung hingen deutlich vom Erwerbsstatus der Befragten, von ihrem Qualifikationsniveau, ihrer regionalen Herkunft (Stadt–Land) sowie vom Grad ihrer religiösen Gebundenheit ab. Folgende Gruppen von Frauen glauben seltener an die Planbarkeit von Schwangerschaften, haben einen niedrigeren Informationsstand über empfängnisverhütende Mittel und verwenden häufig unzuverlässige Methoden der Empfängnisregelung [18]):

– Frauen in manuellem Beruf sowie Bäuerinnen,
– Frauen mit Pflichtschulbildung,
– Frauen mit hoher religiöser Gebundenheit bzw. starker Kirchenbesuchsfrequenz und
– Frauen, die am Land leben und auch dort aufgewachsen sind.

Unter diesen Bedingungen ist die Skepsis eines Teils der Befragten erklärlich: 60% glaubten, die meisten Ehepaare hätten eher mehr Kinder, als sie ursprünglich gewollt hätten. – Haben die Skeptiker recht?

9. *Drei von vier Schwangerschaften sind ungeplant*

Zweifellos werden die allermeisten Frauen heute wesentlich seltener schwanger, als dies bei maximaler Realisation der Fruchtbarkeit (im Schnitt 7 bis 10 Schwangerschaften bis zum 45. Lebensjahr [19]) möglich wäre; sie werden im Durchschnitt auch deutlich seltener schwanger als ihre Großmütter, Urgroßmütter usw. Das Motiv bzw. das Interesse, nicht mehr Kinder zu bekommen als geplant, ist hiefür sicher ebenso ausschlaggebend, wie situative, mit dem Kinderwunsch nicht unmittelbar zusammenhängende Beschränkungen (z. B. ein ungeeigneter Partner, eine unabgeschlossene Ausbildung, berufliche Gründe etc.).

Trotz aller – offensichtlich erfolgreichen – Steuerungsversuche, ist das generative Verhalten der Österreicherinnen jedoch bis heute offenbar in hohem Maß durch die Folgen unkontrollierter Fruchtbarkeit geprägt: Bei der referierten Repräsentativerhebung gaben beispielsweise nur 35% der bereits schwanger gewesenen Frauen an, sie hätten vor Eintritt der ersten Schwangerschaft gezielt mit der Empfängnisverhütung ausgesetzt; und rund 40% der Erstgeborenen wurden als ungeplante Kinder bezeichnet.[20]) Im Rahmen einer 1969 durchgeführten Erhebung an 1.372 verheirateten Arbeitnehmerinnen zwischen 20 und 30 Jahren, ergab sich sogar ein 50%-Anteil der ungeplanten Kinder.[21])

---

[18]) *Flaschberger*, 1979, S. 131.
[19]) *Rockenschaub*, 1976; Abb. 1.
[20]) *Flaschberger*, 1979, S. 137 f.
[21]) *Grafinger*, 1973, S. 224.

Nimmt man an, daß in Österreich zur Zeit auf jede ausgetragene Schwangerschaft eine abgebrochene entfällt[22]), und unterstellt man ferner einen ubiquitären 40%- bis 50%-Anteil ungeplanter Kinder, dann darf mit der gebotenen Vorsicht vermutet werden: Mehr als die Hälfte der ohne Reproduktionskontrolle zu erwartenden Schwangerschaften wird heute wirkungsvoll verhütet; von den tatsächlich eintretenden Schwangerschaften sind jedoch bis zu drei Viertel weiterhin ungeplant und somit potentiell unerwünscht.

10. *Schwangerschaftsabbruch als Kontrollstrategie*

Bestätigt und differenziert wird die getroffene Aussage über den weiterhin bestehenden Mangel an effektiver Empfängniskontrolle auch durch die Ergebnisse einer 1975 durchgeführten Befragung einer (nicht-repräsentativen) Auswahl Wiener Frauen, von denen die Hälfte bereits mindestens ein Kind geboren und die andere Hälfte mindestens eine Schwangerschaft abgebrochen hatte. Von den 573 erhobenen Schwangerschaften der 248 befragten Wienerinnen waren nur 26% geplant gewesen; ein weiteres Viertel wurde nachträglich akzeptiert; etwas mehr als ein Drittel hingegen abgebrochen (vgl. *Abbildung 2*). Das restliche Sechstel umfaßt Fälle, in denen die Befragten den Abbruch einer unerwünschten Schwangerschaft entweder prinzipiell ablehnten oder im konkreten Fall nicht erreichen konnten.[23]) Kinder, die solchen Schwangerschaften entstammen, dürfen im engeren Sinne als ungewollte gelten.

Die Ergebnisse verdeutlichen, daß Motive für und gegen Kinder, aufgrund des großen Anteils ungeplanter Empfängnisse vielfach noch in einem relativ kurzen Zeitabschnitt (4 bis 12 Wochen nach der Empfängnis) Verlauf und Ausgang der Schwangerschaft beeinflussen können: Vor allem bei ungeplanten Schwangerschaften muß sich die betroffene Frau entweder rasch für einen Abbruch entscheiden, oder sie fällt die Entscheidung durch nachträgliches Akzeptieren bzw. durch ambivalentes oder resignatives Geschehenlassen. Zu keiner Entscheidung hinreichend motiviert zu sein, ist in diesem Fall de facto auch eine Entscheidung.

Die zuletzt referierte Studie zum generativen Verhalten von 248 Wiener Frauen unterstreicht neben dem kurzfristigen Einfluß von Kinderwünschen auf den Verlauf bereits eingetretener Schwangerschaft auch die Bedeutung jener Wünsche für das generative Verhalten insgesamt:

a) Wie zu erwarten, korreliert der Wunsch nach Kindern insgesamt positiv mit der tatsächlich realisierten Kinderzahl; und zwar mit steigendem Alter immer stärker. Bei den 1975 befragten Wienerinnen betrug der Zusammenhang

[22]) *Husslein*, 1974; *Hauser* und *Rockenschaub*, 1981.
[23]) *Münz* und *Pelikan*, 1978, S. 45 ff.

in der Gruppe der 15- bis 24jährigen r = 0,12, in der Gruppe der 25- bis 34jährigen r = 0,30 und in der Gruppe der 35- bis 45jährigen r = 0,41 (vgl. *Tabelle 6*).

Tabelle 6: Mittelwert, Standardabweichung und Produkt-Moment-Korrelationskoeffizienten der Bilanzindikatoren (ideale Kinderzahl, realisierte Kinderzahl, Zahl der Schwangerschaften, Zahl der Abtreibungen)

(Basis: 15- bis 45jährige Wienerinnen mit mindestens einer Schwangerschaft; Erhebungsjahr: 1975; Quelle: *Münz* und *Pelikan* 1978, S. 36).

Altersgruppe	Bilanzindikator	Korrelation			Mittelwert	Standardabweichung
		realisierte Kinderzahl	Zahl der Schwangerschaften	Zahl der Abtreibungen		
		r	r	r	x	σ
15–24 Jahre N = 76	ideale Kinderzahl	0,12	0,09	−0,07	2,01	0,79
	realisierte Kinderzahl	−	0,55	−0,56	0,88	0,69
	Zahl der Schwangerschaften	−	−	0,35	1,36	0,67
	Zahl der Abtreibungen	−	−	−	0,44	0,62
25–34 Jahre N = 116	ideale Kinderzahl	0,30	0,18	−0,13	2,10	1,02
	realisierte Kinderzahl	−	0,68	−0,25	1,54	1,25
	Zahl der Schwangerschaften	−	−	0,45	2,55	1,59
	Zahl der Abtreibungen	−	−	−	0,89	1,11
35–45 Jahre N = 45	ideale Kinderzahl	0,41	0,01	−0,39	2,09	0,56
	realisierte Kinderzahl	−	0,58	−0,30	2,04	1,28
	Zahl der Schwangerschaften	−	−	0,58	2,91	1,56
	Zahl der Abtreibungen	−	−	−	0,73	1,16

*) In dieser Tabelle sind nur jene Befragten berücksichtigt, für die hinsichtlich des Alters und aller Bilanzindikatoren vollständige Informationen erhoben werden konnten.

b) 3% der jüngsten, 14% der mittleren und 26% der höchsten Altersgruppe hatten ihre ideale Kinderzahl zum Zeitpunkt der Erhebung bereits überschritten. Genausoviele Kinder wie gewünscht, hatten dagegen 20% der 15- bis 24jährigen, 31% der 25- bis 34jährigen und 37% der 35- bis 45jährigen.

c) Korrelationsanalyse und Prozentvergleich verdeutlichen, daß Zielvorstellungen über die angestrebte Familiengröße gesamtgesellschaftlich und idealiter in der Zwei-Kind-Norm konvergieren; tatsächlich klaffen Wunsch und Wirklichkeit hingegen z. T. beträchtlich auseinander.

Abbildung 2: Anteil der austragungsorientierten Alternativzustände während der vier betrachteten Phasen im Schwangerschaftsablauf

(Basis: 355 ausgewählte Schwangerschaften von 15- bis 45jährigen Wienerinnen; Erhebungsjahr 1975; Quelle: *Münz* und *Pelikan* 1978, S. 43).

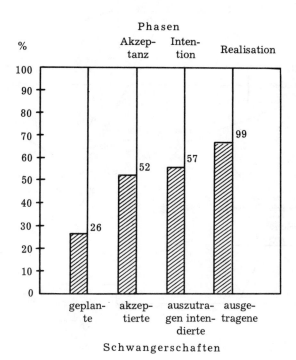

d) Führt man im Rahmen einer pfadanalytischen Betrachtung die Zahlen der eingetretenen Schwangerschaften und der durchgeführten Abtreibungen als intervenierende Variablen ein, dann wird klar, daß diese beiden Bestimmungsgrößen den Zusammenhang zwischen gewünschten und realisierten Kinderzahlen stiften (vgl. *Abbildung 3*). Auf der unteren und der mittleren Altersstufe halten der über die Zahl der Schwangerschaften und der über die Zahl der Abtreibungen vermittelte Einfluß einander die Waage. Auf der höchsten betrachteten Altersstufe (35–45 Jahre) überwiegt hingegen der über die Zahl der Abtreibungen vermittelte Einfluß deutlich (vgl. *Tabelle 7*).[24]

---

[24] *Münz* und *Pelikan*, 1978, S. 38 f.

Abbildung 3: Pfadmodell und Pfadkoeffizienten nach Altersgruppen.

(Basis: 15- bis 45jährige Wienerinnen mit mindestens einer Schwangerschaft; Erhebungsjahr 1975; Quelle: *Münz* und *Pelikan* 1978, S. 38).

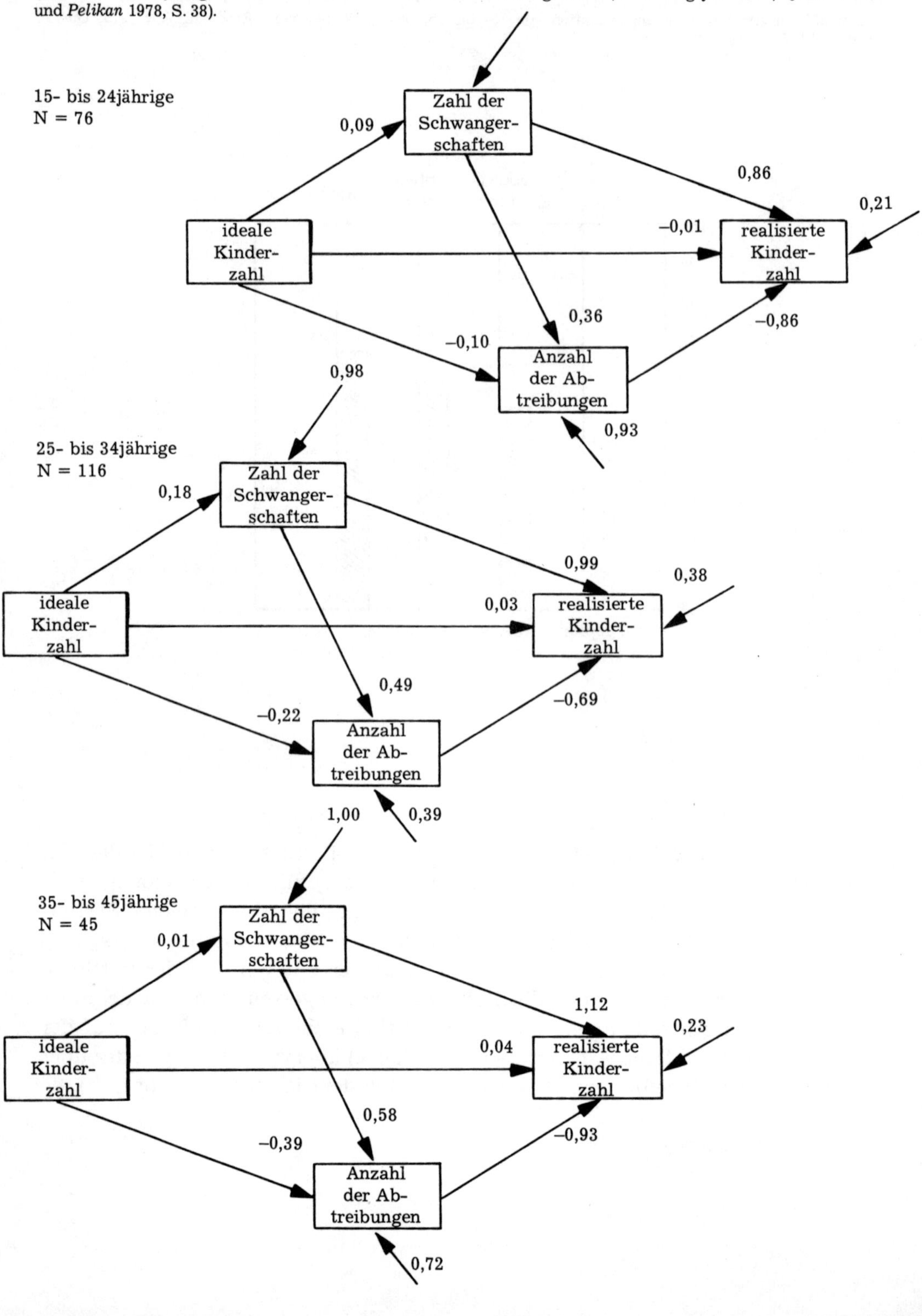

Tabelle 7: Effekte der idealen Kinderzahl auf die realisierte innerhalb der Pfadmodelle nach Altersgruppen.

(vgl. Abbildung 3).

Art der Effekte der idealen Kinderzahl auf die realisierte	Alter		
	15–24 Jahre	25–34 Jahre	35–45 Jahre
	p	p	p
über die Zahl der Schwangerschaften	0,08	0,18	0,01
über die Zahl der Abtreibungen	0,09	0,15	0,36
über die Zahl der Schwangerschaften und der Abtreibungen	–0,03	–0,06	0,00
‚direkt'	–0,01	0,03	0,04

e) Letzteres verdeutlicht zum einen, daß die Kinderzahl mittels geplanter wie ungeplanter Schwangerschaften realisiert wird; die Vorstellungen über die gewünschte Familiengröße haben im Anlaßfall offenbar eine größere Handlungsrelevanz als weitergehende Pläne hinsichtlich des Zeitpunktes, zu dem diese Vorstellungen realisiert werden sollten. Zum anderen wird klar, welche Bedeutung dem Schwangerschaftsabbruch als Strategie der (nachträglichen) Fruchtbarkeitskontrolle zukommt: Mit steigendem Lebensalter muß eine Abtreibung immer häufiger den Zweck erfüllen, die durch planvolle Kontrazeption nur unzureichend gesteuerte Fruchtbarkeit mit den individuellen Zielvorstellungen in Übereinstimmung zu halten. Auch in diesem Kontext ist – freilich nur ex negativo – das Ausmaß des Kinderwunsches von Einfluß.

Es ist zu erwarten, daß die Ergebnisse der Folgeerhebungen, die zu der eingangs referierten Repräsentativerhebung an 2.700 verheirateten Österreicherinnen für das nächste Jahrzehnt geplant sind (d. h. Befragungen derselben Personen im Abstand von jeweils drei Jahren), einen Teil der zuletzt referierten Zusammenhänge werden validieren können. Dies gilt freilich mit einer entscheidenden Einschränkung: Abgebrochene Schwangerschaften können heute und in naher Zukunft nicht im Rahmen herkömmlicher Repräsentativbefragungen erhoben werden; ihr Einfluß auf die Entwicklung der Fruchtbarkeit kann daher weiterhin nur aus Schätzungen und bestimmten Makrodaten mit Indikator-Charakter (z. B. Säuglingssterblichkeit) erschlossen, nicht aber auf Individualdaten-Basis nachgewiesen werden.

11. Resümee

Wiewohl sich die referierten Untersuchungsergebnisse aufgrund ihrer Herkunft aus unterschiedlichen Quellen bis zu einem gewissen Grad gegen die Ableitung bündiger Thesen sperren, läßt sich zusammenfassend sagen:

a) Der Wunsch nach Kindern, in der Regel nach zwei Kindern, ist in Österreich entgegen anderslautenden Behauptungen einiger Publizisten, Experten und Familienpolitiker weiterhin vorhanden. Der Wunsch keine Kinder zu bekommen und die freiwillige Kinderlosigkeit sind hingegen die Ausnahme.

b) Die geäußerten Motive für den Kinderwunsch deuten an, daß Kinder heute nicht primär als ökonomischer Kosten-Nutzen-Faktor, sondern als sinnstiftender Lebensinhalt und als Ziel der ehelichen Gemeinschaft betrachtet werden.

c) Trotz weiter Verbreitung der Kenntnis wirksamer empfängnisverhütender Techniken und Mittel ist das generative Verhalten heute immer noch sehr deutlich durch die Folgen unkontrollierter Fruchtbarkeit geprägt: Ca. drei Viertel aller eintretenden Schwangerschaften sind heute in Österreich ungeplant. Die Entscheidung für oder gegen ein Kind fällt somit in der Mehrzahl der Fälle während der Schwangerschaft.

d) Es ist anzunehmen, daß nur jede zweite Frau im Laufe ihres Lebens genausoviele Kinder gebiert und großzieht, wie sie sich eigentlich wünscht. Der Kinderwunsch fungiert dabei weniger als exakte Zielvorstellung, sondern eher als eine vorgestellte Obergrenze.

Alle referierten Untersuchungen verdeutlichen ein weiteres: Die in den 70er Jahren beobachteten Veränderungen der Manifestationen des generativen Verhaltens der Österreicherinnen sind empirisch nicht auf entsprechende Wandlungen des Wunsches nach Kindern zurückzuführen. Für die Bundeshauptstadt Wien können handlungsrelevante Veränderungen des Kinderwunsches sogar mit großer Sicherheit ausgeschlossen werden, da hier bereits mehrfach Erhebungen durchgeführt wurden. Auch für die Existenz des sogenannten „Baby-Schocks" gibt es in Österreich keinerlei empirische Evidenz: Zwei Kinder zu haben, stellt nach wie vor das Ideal der meisten Österreicherinnen dar. Die „kinderlose Gesellschaft" wird somit bis auf weiteres ein Schreckgespenst von Bestseller-Autoren bleiben.

*

Danken möchte ich an dieser Stelle Frau Monika Pelz, Herrn Richard Gisser und Herrn Alois Haslinger, die sich die Mühe machten, das vorliegende Manuskript kritisch durchzusehen.

LITERATUR

Dessai, Elisabeth, Auf dem Weg in die kinderlose Gesellschft, Rowohlt, Reinbek 1979.
Findl, Peter, Soziallage und Kinderwunsch, in: Institut f. Demographie 1979, S. 80–114.
Flaschberger, Ludwig, Einstellung zur Praxis der Empfängnisverhütung, in: Institut für Demographie 1979, S. 116–143.
Gisser, Richard, Kinderzahl und Kinderwunsch in Österreich, Ergebnisse des Mikrozensus Juni 1976, in: Statistische Nachrichten 4/1978, S. 141–144, 5/1978, S. 181–185, 6/1978, S. 225–227 und 7/1978, S. 266–270.
Gisser, Richard, Normen, Präferenzen und erwartete Kinderzahl, in: Institut f. Demographie 1979, S. 49–79.
Grafinger, Josef, Soziologische Aspekte der Familienplanung (phil. Diss.), Wien 1973.
Haslinger, Alois, Kinderwunsch und Einstellung zu Kindern, in: Institut f. Demographie 1979, S. 180–204.
Hauser, Gernot; Rockenschaub, Alfred, Die Entwicklung des Schwangerschaftsabbruchs in Österreich, in: *Alfred Rockenschaub* (Hrsg.), Schwangerschaft. Soziologische, psychologische und medizinische Aspekte der menschlichen Fruchtbarkeit, Jugend und Volk, Wien–München 1981 (im Druck).
Husslein, Hugo, Kontrazeption trotz Geburtenrückgang? In: *H. Kepp, H. Koester, P. Bailer* (Hrsg.), Kontrazeption trotz Geburtenrückgang, Enke, Stuttgart 1974, S. 1–8.
Institut für Demographie, Über die Motivation des generativen Verhaltens und die Einstellung zu bevölkerungspolitischen Maßnahmen. Ergebnisse einer empirischen Untersuchung (mimeogr. Forschungsbericht), Wien 1979.
Jolles, Hiddo M., Wien – Stadt ohne Nachwuchs, Sozialwissenschaftliche Betrachtungen über den Geburtenrückgang in der alten Donaustadt, Van Gorcum, Assen 1957.
Jürgens, Hans W., Katharina Pohl, Kinderzahl – Wunsch und Wirklichkeit, Schriftenreihe des Bundesinstituts für Bevölkerungswissenschaften Bd. 1, DVA, Stuttgart 1975.
Münz, Rainer, Sozialpolitik: Geburten-, Familien- und Kinderförderung, in: Institut f. Demographie 1979, S. 152–179.
Münz, Rainer; Pelikan, Jürgen M., Geburt oder Abtreibung. Eine soziologische Analyse von Schwangerschaftskarrieren, Jugend und Volk, Wien–München 1978.
Noelle-Neumann, Elisabeth, Allensbacher Jahrbuch der Demoskopie 1974–1976, Bd. 6, Molden, Wien–München–Zürich 1976.
ÖIR – Österreichisches Institut für Raumplanung, Fruchtbarkeit und generatives Verhalten in Wien (mimeogr. Forschungsbericht), Wien 1971.
ÖIR – Österreichisches Institut für Raumplanung, Kinderwunsch und Kinderzahl (mimeogr. Forschungsbericht), Wien 1973.
Österreichische Ärztezeitung 20/1978 (Abdruck der anläßlich des „Internationalen Symposiums über den Geburtenrückgang in Österreich" am 19. 11. 1977 gehaltenen Vorträge).
Pawlowski, Gerhard; Steinert, Heinz, Das Interview als soziale Interaktion (mimeogr. Forschungsbericht), Wien 1978.
Rockenschaub, Alfred, Geburtenregelung und Geburtenrate (mimeogr. Vortragsunterlage), Wien 1976.

Teilnehmer an dem Symposion

FEICHTINGER, Dr. Gustav, Univ.-Prof.
Institut für Unternehmensforschung der Technischen Universität Wien
Argentinierstraße 8
A-1040 Wien

FISCHER, Dr. Gerhard, Univ.-Prof.
Institut für Psychologie der Universität Wien
Liebiggasse 5
A-1010 Wien

GARNITSCHNIG, Dr. Karl, Univ.-Ass.
Institut für Erziehungswissenschaften der Universität Wien
Garnisongasse 3
A-1090 Wien

GEISZLER, Dr. Clemens, Univ.-Prof.
Institut für Regionale Bildungsplanung
Arbeitsgruppe Standortforschung-GmbH
Weddigenufer 2
D-3000 Hannover

HAIDER, DDr. Manfred, Univ.-Prof.
Institut für Umwelthygiene
Kinderspitalgasse 15
A-1090 Wien

HANSLUWKA, Dr. Harald
Chief Statistician
Dissemination of Statistical Information
World Health Organization (WHO)
CH-1211 Genf 27

HÖHN, Diplom-Volkswirt Charlotte
Statistisches Bundesamt
Postfach 5528
D-6200 Wiesbaden 1

HUSSLEIN, Dr. Hugo, Univ.-Prof.
Präsident der Österreichischen Gesellschaft für Familie und Kind
Spitalgasse 27
A-1090 Wien

MÜLLER, Albrecht
Leiter der Planungsabteilung im Bundeskanzleramt Bonn
Adenauer-Allee 139–141
D-5300 Bonn 1

Münz, Dr. Rainer
Institut für Demographie der Österreichischen Akademie der Wissenschaften
Hintere Zollamtsstraße 4
A-1030 Wien

Olechowski, Dr. Richard, Univ.-Prof.
Institut für Erziehungswissenschaften der Universität Wien
Garnisongasse 3
A-1090 Wien

Pallier, Mag. Dr. August, Oberrat
Bundeskanzleramt
Ballhausplatz 2
A-1010 Wien

Rett, Dr. Andreas, Univ.-Prof.
Vorstand der Kinderabteilung des Neurolog. Krankenhauses der Stadt Wien, Rosenhügel
Leiter des Ludwig-Boltzmann-Institutes zur Erforschung kindlicher Hirnschäden
1. Vizepräsident der Österr. Gesellschaft für Familie und Kind
Riedelgasse 5
A-1130 Wien

Rockenschaub, Dr. Alfred, Univ.-Doz.
Vorstand der Ignaz-Semmelweis-Frauenklinik
Bastiengasse 36–38
A-1180 Wien

Rosenstiel, Dr. Lutz von, Univ.-Prof.
Institut für Psychologie der Universität München
Bauernstraße 28
D-8000 München 40

Schmid, Dr. Josef
Institut für Soziologie der Universität München
Konradstraße 6
D-8000 München 40

Schwarzmeier, Dr. Josef, Univ.-Doz.
I. Med. Klinik der Universität Wien
Spitalgasse 23
A-1090 Wien

Severinski, DDr. Nikolaus, Ob.-Ass.
Institut für Erziehungswissenschaften der Universität Wien
Garnisongasse 3
A-1090 Wien

STEINMANN, Dr. Gunter, Hochschul-Prof.
Gesamthochschule Paderborn
Fachbereich 5 – Wirtschaftswissenschaft – Rechtswissenschaft
Warburgerstraße 100
Postfach 1621
D-479 Paderborn

STEYRER, Dr. Kurt
Abgeordneter zum Österr. Nationalrat
Dr. Karl Renner-Ring 3
A-1010 Wien

WOLFF, Dr. Karl-H., Univ.-Prof.
Institut für Versicherungsmathematik der Technischen Universität Wien
Gußhausstraße 27–29
A-1040 Wien

ZWEYMÜLLER, Dr. Ernst, Univ.-Prof.
Vorstand der Kinderklinik der Universität Wien
Spitalgasse 23
A-1090 Wien

Beachten Sie auch die folgenden Bücher zum Thema:

Josef Lange

EHE- UND FAMILIENPASTORAL HEUTE
Situationsanalyse – Impulse – Konzepte

„... der erste Teil dieses umfangreichen Werkes befaßt sich mit der Ehe und Familie in soziologischer und sozialpsychologischer Sicht. Die vielen Untersuchungen, die Lange aufgearbeitet hat, zeigen, daß sich Ehe und Familie in einem grundlegenden Wandlungsprozeß befinden, dessen Ausgang und Weiterentwicklung noch gar nicht abzuschätzen ist" (Österr. Klerusblatt).
Dieses Buch bietet breite Perspektiven, die für jeden von Wichtigkeit sind, der im Bereich der Familie politisch, sozial, psychologisch, medizinisch ... Verantwortung trägt.

300 Seiten, Paperback, 1. Auflage: 1977, 2. Auflage: 1978

Dr. med. Josef Rötzer

NATÜRLICHE GEBURTENREGELUNG
Der partnerschaftliche Weg

„Dieses Buch bringt einen beachtenswerten Beitrag zur Frage der Empfängnisregelung. Ehepaare, die sich verantwortlich mit dieser Frage befassen, sollten dieses Werk in ihre Überlegungen miteinbeziehen. Seit mehr als 25 Jahren befaßt sich der Gynäkologe Dr. Rötzer in einer ausgedehnten wissenschaftlichen Forschungstätigkeit mit Fragen der Empfängnisregelung und hat die sympto-thermale Methode (Selbstbeobachtung der Frau und Temperaturmessung) bearbeitet und verfeinert. Als Experte auf dem Gebiet einer natürlichen Empfängnisregelung wird Dr. Rötzer auf viele internationale Kongresse gerufen. Nach seinem Standardbuch „Kinderzahl und Liebesehe" hat er nun in einfacher übersichtlicher Form den neuesten Stand seiner Forschung allgemein zugänglich gemacht." (Wort und Werk)
Der Erfolg spricht für sich: Seit Herbst 1979: 20.000 Exemplare verkauft. Das Buch liegt in 3. Auflage vor.

84 Seiten, 12 × 19,5 cm, Paperback

VERLAG HERDER WIEN · FREIBURG · BASEL